• 马克思主义理论研究和建设工程重

中国近现代史纲要

（2018年版）

本书编写组

高等教育出版社·北京

图书在版编目（CIP）数据

中国近现代史纲要：2018年版/《中国近现代史纲要》编写组编. --7版. --北京：高等教育出版社，2018.4（2020.11重印）
马克思主义理论研究和建设工程重点教材
ISBN 978-7-04-049483-9

Ⅰ.①中… Ⅱ.①中… Ⅲ.①中国历史-近现代-高等学校-教材 Ⅳ.①K25

中国版本图书馆 CIP 数据核字（2018）第 034860 号

策划编辑	杨晓娟 赵英丽	责任编辑	杨晓娟 赵英丽	封面设计	杨立新
版式设计	于 婕	责任校对	陈 杨	责任印制	赵义民

出版发行	高等教育出版社	网 址	http://www.hep.edu.cn
社 址	北京市西城区德外大街4号		http://www.hep.com.cn
邮政编码	100120	网上订购	http://www.hepmall.com.cn
印 刷	北京市大天乐投资管理有限公司		http://www.hepmall.com
开 本	787mm×960mm 1/16		http://www.hepmall.cn
印 张	23	版 次	2007年2月第1版
字 数	290千字		2018年4月第7版
购书热线	010-58581118	印 次	2020年11月第12次印刷
咨询电话	400-810-0598	定 价	26.00元

本书如有缺页、倒页、脱页等质量问题，请到所购图书销售部门联系调换
版权所有 侵权必究
物 料 号 49483-00

· 马克思主义理论研究和建设工程重点教材 ·

马克思主义理论研究和建设工程咨询委员会委员、审议专家
（以姓氏笔画为序）

王伟光	王晓晖	王梦奎	王维澄	韦建桦
尹汉宁	龙新民	邢贲思	朱之文	刘永治
刘国光	江　流	汝　信	孙　英	苏　星
李　捷	李君如	李忠杰	李宝善	李景田
李慎明	冷　溶	张　宇	张文显	陈宝生
邵华泽	欧阳淞	金冲及	金炳华	周　济
郑必坚	郑科扬	侯树栋	逄先知	逄锦聚
袁贵仁	贾高建	夏伟东	顾海良	徐光春
龚育之	蒋乾麟	韩　震	虞云耀	雒树刚
滕文生	魏礼群

《中国近现代史纲要（2018年版）》课题组

首席专家
　　沙健孙　王顺生

主要成员（以姓氏笔画为序）
　　仝　华　纪亚光　龚　云

目 录

1　导言

5　**上编　从鸦片战争到五四运动前夜
（1840—1919）**

7　综述　风云变幻的八十年

　　一、鸦片战争前的中国与世界 / 7
　　二、外国资本主义入侵与近代中国社会的半殖民地半封建性质 / 10
　　三、近代中国的主要矛盾和历史任务 / 16

21　第一章　反对外国侵略的斗争

　　第一节　资本-帝国主义对中国的侵略 / 21
　　一、军事侵略 / 21
　　二、政治控制 / 24
　　三、经济掠夺 / 26
　　四、文化渗透 / 30
　　第二节　抵御外国武装侵略　争取民族独立的斗争 / 32
　　一、反抗外来侵略的斗争历程 / 32
　　二、粉碎瓜分中国的图谋 / 34

目 录

第三节　反侵略战争的失败与民族意识的觉醒 / 37
　　一、反侵略战争的失败及其原因 / 37
　　二、民族意识的觉醒 / 39

43　第二章　对国家出路的早期探索

第一节　农民群众斗争风暴的起落 / 43
　　一、太平天国农民战争 / 43
　　二、农民斗争的意义和局限 / 46

第二节　洋务运动的兴衰 / 48
　　一、洋务事业的兴办 / 48
　　二、洋务运动的历史作用及失败 / 50

第三节　维新运动的兴起和夭折 / 52
　　一、戊戌维新运动的开展 / 52
　　二、戊戌维新运动的意义和教训 / 56

60　第三章　辛亥革命与君主专制制度的终结

第一节　举起近代民族民主革命的旗帜 / 60
　　一、辛亥革命爆发的历史条件 / 60
　　二、资产阶级革命派的活动 / 63
　　三、三民主义学说和资产阶级共和国方案 / 64
　　四、关于革命与改良的辩论 / 66

第二节　辛亥革命与建立民国 / 68
　　一、封建帝制的覆灭 / 68
　　二、中华民国的建立 / 69

第三节　辛亥革命的失败 / 72
　　一、封建军阀专制统治的形成 / 72

二、旧民主主义革命的失败 / 76

中编　从五四运动到新中国成立（1919—1949）

综述　翻天覆地的三十年

一、中国所处的时代和国际环境 / 83
二、"三座大山"的重压 / 86
三、两个中国之命运 / 95

第四章　开天辟地的大事变

第一节　新文化运动和五四运动 / 99
一、新文化运动与思想解放的潮流 / 99
二、十月革命与马克思主义在中国的传播 / 103
三、五四运动：新民主主义革命的开端 / 106

第二节　马克思主义进一步传播与中国共产党诞生 / 109
一、中国早期马克思主义思想运动 / 109
二、马克思主义与中国工人运动的结合 / 113
三、中国共产党的创建及其意义 / 117

第三节　中国革命的新局面 / 121
一、制定革命纲领，发动工农运动 / 121
二、实行国共合作，掀起大革命高潮 / 122

第五章　中国革命的新道路

第一节　对革命新道路的艰苦探索 / 129

一、国民党在全国统治的建立 / 129
二、土地革命战争的兴起 / 132
三、走农村包围城市、武装夺取政权的道路 / 134

第二节 中国革命在探索中曲折前进 / 139

一、土地革命战争的发展及其挫折 / 139
二、中国革命的历史性转折 / 142
三、总结历史经验，迎接全民族抗日战争 / 145

148 第六章 中华民族的抗日战争

第一节 日本发动灭亡中国的侵略战争 / 148

一、日本灭亡中国的计划及其实施 / 148
二、残暴的殖民统治和中华民族的深重灾难 / 150

第二节 中国人民奋起抗击日本侵略者 / 152

一、中国共产党举起武装抗日的旗帜 / 152
二、抗日救亡运动和共产党人与部分国民党人合作抗日 / 153
三、停止内战，一致对外 / 154
四、全民族抗战开始 / 156

第三节 国民党与抗日的正面战场 / 158

一、战略防御阶段的正面战场 / 158
二、战略相持阶段的正面战场 / 159

第四节 中国共产党成为抗日战争的中流砥柱 / 161

一、全面抗战的路线和持久战的方针 / 161
二、敌后战场的开辟与游击战争的发展及其战略地位 / 162
三、坚持抗战、团结、进步的方针 / 164
四、抗日民主根据地的建设 / 166
五、推进大后方的抗日民主运动和进步文化工作 / 168
六、中国共产党的自身建设 / 170

第五节 抗日战争的胜利及其原因和意义 / 175

一、抗日战争的胜利 / 175

二、中国人民抗日战争在世界反法西斯战争中的地位 / 176

三、抗日战争胜利的原因和意义 / 177

第七章 为新中国而奋斗

第一节 从争取和平民主到进行自卫战争 / 181
一、中国共产党争取和平民主的斗争 / 181

二、国民党发动内战和解放区军民的自卫战争 / 185

第二节 国民党政府处在全民的包围中 / 187
一、全国解放战争的胜利发展 / 187

二、土地改革与农民的广泛发动 / 189

三、第二条战线的形成和发展 / 190

第三节 中国共产党与民主党派的合作 / 194
一、各民主党派的历史发展 / 194

二、中国共产党与民主党派的团结合作 / 196

三、第三条道路的幻灭 / 197

四、中国共产党领导的多党合作、政治协商格局的形成 / 199

第四节 创建人民民主专政的新中国 / 200
一、南京国民党政权的覆灭 / 200

二、人民政协与《共同纲领》 / 202

三、中国革命胜利的原因和基本经验 / 205

下编 从新中国成立到社会主义现代化建设新时期（1949—2018）

综述 辉煌的历史进程

一、中华人民共和国的成立和中国进入社会主义初级阶段 / 213

二、新中国发展的两个历史时期及其相互关系 / 217

三、开创和发展中国特色社会主义 / 218

四、中国特色社会主义进入新时代 / 220

223　第八章　社会主义基本制度在中国的确立

第一节　从新民主主义向社会主义过渡的开始 / 223

一、完成民主革命遗留任务和恢复国民经济 / 223

二、开始向社会主义过渡 / 227

第二节　社会主义道路：历史和人民的选择 / 228

一、工业化的任务和发展道路 / 228

二、过渡时期总路线反映了历史的必然性 / 230

第三节　有中国特点的向社会主义过渡的道路 / 236

一、社会主义工业化与社会主义改造同时并举 / 236

二、农业合作化运动的发展 / 237

三、对资本主义工商业赎买政策的实施 / 241

四、社会主义基本制度在中国的全面确立 / 243

249　第九章　社会主义建设在探索中曲折发展

第一节　良好的开局 / 249

一、全面建设社会主义的开端 / 249

二、早期探索的积极进展 / 251

第二节　探索中的严重曲折 / 257

一、"大跃进"及其纠正 / 257

二、"文化大革命"及其结束 / 262

三、严重的曲折，深刻的教训 / 268

第三节　建设的成就　探索的成果 / 273

一、独立的、比较完整的工业体系和国民经济体系的建立 / 273

二、人民生活水平的提高与文化、教育、医疗、科技事业的发展 / 275

三、国际地位的提高与国际环境的改善 / 277

四、探索中形成的建设社会主义的若干重要原则 / 279

283 第十章 中国特色社会主义的开创与接续发展

第一节 历史性的伟大转折和改革开放的起步 / 283

一、历史性的伟大转折 / 283

二、改革开放的起步 / 285

三、拨乱反正任务的胜利完成 / 288

第二节 改革开放和现代化建设新局面的展开 / 290

一、改革开放的全面展开 / 290

二、改革开放和现代化建设的深入推进 / 294

三、中国特色社会主义事业的继续推进 / 296

第三节 中国特色社会主义事业的跨世纪发展 / 299

一、改革开放新的历史性突破 / 299

二、进一步推进改革开放和现代化建设 / 301

三、改革开放和现代化建设的跨世纪发展 / 304

第四节 在新的历史起点上推进中国特色社会主义 / 308

一、全面建设小康社会战略目标的确定 / 308

二、不断推动经济社会的科学发展 / 309

三、奋力把中国特色社会主义推进到新的发展阶段 / 313

四、改革开放和现代化建设的巨大进展 / 315

322 第十一章 中国特色社会主义进入新时代

第一节 开拓中国特色社会主义更为广阔的发展前景 / 322

一、全面建成小康社会目标的确定 / 322

二、实现民族复兴中国梦的提出 / 323

三、统筹推进"五位一体"总体布局 / 325

四、协调推进"四个全面"战略布局 / 330

第二节　党和国家事业的历史性成就和历史性变革 / 334

一、极不平凡的五年 / 334

二、新时代中国与世界关系的历史性变化 / 340

第三节　夺取新时代中国特色社会主义伟大胜利 / 342

一、在新时代坚持和发展中国特色社会主义 / 342

二、更好发挥宪法在新时代坚持和发展中国特色社会主义中的重大作用 / 349

三、推进国家治理体系和治理能力现代化 / 350

四、齐心协力走向中华民族伟大复兴的光明前景 / 351

354　后记

导　言

　　中国的近现代史，是指 1840 年以来中国的历史。其中从 1840 年鸦片战争爆发到 1949 年中华人民共和国成立前夕的历史，是中国的近代史；1949 年中华人民共和国成立以来的历史，是中国的现代史。

　　中国的近现代史，就其主流和本质来说，是中国一代又一代的志士仁人和人民群众为救亡图存和实现中华民族的伟大复兴而英勇奋斗、艰苦探索的历史；尤其是全国各族人民在中国共产党的领导下，进行伟大的艰苦的斗争，经过新民主主义革命，创建中华人民共和国，赢得民族独立和人民解放的历史；经过社会主义革命、建设、改革，把一个极度贫弱的旧中国逐步变成一个持续走向繁荣富强、充满生机和活力的社会主义新中国的历史。

　　中国共产党从成立之日起，就肩负着实现中华民族伟大复兴的历史使命。90 多年来，它把马克思主义基本原理同中国实际和时代特征相结合，取得革命建设改革伟大胜利，开创和发展了中国特色社会主义，从根本上改变了中国人民和中华民族的命运。坚持和发展中国特色社会主义，是实现中华民族复兴的必由之路。

　　重视历史的学习与研究，注意总结和汲取历史经验，这是中国的一个优良传统。毛泽东讲过，"历史的经验值得注意"。他还多次发出过"学一点历史"的号召。邓小平指出，"要懂得些中国历史，这是中国发展的一个精神动力"。江泽民提出，要"坚持不懈地进行中国近代史、现代史及国情的教育"。胡锦涛也说过，要"更加注重用中国历史特别是中国革命史来教育党员干部和人民"。习近平强调，"历史是最好的教科书。学习党史、国史,是坚持和发展中国特色社会主义、把党和国家各项事业继续推向前进的必修课"。

大学生是祖国未来各条战线的生力军,中国特色社会主义事业的建设者和接班人。为了肩负起建设祖国的责任,必须了解中国的国情,不仅要了解中国的今天,还应当了解中国的昨天和前天。对于我们来说,不论今后将从事何种专业工作,学习"中国近现代史纲要"课程,都是很必要的。

"中国近现代史纲要"是全国高等学校本科生必修的思想政治理论课之一。通过本课程的学习,应当达到什么目的呢?主要是要认识近现代中国社会发展和革命、建设、改革的历史进程及其内在的规律性,了解国史、国情,深刻领会历史和人民是怎样选择了马克思主义,选择了中国共产党,选择了社会主义道路,选择了改革开放。

具体说来,应当达到以下的目的与要求:

一、了解外国资本-帝国主义[①]入侵中国及其与中国封建势力相结合给中华民族和中国人民带来的深重苦难,了解近代以来中国面临的争取民族独立、人民解放和实现国家富强、人民富裕这两项历史任务;懂得必须首先推翻半殖民地半封建的社会制度,争得民族独立、人民解放,才能为集中力量进行现代化建设开辟道路,认识革命的必要性、正义性、进步性;自觉地继承和发扬近代以来中国人民的爱国主义精神和革命传统,进一步增强实现中华民族伟大复兴的责任感和使命感。

二、了解近代以来中国的先进分子和人民群众为救亡图存而进行艰苦探索、顽强奋斗的历程及其经验教训;注意比较地主买办资产阶级、民族资产阶级和工人阶级政党的政治方案,懂得旧民主主义革命让位给新民主主义革命、资产阶级共和国让位给人民共和国的原因;

---

① 资本-帝国主义,涵盖自由竞争阶段的资本主义和垄断阶段的资本主义即帝国主义。

认识历史和人民怎样选择了中国共产党、选择了马克思主义,进一步增强拥护共产党的领导和接受马克思主义指导的自觉性。

三、联系新中国成立以后的国内外环境,了解中国人民走上以共产党为领导力量的社会主义道路的历史必然性;了解实行改革开放和搞好现代化建设的重大意义,联系中国现代化建设事业取得的巨大成就,懂得中国选择社会主义的正确性;了解中国特色社会主义是改革开放以来中国共产党的全部理论和实践的主题,增强中国特色社会主义的道路自信、理论自信、制度自信、文化自信;进一步树立"只有社会主义才能救中国,只有中国特色社会主义才能发展中国"的信念,坚定不移地坚持和发展中国特色社会主义。

四、紧密结合中国革命、建设、改革的实际,了解马克思主义中国化的历史进程,深刻认识毛泽东思想、邓小平理论、"三个代表"重要思想、科学发展观、习近平新时代中国特色社会主义思想的形成及其重大和深远的意义,自觉地以之作为自己的行动指南。

五、紧密结合中国近现代的历史实际,通过对有关历史进程、事件和人物的分析,进一步明确中国近现代历史的主题、主线和主流、本质,懂得珍惜中国人民英勇奋斗的历史,尤其是中国共产党领导中国人民进行革命、建设、改革的历史。习近平强调:"新民主主义革命的胜利成果决不能丢失,社会主义革命和建设的成就决不能否定,改革开放和社会主义现代化建设的方向决不能动摇。这是党和人民在当今世界安身立命、风雨前行的资格。"要警惕和反对历史虚无主义,提高运用科学的历史观和方法论分析和评价历史问题、辨别历史是非和社会发展方向的能力。

本课程的教师应引导大学生认真阅读教材和指定的阅读文献;在此基础上,对各章的教学目的与要求、教学的重点与难点问题作必要的讲解。

上　编
从鸦片战争到五四运动前夜
（1840—1919）

综述
风云变幻的八十年

一、鸦片战争前的中国与世界

（一）灿烂的中国古代文明

我们伟大的祖国——中国，位于亚洲的东部，土地广阔，人口众多。中华民族具有悠久的文明历史，创造了博大精深的中华文化，为人类文明进步作出了不可磨灭的贡献。

约在五千年以前，在黄河流域和长江流域等地区已经出现早期文明社会的要素。四千多年前，是传说中的黄帝、炎帝、尧、舜、禹时代。公元前21世纪开始形成王朝国家。早期的王朝是夏、商、周。公元前221年，秦始皇建立了统一的多民族国家。以后经历汉、三国、晋、南北朝、隋、唐、五代、宋辽西夏金、元、明、清等朝代。两千多年来，国家的统一和各民族间经济文化的紧密联系和相互交流是中国历史的主流。中华大地上的各民族对统一的多民族国家的形成、发展，都作出了贡献。

中国是世界上少有的历史文化从未间断、一直延续至今的国家。中华文明尽管也历尽沧桑，却始终绵延发展、传承不绝，表现出顽强的生命力。这体现了中华民族的凝聚力和以爱国主义为核心的民族精神。

中国古代物质文明和精神文明丰富多彩、灿烂辉煌。古代中国的经济发展和科学技术长期处于世界领先地位。古代中国的哲学思想博大精深，典籍文献浩如烟海。古代中国的文学艺术高峰迭起，美不胜收。这些是古代中国人民勤劳、智慧创造的结晶，也是中国各民族各地区文明交融、汇合的产物，又是中外文化交流、互鉴、融合的结果。

在几千年的历史中，中国产生了许多杰出的政治家、军事家、思想家、教育家、科学家、文学家和艺术家，还产生了很多的民族英雄和革命领袖。中华民族是一个有着优良传统的民族。

中华优秀文化是中华儿女共同的精神基因，也是中华民族发展壮大的强大精神力量。

（二）中国封建社会由昌盛到衰落

自公元前5世纪的战国时代到1840年鸦片战争，中国的封建社会前后延续了两千多年。

在中国封建社会的经济中，封建地主土地所有制经济占主导的地位。封建统治阶级从皇帝、贵族、官僚到一般地主拥有最大部分土地，而占人口绝大多数的农民则很少或者没有土地。农民租种地主的土地，交纳高额的地租。

以个体家庭为单位并与家庭手工业牢固结合的小农经济是中国封建社会的基本生产结构，自给自足的自然经济占主要地位。

在中国封建社会里，地主、商人、高利贷者这三者常常是结合在一起的。封建政权还向农民征收各种苛捐杂税和摊派徭役。农民没有任何政治权利，生活极端贫困。

中国封建社会政治的基本特征是实行高度中央集权的封建君主专制制度。从秦始皇建立中央集权制的封建帝国开始，历朝统治者不断加强皇权，以统制人民，并加紧对地方官员的控制和监督。

自汉武帝确立独尊儒术的政策，儒家思想开始成为中国封建社会的正统思想。儒家还与佛教、道教相互吸收、融合，共同为维护封建统治服务。封建统治者同时吸收法家思想，严刑峻法，实行专制统治。

中国封建社会的社会结构的特点是族权和政权相结合的封建宗法

等级制度。其核心是宗族家长制，突出君权、父权、夫权。

中国封建社会的经济、政治、文化、社会结构，一方面巩固和维系了中国封建社会的稳定和延续，另一方面也使其前进缓慢甚至迟滞，并造成不可克服的周期性的政治经济危机。

在中国封建社会的历史上出现过一些"盛世"，如汉代的"文景之治"，唐代的"贞观之治""开元之治"，清代的"康雍乾盛世"等。这种局面通常出现在一个朝代的前中期。当时的君主吸取历史的教训，能居安思危，政治较清明，轻徭薄赋，励精图治。但是，随着政治腐败、土地兼并等的发展，阶级矛盾日益尖锐，社会发展逐渐陷于停滞状态，直至迫使农民不得不为求生存而举行起义。这些起义在一定程度上冲击了腐朽、黑暗的统治秩序，直接或间接地推动了社会的发展。

17世纪下半叶至18世纪，清朝的康熙、雍正、乾隆年间，是中国封建社会后期的鼎盛时期，但同时也走向了封建社会的末世。到了鸦片战争前夜的嘉庆、道光年间，清王朝衰相尽显，潜伏着许多危机，而且闭关自守，故步自封。中国已经落后于西方资本主义国家。

（三）世界资本主义的发展与殖民扩张

16世纪至19世纪初，中国还处于封建社会晚期的兴衰更替之时，西方资本主义已经产生、发展，西方殖民主义势力也随之向外扩张。

1640年的英国资产阶级革命标志着世界历史开始进入资本主义时代。至18世纪，继英国之后，美国、法国等先后通过资产阶级革命，建立了资产阶级政权，为资本主义的发展创造和提供了政治上的前提和保证。

18世纪中叶至19世纪中叶，从英国开始然后迅速推广到欧美各国的工业革命，使大机器生产取代了工场手工业，资本主义经济得到迅速发展。

殖民主义是适应西方资本主义的发展要求而产生的，它随着资本主义生产方式的演进而发展，是西方列强对亚洲、非洲、美洲、大洋洲等地区人民的剥削、掠夺和压迫、奴役。它是为资产阶级剥削国内外人民、建立资本主义的世界体系服务的。

在19世纪末资本主义进入帝国主义阶段之后，资本输出成为殖民剥削的重要形式。殖民主义进一步发展成为由少数帝国主义强国主宰的更完整的世界体系。

资本主义的发展逐步使人类历史成为世界历史。西方资产阶级迫使一切民族采用资产阶级的生产方式，一句话，它按照自己的面貌为自己创造出一个世界。但是，西方殖民主义势力来到东方，并不是为了使东方国家成为独立的资本主义社会，而是为了把它们纳入资本主义的世界体系，成为殖民地、半殖民地，成为自己在经济上、政治上、文化上的附庸。

西方资本主义的发展及其向东方的殖民扩张，使古老的中国遇到了空前严重的挑战，面临着极其深刻的生存危机。

二、外国资本主义入侵与近代中国社会的半殖民地半封建性质

（一）鸦片战争：中国近代史的起点

1840年，英国发动了侵略中国的鸦片战争。中国历史的发展从此发生重大转折。

19世纪初，英国已经基本上完成工业革命，成为世界资本主义最强大的国家，建立了号称"日不落"的殖民大帝国。在亚洲，继占领印度之后，中国成为它的主要的侵略目标。

英国对华贸易长期处于入超状态，英国工业品遭到中国自然经济和闭关政策的顽强抵抗，销量不大，而英国商人却需要用大量银元购

买中国的茶叶、生丝等商品。于是，英国殖民者以走私毒品鸦片作为牟取暴利及改变贸易逆差的手段，强迫其殖民地印度种植鸦片，再由英国东印度公司垄断收购、加工，然后走私到中国贩卖。据不完全统计，鸦片战争前 40 年间，英国运入中国的鸦片约有 40 万箱，从中国掠走了 3 亿至 4 亿银元。

1825 年和 1837 年英国发生了两次资本主义经济危机。为了摆脱危机和转移国内人民的视线，英国政府迫不及待地要发动一场侵略战争。

英国资产阶级及其政府对中国发动武装侵略蓄谋已久。1835 年，林德赛致函英国外交大臣巴麦斯顿子爵，建议对中国发动战争，而且提出了具体的作战方案和所需的兵力及时间、路线等。在华鸦片贩子、伦敦东印度和中国协会、曼彻斯特商会和利物浦印度协会等，都曾经上书英国政府，要求动用武力打开中国市场。

英国的鸦片走私不仅造成了中国的白银大量外流和财政危机，还导致银贵钱贱，加重了劳动人民的负担，并且直接毒害了中国人的身体和精神。清政府实行禁鸦片措施，特别是钦差大臣林则徐于 1839 年 6 月在广东虎门销毁所收缴鸦片的行动，完全是维护国家利益和民族尊严的正义行动。英国政府更加紧了发动侵华战争的准备。1840 年 4 月，英国国会通过对华战争的决定。同年 6 月，英国侵华舰队封锁了珠江海口和广东海面。鸦片战争正式爆发。

鸦片战争以清政府的失败而告终。1842 年 8 月 29 日，清政府派钦差大臣耆英、伊里布与英国签订了中国近代史上第一个不平等条约《南京条约》。接着，1843 年 10 月，签订了中英《虎门条约》。美国、法国等西方列强趁火打劫，逼迫清政府与之签订不平等条约，如 1844 年 7 月签订的中美《望厦条约》，10 月签订的中法《黄埔条约》。

通过这一系列不平等条约，英国等西方列强在中国攫取了大量侵略特权。如：割占香港岛，破坏了中国的主权和领土完整；外国船舰可在中国领海自由航行，破坏了中国的领海主权；外国人在华不受中国法律管束，享受领事裁判权，破坏了中国的司法主权；协定关税，则破坏了中国的关税主权；等等。

随着外国资本主义的入侵，中国的封建社会逐步变成了半殖民地半封建社会。中国人民逐渐开始了反帝反封建的资产阶级民主革命。正因为如此，鸦片战争就成为中国近代史的起点。

（二）中国社会的半殖民地半封建性质

认识中国近代社会的性质，就是认识近代中国的基本国情。这是认识中国近代一切社会问题和革命问题的最基本的依据。

中国的半殖民地半封建社会，是近代以来中国在外国资本主义势力的入侵及其与中国封建主义势力相结合的条件下，逐步形成的一种从属于资本主义世界体系的畸形的社会形态。

鸦片战争前的中国社会是封建社会。鸦片战争以后，随着外国资本-帝国主义的入侵，中国社会发生了两个根本性的变化：其一，独立的中国逐步变成半殖民地的中国；其二，封建的中国逐步变成半封建的中国。

为什么说独立的中国逐步变成了半殖民地的中国？

这是因为，鸦片战争以后，资本-帝国主义列强通过发动侵略战争，强迫中国签订一系列不平等条约，破坏中国的领土主权、领海主权、关税主权、司法主权等，并一步一步地控制中国的政治、经济、外交和军事。中国已经丧失了完全独立的地位，在相当程度上被殖民地化了。

资本-帝国主义列强侵略中国的目的，是要把它变成自己的殖民地。但是由于中国长期以来一直是一个统一的大国，特别是中国人民顽强、持久的反抗，同时也由于帝国主义列强间争夺中国的矛盾无法协调，使得它们中的任何一个国家都无法单独征服中国，也使得它们不可能共同瓜分中国。这样，它们才没有能够如英国在印度那样，对中国实行直接的殖民统治，而是通过其代理人对中国实行间接统治。帝国主义势力与中国的封建势力、买办势力相勾结，共同压迫、剥削中国人民，镇压中国革命。因此，近代中国尽管在实际上已经丧失拥有完整主权的独立国的地位，但是仍然维持着独立国家和政府的名义，还有一定的主权。由于它与连名义上的独立也没有而由殖民主义宗主国直接统治的殖民地尚有区别，因此被称作半殖民地。

为什么说封建的中国逐步变成了半封建的中国？

这是因为，外国资本主义列强用武力打开中国的门户，把中国卷入世界资本主义经济体系和世界市场之中。随着外国资本主义的入侵，洋纱、洋布等商品在中国大量倾销，逐渐使中国的农业与家庭手工业分离，一方面，破坏了中国自给自足的自然经济的基础，破坏了城市的手工业和农民的家庭手工业；又一方面，则促进了中国城乡商品经济的发展，给中国资本主义的产生造成了某些客观条件。破产的农民和手工业者成了产业工人的后备军。一批官僚、买办、地主、商人投资兴办新式工业。中国出现了资本主义生产关系。中国已经不是完全的封建社会了。

然而，资本-帝国主义列强并不容许中国成为独立的资本主义国家。它们利用获取的政治、经济特权，在中国倾销商品，经营轻工业和重工业，对中国的民族工业进行直接的经济压迫。中国的民族资本主义经济虽然有了某些发展，但是并没有也不可能成为中国社会经济的主要形式。而在中国的资本主义经济中，外国资本及依附于它的官僚资本居于主要和支配的地位。在中国农村中，地主剥削农民的封建生产关系，在社会经济生活中依然占着显然的优势。这样，中国的经济既不再是完全的封建经济，也不是完全的资本主义经济，而成为半殖民地半封建的经济了。

从近代中国的历史进程，可以看到中国半殖民地半封建社会有以下一些基本特征：

第一，资本-帝国主义侵略势力不但逐步操纵了中国的财政和经济命脉，而且逐步控制了中国的政治，日益成为支配中国的决定性力量。

第二，中国的封建势力日益衰败并同外国侵略势力勾结，成为资本-帝国主义压迫、奴役中国人民的社会基础和统治支柱。

第三，中国自然经济的基础虽然遭到破坏，但是封建剥削制度的根基即封建地主的土地所有制依然在广大地区内保持着，成为中国走向现代化和民主化的严重障碍。

第四，中国新兴的民族资本主义经济虽然已经产生，并在政治、文化生活中起了一定的作用，但是在帝国主义和封建主义的压迫下，它的发展很缓慢，力量很软弱，而且它的大部分与外国资本-帝国主义和本国封建主义都有或多或少的联系。

第五，由于近代中国处于资本-帝国主义列强的争夺和间接统治之下，加上中国地域广大，以及在地方性的农业经济的基础上形成的地方割据势力的存在，近代中国各地区经济、政治和文化的发展是极不平衡的。后来，帝国主义列强还分别支持不同的政治势力以分裂中国，使中国处于不统一状态。

第六，在资本-帝国主义和封建主义的双重压迫下（后来还加上官僚资本主义的压迫），中国的广大人民尤其是农民日益贫困化以至大批地破产，过着饥寒交迫和毫无政治权利的生活。

从1840年鸦片战争开始，到1949年中华人民共和国成立之前，中国属于半殖民地半封建社会。

中国半殖民地半封建社会及其特征，是随着资本-帝国主义侵略的扩大，资本-帝国主义与中国封建势力结合的加深而逐渐形成的。它有一个演变的过程，而且在不同历史阶段和不同地区有所差别。在某些时期，中国的某些地区甚至沦为帝国主义直接统治的殖民地。

(三) 社会阶级关系的变动

随着近代中国从封建社会逐步演变为半殖民地半封建社会，中国社会的阶级关系也发生了深刻的变动，不仅旧的阶级发生了变化，还有新的阶级产生出来。

旧的封建统治阶级即地主阶级继续占有大量的土地，掌握着国家政权，对人民实行专制统治。不过，地主阶级本身也发生了某些变化。由于近代城市的发展、农民战争的冲击和乡村社会的动荡，有些地主从乡村迁往城市成为城居地主。一部分地主将土地剥削获得的货币投资于资本主义工商业。有的附股外资企业，有的入股洋务企业，有的直接创办或参股民营企业，转化为资本家。不过，大多数地主仍主要依靠地租剥削生活，一些城居地主也往往兼营土地、高利贷和工商业。

旧的被统治阶级即农民阶级，仍是近代中国社会人数最多的被剥削阶级。由于土地兼并的加剧，不少自耕农失去土地，向贫农或雇农转化。有些农民破产或失去土地后流入城市，成为产业工人的后备军。近代中国的农民由于社会地位低下，受压迫、剥削严重，生活状况极度恶化，所以具有强烈的革命要求，是中国民主革命的主力军。但是，由于其作为小生产者的阶级局限性，农民单凭自身的力量不可能求得解放，更不可能把反帝反封建斗争引向胜利。

近代中国诞生的新兴的被压迫阶级是工人阶级。它的来源主要是城乡破产失业的农民、手工业者和城市贫民。中国工人阶级最早出现于19世纪40至50年代外国资本主义在华企业中。因此，它是先于中国的资产阶级而产生的。在19世纪60年代后洋务派创办的大型军用工业和民用企业以及70年代以后的中国民族企业中，又雇佣了一批工人。早期中国工人阶级人数不多，却是中国新生产力的代表。它身受帝国主义、封建势力、资产阶级三重压迫，工资低、劳动时间长、劳动条件恶劣，受剥削最深，革命性最强，而且它还有组织纪律性强、集中、团结、与广大农民有着天然联系等优点，因此是近代中国最革命的阶级。

中国资产阶级也是近代中国新产生的阶级。它不是像欧美国家那样，在原有手工业工场比较发达的基础上，由手工工场主和包买商等演变而成，而是在外国资本主义入侵的影响和刺激下，主要由一些买办、商人、地主、官僚投资新式企业转化而成。从 19 世纪 70 年代开始，中国民族资本兴办的新式企业逐步发展起来。

中国资产阶级的来源不同，构成比较复杂。其中有一部分是官僚买办资本家。他们是利用政治特权和与外国资本的紧密联系，在剥削劳动人民和挤压民族资本的过程中，逐渐形成和发展起来的。

中国资产阶级的另一部分是民族资本家。他们经营的企业由于原始积累不足，大多数规模小、设备落后，并受到外国资本主义和本国封建主义及官僚买办资产阶级的压迫，发展缓慢，始终未能在中国社会经济中占主要地位。民族资产阶级同外国资本主义、本国封建主义仍然有着千丝万缕的联系。由于工业不发达，商业畸形发展，工业资本家未能成为资产阶级的主体。有的资本家同时在农村占有大量土地，兼营封建剥削。正因为如此，中国的民族资产阶级在政治上表现出两面性。他们与外国资本主义和本国封建主义既有矛盾、斗争的一面，又有依赖、妥协的一面。他们在一定条件下可以参加反帝反封建的革命或者在斗争中保持中立，但是没有革命的彻底性，不可能引导中国的民主革命走向胜利。

三、近代中国的主要矛盾和历史任务

（一）两对主要矛盾及其关系

近代中国半殖民地半封建社会的矛盾，呈现出错综复杂的状况。

其中有：中华民族与资本-帝国主义的矛盾，农民阶级与地主阶级的矛盾，资产阶级与地主阶级的矛盾，无产阶级与资产阶级的矛盾，封建统治阶级内部各集团派系的矛盾，各帝国主义国家在中国争夺的矛盾，等等。在这些社会矛盾中，占支配地位的主要矛盾，是帝国主义和中华民族的矛盾，封建主义和人民大众的矛盾。这两对主要矛盾及其斗争贯穿整个中国半殖民地半封建社会的始终，并对中国近代社会的发展变化起着决定性的作用。

中国近代社会的两对主要矛盾是互相交织在一起的，而帝国主义和中华民族的矛盾，是最主要的矛盾。帝国主义勾结、扶持封建势力作为它们统治中国的支柱。除了帝国主义割占的地区和直接管理的租界、租借地以外，它们主要是通过中国政府当局和各地的官僚、军阀来统治中国人民。

一般来说，当资本-帝国主义向中国发动侵略战争时，中国内部各阶级，除一些叛国分子外，能够暂时地团结起来举行民族战争去反对外国侵略。这时，民族矛盾特别尖锐，阶级矛盾暂时降到次要和服从的地位。例如，鸦片战争、第二次鸦片战争、中法战争、中日甲午战争、义和团反帝运动，都有过这种情形。而当资本-帝国主义与中国的反动统治阶级结成同盟，用战争以外的形式共同压迫中国人民，尤其是封建主义统治特别残酷的时候，中国人民往往采取国内战争的形式去反对资本-帝国主义和封建主义的同盟，而斗争的矛头主要直接地指向中国的封建政权，这时阶级矛盾就上升为主要矛盾，民族矛盾退居次要地位。例如，太平天国农民战争和辛亥革命，就是这种情况。当国内战争发展到从根本上威胁资本-帝国主义及其代理人中国封建地主阶级统治的时候，外国侵略势力甚至直接出兵，镇压中国人民，援助中国的反动派。这时，外国侵略者和国内封建统治者完全公开站在一条战线上。例如，太平天国后期，清政府向外国侵略者"借师助剿"，共同镇压太平天国农民起义，就属于这种情况。

中国近代社会的发展和演变，是上述两对主要矛盾互相交织和交替作用的结果。近代以来伟大的中国革命，是在这些主要矛盾及其激化的基础之上发生和发展起来的。

（二）两大历史任务及其关系

近代以来，中国人民除了继续遭受本国残酷的封建压迫以外，更遭受了外国资本-帝国主义势力残暴的民族压迫。亡国灭种的阴影，笼罩在中国人的心头。近代中国人民的斗争，主要是以挽救中华民族的危亡为出发点的。

近代以来，世界上的主要资本-帝国主义国家，几乎都曾经欺凌过中国；而近代中国的反侵略战争，从1840年反对英国侵略的战争直到抗日战争以前，无不以中国失败、被迫接受丧权辱国的条约而告结束。其根本原因，正如毛泽东所说，"一是社会制度腐败，二是经济技术落后"。正因为如此，为了使中国在世界上站起来，为了使中国人民过上幸福、富裕的生活，就必须推翻帝国主义、封建主义联合统治的半殖民地半封建的社会制度，争得民族独立和人民解放；就必须改变中国经济技术落后的面貌，实现国家的富强和人民的富裕。近代以来中华民族面临的这两大历史任务，追求实现中华民族伟大复兴的中国梦，就是这样被历史地提出来的。无数的志士仁人，一代又一代的中国人，正是为此而进行了不屈不挠、英勇顽强的斗争。

争取民族独立、人民解放和实现国家富强、人民富裕这两个任务，是互相区别又互相紧密联系的。由于腐朽的社会制度束缚着生产力的发展，阻碍着经济技术的进步，必须首先改变这种社会制度，争得民族独立和人民解放，才能为实现国家富强和人民富裕创造前提，开辟道路。这是因为：不经过反帝反封建的斗争，争得民族独立和人民解放，第一，就不可能推翻帝国主义对中国的反动统治，改变它们控制中国经济财政命脉，利用特权向中国大量倾销商品和输出资本，压迫中国民族工商业发展的局面；第二，就不可能废除封建地主土地所有制和专制政治制度，解放农村生产力，改善农民的生活，扩大民族工商业的国内市场；第三，就不可能达到国家的统一、民族的团结和社会的稳定，从而集中力量进行现代化建设，以实现国家的繁荣富强和人民的富裕幸福。

近代以来，一些爱国人士提出过工业救国、教育救国、科学救国等主张，并为此进行过努力，对中国近代社会的进步作出了一定的贡献。但是，在民族不独立、国家不统一、人民无权利的半殖民地半封建社会里，这些主张并不能从根本上给濒临危亡的中国指明正确的出路。由于这些良好的愿望在实践中不断碰壁，他们中的许多人终于抛弃了这些幻想，毅然走上了争取民族独立和人民解放的斗争道路。

怎样才能争得民族独立和人民解放？近代以来的历史表明，必须首先进行反帝反封建的民主革命。因为帝国主义列强决不会自动放弃在中国攫取的特权，封建主义势力也决不肯自动放弃自己控制的政权，所以，以改良的方式是不可能改变帝国主义和封建主义联合统治中国的半殖民地半封建社会制度的。近代中国曾有不少人希望通过改良的途径挽救中国的危亡，如维新变法运动和立宪运动等，但统统行不通。民主革命的先行者孙中山等，也是在进行改良的努力归于失败、对当权者幻想破灭的情况下，才走上革命道路的。

事实上，只有通过革命争得民族独立、人民解放以后，中国人民才有可能集中力量进行现代化建设，逐步改变贫穷落后的面貌，实现国家的富强和人民的富裕，从而使无数爱国志士和革命先驱为之献身的中华民族伟大复兴的梦想真正成为现实。

□ 学习思考

1. 为什么说鸦片战争是中国近代史的起点？
2. 怎样认识近代中国的主要矛盾、社会性质及其基本特征？

3. 如何理解近代中国的两大历史任务及其相互关系？

📖 必读文献

1. 毛泽东：《中国革命和中国共产党》（第一章第三节、第二章第一节）（1939年12月）

2. 习近平：《实现中华民族伟大复兴是中华民族近代以来最伟大的梦想》（2012年11月29日）

📖 延伸阅读文献

江泽民：《高举邓小平理论伟大旗帜，把建设有中国特色社会主义事业全面推向二十一世纪——在中国共产党第十五次全国代表大会上的报告》（一）（1997年9月12日）

第一章
反对外国侵略的斗争

第一节 资本-帝国主义对中国的侵略

一、军事侵略

资本-帝国主义列强对中国的侵略，首先和主要的是进行军事侵略。它们依仗先进的武器和军事技术，或者进行武力威胁，或者发动侵略战争，或者武装干涉中国的内政，甚至直接出兵镇压中国革命。这种军事侵略是逐步升级的，从骚扰、蚕食中国沿海、边疆，到割占中国大片领土，甚至企图瓜分中国。

发动侵略战争，屠杀中国人民 从 1840 年鸦片战争以来，资本-帝国主义列强发动了一次又一次的侵华战争。在历次侵华战争中，外国侵略者屠杀了大批中国人民。例如，1894 年 11 月，日军在甲午战争中制造了旅顺大屠杀惨案，在 4 天内连续屠杀中国居民 2 万余人。1900 年 7 月，俄国入侵中国东北时，先后制造了海兰泡惨案和江东六十四屯惨案。沙俄军警把中国人居住的村庄烧光，把数千居民枪杀，或驱入黑龙江中活活淹死。同年 8 月，八国联军侵占北京后，仅在庄王府一处，就烧死和杀死义和团团民与平民 1 700 多人。

侵占中国领土，划分势力范围 每一次战争之后，资本-帝国主义列强都迫使中国政府签订不平等条约，攫取在中国的经济、政治特权，劫掠中国的财富，破坏中国的主权和领土完整。

1842 年，英国强迫清政府签订《南京条约》，把香港岛割让给英国。1860 年，又通过中英《北京条约》，割去香港岛对岸九龙半岛南端和昂船洲。

1849 年,葡萄牙武力强占澳门半岛(葡萄牙人在明末就已经开始用欺诈手段借居澳门)。1887 年,胁迫清政府订立《中葡和好通商条约》,允许葡萄牙"永居管理澳门"。

俄国利用英、法发动第二次鸦片战争之机,于 1858 年胁迫黑龙江将军奕山与之签订《瑷珲条约》,割去黑龙江以北 60 万平方公里领土。1860 年,通过签订中俄《北京条约》,割去乌苏里江以东 40 万平方公里领土。1864 年,强迫清政府签订《勘分西北界约记》,割去中国西北 44 万平方公里领土。1881 年,通过《改订伊犁条约》和 5 个勘界议定书,割去中国西北 7 万多平方公里领土。通过这一系列不平等条约,俄国共侵占中国领土 150 多万平方公里。

1895 年,日本强迫清政府签订《马关条约》,割去中国台湾全岛及所有附属各岛屿和澎湖列岛。

1898 年,德国强租山东的胶州湾,把山东划为其势力范围。沙俄强租辽东半岛的旅顺口、大连湾及其附近海面,以长城以北为其势力范围。英国强租山东的威海卫和香港岛对岸的九龙半岛界限街以北、深圳河以南及附近的岛屿(新界),以长江流域为其势力范围。1899 年,法国强租广东的广州湾及其附近水面,把广东、广西、云南作为其势力范围。日本也声明把福建作为其势力范围。

资本-帝国主义列强还运用武力或欺诈手段,霸占中国通商口岸内的土地,设立完全由外国直接控制和统治的租界。1845 年,英国租得上海外滩附近 837 亩土地,设立上海英租界。以后直至 1911 年,英、法、美、德、日、俄、意、比、奥等国,先后在上海、天津、汉口、广州、福州、重庆等 16 个城市,设立了 30 多个租界。租界里的一切都由外国殖民者管理,中国的法律在这里不发生效力,俨然是"国中之国"。租界成了"冒险家的乐园"和外国侵略中国的据点。

通过侵华战争,帝国主义列强还获得了在中国领土上驻兵的特权。

1901年《辛丑条约》规定，外国军队有权在北京使馆区和北京至大沽、山海关一线包括天津、唐山等12处"留兵驻守"。日俄战争后，日本从俄国手中攫得租自中国的旅顺口和大连湾、长春至旅顺口的铁路及其他有关权益，在旅顺设置"关东总督府"，并派兵驻守上述地区及南满铁路沿线。这支军队后来被称作"关东军"，成了日本侵略中国的突击队。

勒索赔款，抢掠财富　资本-帝国主义列强发动战争来侵略中国、屠杀中国人民，并向中国勒索巨额赔款，造成中国严重的财政危机，直接破坏和阻碍中国的经济发展。比如，在鸦片战争期间，英国侵略者就强迫清朝地方政府交纳广州赎城费600万元（银元）。其后，更通过《南京条约》攫取赔款2 100万元（银元）。第二次鸦片战争后，英、法各得赔款800万两白银。甲午战争后，日本通过《马关条约》强迫中国赔款2亿两白银，再加上"赎辽费"3 000万两，威海卫日军"守备费"150万两，共23 150万两，相当于清政府三年的财政收入。日本用中国的巨额赔款，继续扩充军备，海陆军扩充费及军需工业费等费用占赔款总数的85%，使日本军国主义势力迅速膨胀，很快地挤进了帝国主义列强的行列。而八国联军侵华战争时签订的《辛丑条约》，规定中国应支付的赔款额竟高达4.5亿两白银，分39年还清，本息合计近10亿两之巨。这些赔款，是帝国主义侵略者对中国实行的公开掠夺。

不仅如此，列强在侵华战争中还公开抢劫中国的财富，肆意破坏中国的文物和古迹。1860年10月，英法联军进入北京城前，首先抢劫清朝皇帝的离宫圆明园内的金银珠宝、瓷器绸缎、文物古籍，拿不了的就加以毁坏，最后还放火焚烧了圆明园和附近香山、万寿山、玉泉山的殿阁建筑。参加抢劫的英国军官戈登承认："我们就这样以最野蛮的方式摧毁了世界上最宝贵的财富。"

1900年8月，八国联军侵占北京后，皇宫以及北海、中南海、颐和园等禁苑里的无数金银财宝、珍贵文物古籍遭到他们的肆意劫掠。日本侵略军还从户部银库掠去 300 万两库银。八国联军总司令、德国元帅瓦德西承认："所有中国此次所受毁损及抢劫之损失，其详数将永远不能查出，但为数必极重大无疑。"

这些自称"西方文明传播者"的侵略者在中国的所作所为，充分地暴露了帝国主义、殖民主义势力践踏文明的野蛮本性。

二、政治控制

为了统治中国，资本-帝国主义列强在政治上采取的主要方式，是控制中国政府，操纵中国的内政、外交，把中国当权者变成自己的代理人和驯服工具。

控制中国的内政、外交　在鸦片战争时期，外国侵略者还只是通过中国内部的妥协派贵族大臣如琦善、耆英、伊里布等人，来对清政府施加压力和影响。清王朝统治集团中不少权贵大臣仍对外国侵略者抱有疑虑、恐惧乃至敌对的态度。直到第二次鸦片战争期间，英法联军采取又打又拉的手法，在强迫清政府签订《天津条约》《北京条约》的同时，表示愿意帮助清政府镇压太平天国，终于使清政府基本屈服。

《天津条约》的一项重要内容，就是允许外国公使常驻北京。当时西方列强的公使，是以战胜者的姿态进入北京的，他们不是普通的外交官，而是清政府的"太上皇"。美国公使田贝说过，他们经常教训清政府的大臣，什么事要做，什么事一定不许做。这就是说，外国公使可以在北京直接向中国政府发号施令。

1861年，在外国公使驻京前后，中国发生了一场宫廷政变，即"北京政变"（又称"辛酉政变"），恭亲王奕䜣和慈禧太后掌握政权。奕䜣等人由于在第二次鸦片战争期间与列强进行交涉并签订《北京条约》，而受到侵略者的赏识。英国公使普鲁斯向该国政府报告说："在北京建立了令人满意的关系，在某种程度上（我们）已成为这个政府的顾问。"

资本-帝国主义列强在中国还享有领事裁判权。1843 年中英《五口通商章程》规定，在通商口岸，中国人如与英侨"遇有交涉诉讼"，英国领事有"查察""听诉"之权，"其英人如何科罪，由英国议定章程、法律，发给管事官照办"。1844 年中美《望厦条约》更扩大领事裁判权的范围，即所有美国人在华之一切民事、刑事诉讼，"均由本国领事等官询明办理"。从此，外国人可以在中国横行不法，中国政府却无权干预。

把持中国海关，是外国侵略者控制中国政治的重要手段之一。近代中国海关的职权范围，除了征收进出口关税外，还管理港口，主办邮政，甚至涉及与外国人交涉的各种事务。中国海关的高级职员全部由外国人充任。海关总税务司俨然成了清朝中央政府的最高顾问，而各通商口岸的海关税务司则成了各地地方政府的高级顾问。英国人赫德自 1863 年任总税务司开始，直到 1908 年回国，掌握中国海关大权达 40 余年之久。他曾向清政府提出《局外旁观论》，教训中国政府必须遵守不平等条约。他还帮助英国诱迫李鸿章签订《烟台条约》。

镇压中国人民的反抗　资本-帝国主义列强还勾结清政府镇压中国人民的反侵略反封建斗争。为了镇压太平天国农民起义，他们不但向清政府供应军火、船只，而且派外国军官组织并指挥"洋枪队"，甚至直接动用陆海军，对太平军作战。当中国人民掀起反对外国教会侵略的斗争，即发生所谓"教案"时，外国侵略者便指使清政府屠杀中国人民，惩办对人民镇压不力的地方官员。如 1870 年发生天津教案后，法、英等国军舰聚集天津海口进行军事恫吓，迫使清政府判处 20 名民众死刑，流放天津地方官吏 25 人。1899 年，义和团运动在山东兴起后，美国公使康格公开要求清政府派所谓"强有力"的人物袁世凯去山东进行镇压。袁世凯升任山东巡抚后，立即采取血腥手段屠杀义和团团民。1901 年签订的《辛丑条约》中，帝国主义列强还强迫清政府作出永远禁止中国人成立或加入任何反对它们的组织的承诺,并规定清政府各级官员如对人民反抗斗争"弹压惩办"不力,"即行革职,永不叙用"。

扶植、收买代理人 为了控制中国的政治,把中国政府变成自己的驯服工具,资本-帝国主义列强特别注意在中国政府中扶植、收买自己的代理人。

第二次鸦片战争之后,得到列强支持的奕䜣、文祥等满族贵族掌握了负责对外交涉的总理各国事务衙门。在中外勾结共同镇压太平天国的过程中,列强又扶植曾国藩、李鸿章等湘系、淮系官僚,并帮助他们购买、制造洋枪、洋炮和练兵。曾、李后来分别担任两江总督、直隶总督和南洋大臣、北洋大臣,实行对外妥协的方针。清王朝的最高统治者慈禧太后在《辛丑条约》签订前夕,甚至表示要"量中华之物力,结与国之欢心"。清末,帝国主义列强看中握有军权的袁世凯,支持他篡夺辛亥革命果实,建立北洋军阀政权。袁世凯死后,又分别扶植皖系军阀段祺瑞、直系军阀冯国璋、奉系军阀张作霖等各派系军阀首领作为自己的代理人,支持他们割据地盘与进行混战。

三、经济掠夺

资本-帝国主义列强对中国进行经济侵略的方式,除了强迫中国支付巨额的战争赔款外,主要是利用其与清政府签订的不平等条约赋予的特权,进一步扩大对中国的商品倾销和资本输出,进行掠夺和榨取,逐步把中国卷入资本主义的世界市场。

控制中国的通商口岸 鸦片战争前,清政府实行闭关政策,只允许外国商人在广州一地贸易,而且必须经过官方指定的公行即"十三行"进行。1842年《南京条约》规定,开放广州、厦门、福州、宁波、上海等5个港口城市为通商口岸。1858年《天津条约》又规定,开放牛庄(后改营口)、登州(后改烟台)、台湾(后定为台南)、淡水、潮州（后改汕头）、琼州、汉口、九江、南京、镇江等 10 个口岸。1860 年《北京条约》又规定增加开放天津为通商口岸。陆路方面，清政府还向俄国开放伊犁、喀什噶尔等商埠。在这些通商口岸里，外国人依仗不平等条约享有种种特权，控制当地的工商、金融事业，甚至设立租界，实行殖民统治。这些通商口岸大多成了资本-帝国主义列强在中国进行经济侵略的基地。

剥夺中国的关税自主权　关税自主权是国家重要的经济主权。1842 年《南京条约》规定，英国商人进出口货物的税率，清政府均宜"秉公议定则例"。1843 年中英《五口通商章程：海关税则》，将英商进出口货物的具体税率，用中英协定形式固定下来。1844 年中美《望厦条约》和中法《黄埔条约》进一步规定，倘中国以后要变更税例，必须得到对方"议允"，正式把协定关税的条款订入条约。中国逐步丧失了关税自主权。1858 年的《天津条约》还规定，外国商船可以自由在各通商口岸转口，其商品不需要重新课税。洋货只需在海关交纳 2.5% 的子口税，就可以在中国内地通行无阻，不必像中国商品那样"逢关抽税，过卡抽厘"。外国廉价商品在中国市场上大量倾销，排挤中国工业品和手工业产品，并获取高额利润。从 19 世纪 50 年代起，外国人逐步控制了中国海关的行政权。中国海关不仅不能起到抵制外国商品倾销、保护民族经济的作用，反而成为外国对中国进行经济侵略和政治控制的一个重要工具。

实行商品倾销和资本输出　资本-帝国主义列强凭借不平等条约所赋予的种种特权，把中国变成了它们倾销商品的市场和取得廉价原料的基地。这些都是在中国丧失了独立主权因而处于与外国不平等地位情况下进行的。中国的对外贸易，从长期出超逐渐转变为大量入超。1890 年至 1894 年，每年平均入超达到 770 余万海关两。洋货的大量倾销，使得中国民族企业的产品和传统手工业品受到排挤。直到 19 世纪末，鸦片依然占据进口货物的重要地位。

外国资产阶级还直接在中国的通商口岸开设洋行，垄断性地经营进出口贸易。到19世纪90年代，这一类洋行已达500多家。其中规模较大的有英国的怡和洋行、太古洋行、沙逊洋行，美国的旗昌洋行，德国的礼和洋行等。它们逐步控制了中国的进出口贸易。

资本-帝国主义列强还利用不平等条约赋予的特权，在中国自由开工厂、办银行、修铁路、开矿山等，获取超额利润，压制中国微弱的民族资本主义经济的发展。1895年以后，由于《马关条约》规定允许外国人在中国办工厂，外国资本家争先恐后地涌向中国投资。外国资本家经营的工厂资本雄厚、规模大、技术先进，民族资本家经营的企业无力与之竞争。

值得注意的是，外国在中国的投资，相当部分并非由国外输入中国，而是利用战争赔款等方式掠自中国。

操纵中国的经济命脉　在半殖民地半封建社会的条件下，中国不可能在独立的基础上与外国发生经济往来。资本-帝国主义列强同中国发生经济关系，不是为了推动中国经济的发展，而是为了控制中国的经济，为自身获取最大限度的利润。

在中国的近代工业中，外国资本很快形成了垄断地位。1913年，外国资本占机械采煤投资总额的79.6%，占新式采铁和冶铁企业投资总额的100%，并且控制了41.2%的纱锭和49.6%的布机，使中国民族工业难以独立发展。

资本-帝国主义列强不仅勒索中国的赔款，而且迫使中国举借外债来偿付这些赔款。它们还通过贷款，来支持中国反动政府镇压人民革命。中国政府举借外债，主要是以关税和盐税为担保的。这两项收入，是中国政府财政收入的重要来源。清政府的这两项税收每年为4 000万至5 000万两，大部分用于偿付外债，自己只能得到一点"关余""盐余"。外国列强直接控制了这两项税收，就等于扼住了中国财政的咽喉。

外国资本在中国设立的银行，是它们对中国进行资本输出的枢纽。外国在中国开设的第一家银行是1845年进入中国的英国丽如银行（又称英国东方银行）。以后陆续开办或在中国设立分行的重要外国银行，有英国麦加利银行、汇丰银行，德国德华银行，日本横滨正金银行，俄国华俄道胜银行，法国东方汇理银行，美国花旗银行等。这些银行不仅经营存款汇款业务，而且进行商业投机、工业铁路矿山投资、高利贷贷款、发行纸币、操纵汇价等。它们凭借各种特权及雄厚的金融实力，逐步地控制中国的财政金融，成为列强对华经济侵略的中心。

资本-帝国主义列强还控制了中国的现代交通运输业。中国境内的铁路绝大部分由外国资本经营。1911年，全国9 618.1公里铁路中，由外国控制的达8 952.5公里，占93.1%；而中国自主修筑的铁路只有665.6公里，仅占6.9%。资本-帝国主义列强通过对中国铁路的控制，不仅攫取巨额利润，获得铁路沿线的许多经济权益，而且还由此从政治上、军事上取得对这条铁路及其沿线地区的控制权，确立和扩大自己在中国的势力范围。与此同时，外国资本还控制了中国沿海和内河主要航道的航运业。据海关报告，在各通商口岸进出的中外轮船的总吨位中，1877年，中国占36.7%，外国占63.3%；到1907年，中国只占15.6%，外国占了84.4%。1911年长江航线轮船吨位中，外资的太古、怡和、日清三个轮船公司就占了83.8%，而中国的轮船招商局仅占16.2%。至于远洋航线，则几乎全部为外国轮船公司所垄断。

资本-帝国主义的经济侵略不仅阻碍中国民族工商业的发展，而且对中国的农业经济也造成严重破坏。外国商人依仗特权，低价收购中国农副产品作为其工业生产的原料，如生丝、茶叶、棉花、大豆、烟草、羊毛、皮革、猪鬃等，还通过垄断价格和工农业产品剪刀差进行不等价交换，获得超额利润。同时，他们还在国际市场上限制、打击中国传统出口农产品，使它们价格低落甚至失去销路。这一切，也加速了中国传统农业的萎缩和衰败。

总之，资本-帝国主义列强的入侵，使中国在经济上也丧失了独立性，中国被纳入资本主义的世界经济体系，成了西方大国的经济附庸。除了沿海、沿江少数城市的经济得到畸形繁荣以外，中国广大地区特别是农村的经济都濒临破产。外国帝国主义和中国封建主义的联合统治，导致了近代中国经济的落后和人民的贫困。

四、文化渗透

资本-帝国主义列强在对中国实行军事侵略、政治控制、经济掠夺的同时，还对中国进行文化渗透。其目的是宣扬殖民主义奴化思想，麻醉中国人民的精神，摧毁中国人的民族自尊心和自信心。

披着宗教外衣，进行侵略活动　资本-帝国主义的文化渗透活动，有许多是披着宗教外衣、在传教的名义下进行的。一部分西方传教士积极参与了对中国的侵略活动。比如，1832年德国基督教传教士郭士立受英国东印度公司派遣，以传教为掩护，在中国沿海进行过长达几个月的间谍侦察活动，刺探搜集大量军事情报，并竭力鼓吹对中国发动武装侵略。鸦片战争期间，他不仅担任英军陆军总司令的翻译，在英军占领浙江定海县时担任"民政官"，还参与了中英《南京条约》的起草和谈判。第二次鸦片战争期间，在北京的俄国东正教传教士向俄国公使和英法联军提供了有关清军在大沽口的设防情况和详细的北京地图。在1860年法国强迫清政府订立中法《北京条约》时，担任翻译和文件起草的法国传教士孟振生甚至在条约的中文文本中，私自添上条约的法文原本上所没有的"并任法国传教士在各省租买土地，建造自便"的字句。外国传教士由此获得了在中国各地城乡租买土地和盖房的特权，为外国教会在中国内地霸占地产、遍设教堂提供了根据。

19世纪60年代后,外国传教士大批来到中国,并进入内地、边疆和少数民族地区。他们中的一些人,采用欺骗讹诈、强迫捐献、压价购买、强占垦地等手段霸占土地,建造教堂,剥削佃户,出租房产。有的还包揽词讼,包庇教徒中的不法分子,或者强迫中国教民抛弃中国传统礼俗,甚至公开干涉中国内政。这些传教士从事的不法活动,激起了中国人民的义愤和反抗。19世纪60年代至90年代,各地群众反对外国教会侵略的斗争此起彼伏、连绵不断,并不是偶然的。

<u>为侵略中国制造舆论</u>　外国教会中的某些势力还利用宣传宗教和西学的名义,为资本-帝国主义的侵略制造舆论。它们在中国所办的某些报纸、杂志,所翻译、出版的某些书刊,基本上反映了当时外国侵略者对中国的态度和要求。基督教在中国设立的最大的出版机构是广学会。英国传教士李提摩太主持广学会的指导思想是"争取中国士大夫中有势力的集团,启开皇帝和政治家们的思想",企图影响中国的政治方向。广学会发行的刊物《万国公报》,在介绍西方史地、政治、文化的同时,也宣扬殖民主义奴化思想。如该刊主编、美国传教士林乐知发表的《印度隶英十二益说》,竟然鼓吹英国统治印度有12条好处,主张把英国的殖民统治制度搬到中国来。广学会翻译、出版的书刊,也常常美化帝国主义的侵略。如李提摩太在他翻译的《泰西新史揽要》一书序言中说,"泰西各国素以爱民为治国之本,不得不藉兵力以定商情","然闭关开衅之端则在中国,故每有边警,偿银割地,天实为之"。

帝国主义者为了制造侵略有理的舆论,还大肆宣扬"种族优劣论"。他们攻击诬蔑中华民族是愚昧落后的"劣等民族",应该接受"优等民族"白种人的开导和奴役。19世纪末,欧美帝国主义者还炮制了所谓"黄祸论",即中国威胁论。1895年,德国皇帝威廉二世甚至亲自构思了一幅《黄祸图》,让画家克纳克福斯画成油画送给俄国

沙皇。西方还出现了一批关于"黄祸论"的文章和专著。有的"黄祸论"鼓吹者竟说,"一旦千百万中国人意识到自己的力量时,将给西方文明带来灾难和毁灭"。他们宣扬中国等黄色人种对西方白色人种构成威胁,企图以此论证西方列强侵略压迫中国有理。但是,与他们的主观愿望相反,帝国主义的侵略激起了中国人民的反抗,刺激了中国人民的觉醒,促使中国人民投入反对帝国主义侵略的斗争。

第二节 抵御外国武装侵略 争取民族独立的斗争

一、反抗外来侵略的斗争历程

资本-帝国主义侵略、压迫中国人民的过程,同时也是中国人民反抗它们的侵略、压迫的过程。救亡图存,成了一代又一代中国人面临的神圣使命。为了捍卫民族生存的权利,实现民族复兴,他们在长时间里进行了不屈不挠、再接再厉的英勇斗争。

人民群众的反侵略斗争 英国发动侵略中国的鸦片战争时,中国人民即奋起抵抗。1841年5月,英军在广州郊区三元里一带的淫掠暴行,激起当地乡民的义愤,"不呼而集者数万人",与英军展开激烈战斗。三元里人民的抗英斗争,是中国近代史上中国人民第一次大规模的反侵略武装斗争,显示了中国人民不甘屈服和敢于斗争的英雄气概。

太平天国农民战争后期,太平军曾多次重创英、法侵略军和外国侵略者指挥的洋枪队"常胜军""常捷军"。1862年5月,太平军在江苏奉贤(今属上海市)击毙法国侵华海军司令卜罗德。6月,在青浦(今属上海市)活捉"常胜军"副统领法尔思德。9月,又在浙江慈溪击伤"常胜军"统领、美国人华尔(不久因伤重死去)。1863年1月,在绍兴打死"常捷军"统领勒伯勒东。

在外国侵略中国台湾的过程中,台湾人民也奋起反抗侵略者。

1867年，美国派海军入侵台湾，副舰长马肯基率陆战队在琅𫩽（今恒春）登陆，高山族人民英勇抵抗，击毙马肯基，打退了美军的进犯。1874年，日本派陆军中将西乡从道率日军侵犯台湾琅𫩽地区，遭到高山族人民的迎头痛击。

1884年，中法战争期间，香港中国造船工人举行罢工，拒绝修理受伤的法舰，爱国商人也举行罢市，码头工人则不运送法货。

1895年《马关条约》签订后，台北人民闻讯鸣锣罢市，反对割台。台湾绅民还发布檄文，表示"愿人人战死而失台，决不愿拱手而让台"，表达了誓与台湾共存亡的决心。台湾人民与总兵刘永福所率领的黑旗军共同抗击日本侵略。吴汤兴、徐骧等指挥的台湾义军和吴彭年、杨泗洪指挥的黑旗军在新竹、彰化、嘉义、台南等地与日军激战，许多人英勇牺牲。从1895年6月至10月，台湾军民浴血奋战，抗击了日本两个近代化师团和一支海军舰队，日军死伤32 000多人。台湾军民为保卫祖国神圣领土，写下了可歌可泣的一页。此后，在日本统治台湾的半个世纪里，台湾人民反抗日本侵略者的斗争从未间断过。

1900年八国联军侵华时，义和团及部分清军与之展开殊死战斗。6月，英国海军中将西摩指挥的八国联军2 000多人，从天津乘火车向北京进犯，在廊坊遭到义和团的阻击。撤到杨村又遭到当地义和团和清军的围攻，死伤近300人。义和团和清军一起在天津老龙头火车站、紫竹林租界等地与八国联军拼死鏖战。义和团与清军还在东北抗击沙俄侵略军。

爱国官兵的反侵略斗争　在历次反抗外国侵略的战争中，爱国官兵表现了英勇顽强的战斗精神，并在一些战役中取得了胜利。1859年6月，英法联军大举进攻大沽炮台，守军沉着应战，击沉、击伤敌舰多艘。中法战争期间，1884年8月，法舰进犯台湾基隆，同年10月，又进犯淡水，都被督办台湾事务大臣刘铭传指挥守军击退。1885年初，法舰炮轰浙江镇海炮台，也被守军击退。3月，在中越边境镇南关（今友谊关），年近七十的老将冯子材身先士卒，率部勇猛冲杀，大败法军，取得镇南关大捷。在抗击外国侵略的战争中，许多爱国官兵英勇献身。如：鸦片战争期间广东水师提督关天培、江南提督陈化成、副都统海龄（满族），第二次鸦片战争中提督史荣椿、乐善（蒙古族），中日甲午战争时致远舰管带（舰长）邓世昌、经远舰管带林永升等，都以身殉国。

近代中国人包括统治阶级中的爱国人士在反侵略斗争中表现出来的爱国主义精神，进一步铸成了中华民族的民族魂。正是由于中国人民前仆后继、英勇顽强的斗争，才使我们的国家和民族历尽劫难、屡遭侵略而不亡。那些不畏强暴、赴汤蹈火、血战疆场、宁死不屈的民族英雄，乃是中华民族的脊梁。

二、粉碎瓜分中国的图谋

边疆危机和瓜分危机　帝国主义侵略中国的最终目的，是要瓜分中国、灭亡中国。

19世纪70至90年代，自由竞争的资本主义向垄断资本主义即帝国主义过渡，出现了列强争夺殖民地的狂潮，非洲基本上被瓜分完毕，亚洲也大部分被列强瓜分。中国这个还保存着名义上独立的半殖民地国家，成了尚未被瓜分的"仅有的富源"。

19世纪70至80年代，列强从侵占中国周边邻国发展到蚕食中国边疆地区，使中国陷入"边疆危机"。英国从印度侵入西藏，又从缅甸入侵云南。法国则从越南侵犯广西。俄国从中亚入侵新疆。日本吞并琉球，侵犯中国台湾。

帝国主义列强对中国的争夺和瓜分的图谋，在1894年中日甲午战争爆发后达到高潮。1895年4月2日，即《马关条约》签订前半个月，日本驻德公使青木周藏与德国外交部参事米尔堡会谈时，提出将南满给日本，北满归俄国，舟山预定给英国，而"德国完全有权在东南要求一省"的瓜分方案。中日《马关条约》规定把台湾、澎湖列岛和辽东半岛割让给日本，更大大刺激了帝国主义列强瓜分中国领土的野心，并激化了列强争夺中国的矛盾。俄国认为，日本割取辽东半岛损害了俄国在中国的侵略利益，便联合法国和德国共同干涉还辽，迫使日本放弃了割占辽东半岛的要求。日本则以再向中国勒索3 000万两白银"赎辽费"作为补偿。俄、德、法三国又以干涉还辽"有功"为由，要求租借中国港湾作为报酬。德、俄、英、法、日等国于1898年至1899年竞相租借港湾和划分势力范围，掀起了瓜分中国的狂潮。

1900年八国联军侵华战争期间，欧美报刊纷纷公开讨论如何瓜分中国。八国联军总司令、德国元帅瓦德西在给德皇威廉二世的奏议中认为："关于近年以来时常讨论之瓜分中国一事"，现在"实为一个千载难得之实行瓜分时机"。俄国迫不及待地出动十几万大军侵入中国东北地区。日本驻台湾总督则加紧策划派兵在厦门登陆侵占福建。连一直标榜"保全中国"的美国政府也发出准备占领中国福建三沙湾的训令。

义和团运动与列强瓜分中国图谋的破产　帝国主义列强并没有能够实现瓜分中国的图谋。其原因何在？

帝国主义列强之间的矛盾和互相制约，是一个重要的原因。瓦德西向德皇威廉二世报告说："英国极不愿意法国进据云南，日本占领福建。日本方面对于德国之据有山东，则认为危险万分。各国方面对于英人之垄断长江，认为势难坐视。"俄国独占东北三省，更使英、日等国强烈不满。因此，要实现瓜分中国，"彼此之间必将发生无限纠葛"，甚至会爆发战争。正因为如此，列强经过反复争吵、协商，最后认定，还是暂缓瓜分中国，而采取保全清政府为其共同的统治工具，实行"以华治华"，对自己更为有利。

不过，帝国主义列强之间的矛盾和妥协，并非是瓜分中国的阴谋破产的根本原因。因为帝国主义列强在世界各地争夺殖民地时，都存在着利害冲突，它们在瓜分非洲和东南亚地区时，也是如此。它们或者通过协商，或者直接采取战争的手段，还是把非洲、东南亚地区等瓜分了。帝国主义列强不能灭亡和瓜分中国，最根本的原因，是中华民族进行的不屈不挠的反侵略斗争。

在义和团反帝爱国运动时期，中国人民以其不畏强暴、敢与敌人血战到底的英雄气概，打击和教训了帝国主义者，使它们不敢为所欲为地瓜分中国。这一点，即使帝国主义分子自己也是不得不承认的。瓦德西向德皇威廉二世报告说："吾人对于中国群众，不能视为已成衰弱或已失德性之人，彼等在实际上，尚含有无限蓬勃生气。""至于中国所有好战精神，尚未完全丧失，可于此次'拳民运动'中见之。"因此，他得出结论："无论欧、美、日本各国，皆无此脑力与兵力，可以统治此天下生灵四分之一也。""故瓜分一事，实为下策。"法国议会在辩论对华政策时，一位法国议员指出："中国地土广阔，民气坚劲。""吾故谓瓜分之说，不啻梦呓也。"

由此可见，正是包括义和团在内的中华民族为反抗侵略所进行的前赴后继、视死如归的战斗，才粉碎了帝国主义列强瓜分和灭亡中国的图谋。

诚然，由于当时中国人民对帝国主义的认识还停留在感性认识的阶段，义和团运动存在着笼统的排外主义的错误；由于认识不到帝国主义联合中国封建地主阶级以压迫中国人民的实质，义和团曾经蒙受封建统治者的欺骗；由于小生产者的局限性，义和团运动中还存在着迷信、落后的倾向。但是，一个基本的历史事实不容抹煞：义和团运动在粉碎帝国主义列强瓜分中国的斗争中，发挥了重大的历史作用。孙中山后来说过，义和团"用大刀、肉体和联军相搏，虽然被联军打死了几万人，伤亡枕藉，还是前仆后继，其勇锐之气殊不可当，真是令人惊奇佩服。所以经过那次血战之后，外国人才知道中国还有民族思想，这种民族是不可消灭的"。

第三节　反侵略战争的失败与民族意识的觉醒

一、反侵略战争的失败及其原因

从 1840 年至 1919 年的 80 年间，中国人民对外来侵略进行了英勇顽强的反抗，这些斗争具有重大的历史作用。但是，历次的反侵略战争，都是以中国失败、中国政府被迫签订丧权辱国的条约而告结束的。其原因，从中国内部因素来分析，主要有以下两个方面：一是社会制度的腐败，一是经济技术的落后。而前者则是更根本的原因。因为正是由于社会制度的腐败，才使得经济技术落后的状况长期得不到改变。

社会制度的腐败　1840 年以后，中国封建社会逐步变成了半殖民地半封建社会。统治中国的清王朝，从皇帝到权贵，大多昏庸愚昧，不了解世界大势，不懂得御敌之策。许多官员贪污腐化，克扣军饷。不少将帅贪生怕死，临阵脱逃。他们大多害怕拥有坚船利炮的外国侵略者，甚至为了自身的私利，不惜出卖国家和民族的利益。他们尤其害怕人民群众，担心人民群众动员起来以后可能危及自身的统治，所以，常常压制与破坏人民群众和爱国官兵的反侵略斗争。在这样腐败、无能的政府领导和指挥下的战争，怎么可能不失败？

鸦片战争中，禁烟抗英有功的大臣如林则徐、邓廷桢等被革职查办，甚至发配充军；而主张对敌妥协的琦善等人反而受到重用。钦差大臣奕山到广东，竟然把人民群众诬蔑为"汉奸"，主张"防民甚于防寇"。清政府特别害怕战争持续下去，会引发农民起义，因而急于向英国侵略者谋求妥协，为此不惜割地、赔款。

在中法战争后期，1885 年 3 月，爱国将领冯子材指挥清军在中越边境前线大败法军,取得镇南关大捷和谅山大捷,使法国侵略者处于内外交困的境地,茹费理内阁还为此而垮台。可是清政府当权者却力主避战求和,接受法国条件,签订《中法新约》,并下令前线清军停战撤兵。中法战争最终以"中国不败而败,法国不胜而胜"而告结束。

中日甲午战争时,清廷为筹办慈禧太后六十岁生日庆典,除要求各级官员报效外,还提用户部饷银和边防经费,甚至挪用海军军费。大小官员考虑的头等大事不是如何抵抗外敌,而是给皇太后送什么礼物。11月7日慈禧太后寿辰,恰好是日军攻陷大连之日。慈禧太后却照样在宫中升殿受贺,大宴群臣,还让皇帝与大臣们陪坐听戏三日,不问国事。指挥战争的李鸿章为了迎合慈禧并保存自己控制的北洋海军和淮军的实力,消极避战,积极求和。清政府还下令不许接济和支援台湾军民的浴血抗战。在这种情况下,中日甲午战争最后只能以中国的失败而告终。

八国联军侵华战争开始以后,以慈禧太后为首的清政府守旧派虽然一度想利用义和团的力量与列强讨价还价及排斥异己,实际上却一直在背后牵制、破坏义和团和部分清军官兵与八国联军的战斗。八国联军侵占北京后,慈禧太后带着光绪皇帝及亲贵大臣们西逃。1900年9月7日,她在逃亡途中发布镇压义和团的上谕,称"义和团实为肇祸之由……非痛加铲除不可",并命令各地文武官员对义和团要"严行查办,务净根株"。同时,她又派李鸿章与庆亲王奕劻向八国联军乞降求和。此后,清军便公开与八国联军勾结起来,一同屠杀、镇压义和团团民。

很明显,正是腐败的中国半殖民地半封建的社会制度,阻碍了中国人民群众的广泛动员和抵抗,这是近代中国反侵略战争屡遭失败的最重要的原因。

经济技术的落后 近代中国反侵略战争失败的另一个重要原因,

是国家综合实力特别是经济技术和作战能力的落后。

19世纪中叶，西方资本主义强国经过工业革命，经济和技术飞速发展，封建的中国已被远远抛在后面。

以鸦片战争为例，当时，清朝常备军包括绿营与八旗兵有80万人，而当时英国全国军队不过20万人，侵华远征军最多时仅2万人。但是，双方的武器装备、军队素质、综合实力却相差悬殊。

就武器装备来看，多数清兵尚使用刀、矛、弓箭等冷兵器，火器也不过是用火绳点放的鸟枪、抬枪，炮台所用大炮有些还是明末制造的。而英军则普遍使用步枪，大炮则可打霰弹、开花弹，杀伤力强。

鸦片战争的情况是这样，其他反侵略战争也有类似的情况。

指出经济技术的落后是中国反侵略战争失败的重要原因，并不意味着经济技术落后的中国就不应当进行反侵略战争或在战争中一定打败仗。因为"武器是战争的重要的因素，但不是决定的因素。决定的因素是人不是物"。而当时的中国，不仅武器装备等很落后，而且反动统治阶级实行错误的方针、政策，并压制人民群众的动员。这样，中国的反侵略战争一再遭到失败，才成为不可避免的了。

二、民族意识的觉醒

外国资本-帝国主义的侵略给中华民族带来了巨大的灾难。但是，列强发动的侵华战争以及中国反侵略战争的失败，从反面教育了中国人民，极大地促进了中国人的思考、探索和奋起。鸦片战争以后，先进的中国人开始睁眼看世界了；中日甲午战争以后，中国人民的民族意识开始普遍觉醒。

"师夷长技以制夷"的主张和早期的维新思想　受到鸦片战争失败的强烈刺激，中国官吏和知识分子中少数爱国的有识之士，开始注意了解国际形势，研究外国史地，总结失败教训，寻找救国的道路和御敌的方法。

林则徐是近代中国睁眼看世界的第一人。他被道光皇帝派到广东领导查禁鸦片和进行抗英斗争时，就组织人翻译西方书刊。在广州，他主持节译了英国人慕瑞的《世界地理大全》，编成《四洲志》一书。该书叙述了世界五大洲30多个国家的地理、历史等情况。林则徐后来把自己收集的资料和《四洲志》书稿交给好友魏源。魏源在1843年1月编成《海国图志》，其内容除包括世界各国的历史、地理以外，还有总结鸦片战争经验教训、论述海防战略战术的《筹海篇》，翻译西人论述的《夷情备采》及西洋科技船炮图说等。在《海国图志》中，魏源提出了"师夷长技以制夷"的思想，主张学习外国先进的军事和科学技术，以期富国强兵，抵御外国侵略。

19世纪70年代以后，王韬、薛福成、马建忠、郑观应等人不仅主张学习西方的科学技术，同时也要求吸纳西方的政治、经济学说。他们的共同特点，就是具有比较强烈的反对外国侵略、追求中国独立富强的爱国思想，以及具有一定程度反对封建专制的民主思想。如郑观应在所著《盛世危言》中提出大力发展民族工商业，同西方国家进行"商战"，设立议院，实行"君民共主"制度等主张。这些主张具有重要的思想启蒙的意义。

救亡图存和振兴中华　鸦片战争以后，中国还只是少数人有朦胧的民族觉醒意识。中日甲午战争以后，当中华民族面临生死存亡的关头时，中国人才开始有了普遍的民族意识的觉醒。

中国在甲午战争中的失败，对中国人的刺激极大。梁启超指出："吾国四千余年大梦之唤醒，实自甲午战败割台湾、偿二百兆以后始也。"接踵而来的瓜分狂潮，更使中华民族的各阶级、各阶层普遍产生了亡国灭种的危机感。

康有为1898年4月在保国会的演说中把这种民族意识表达得淋漓尽致。他说："吾中国四万万人，无贵无贱，当今日在覆屋之下，漏舟之中，薪火之上，如笼中之鸟，釜底之鱼，牢中之囚，为奴隶，为牛马，为犬羊，听人驱使，听人割宰，此四千年中二十朝未有之奇变。"还在1895年，严复就写了《救亡决论》一文，响亮地喊出了"救亡"的口号。在甲午战争后，严复翻译了《天演论》（1898年正式出版）。他用"物竞天择""适者生存"的社会进化论思想，为这种危机意识和民族意识提供了理论根据。他在该书按语中指出，世界上一切民族都在为生存而竞争，"进者存而传焉，不进者病而亡焉"，"负者日退而胜者日昌"，中华民族也不能例外。中国如果不能改革自强，就会"弱者先绝"，亡国灭种。《天演论》对中国人无异是振聋发聩的警世钟。1898年有人绘制的一幅《时局图》，更是形象地表现了当时中国面临的瓜分危局。

民族危机激发了中华民族的觉醒，增强了中华民族的凝聚力。中国自古以来的"天下兴亡，匹夫有责"的优良传统，得到了发扬和升华。救亡图存成了时代的主旋律。孙中山1894年11月在创立革命团体兴中会时就指出："方今强邻环列，虎视鹰瞵，久垂涎于中华五金之富，物产之饶。蚕食鲸吞，已效尤于接踵；瓜分豆剖，实堪虑于目前。有心人不禁大声疾呼，亟拯斯民于水火，切扶大厦之将倾。"由此，他喊出了"振兴中华"这个时代的最强音。

近代以来，中国的志士仁人正是怀着强烈的忧患意识和变革意识，历尽千辛万苦，不怕流血牺牲，去探索挽救中华民族危亡、实现民族复兴的道路的。甲午战争以后的戊戌维新、辛亥革命，都是在救亡图存、振兴中华这面爱国主义大旗下发生的。这些斗争和探索，使中华民族燃烧起了新的希望，标志着中华民族进一步的觉醒。

□ 学习思考

1. 资本-帝国主义的入侵给中国带来了什么？
2. 反对外国侵略的斗争具有什么意义？

3. 反侵略战争失败的根本原因和教训是什么？

☐ 必读文献

1. 毛泽东：《把我国建设成为社会主义的现代化强国》（一）（1963年9月）
2. 孙中山：《檀香山兴中会章程》（节选）（1894年11月24日）

☐ 延伸阅读文献

1. 马克思：《中国革命和欧洲革命》（1853年6月）
2. 列宁：《对华战争》（1900年9—10月）

第二章
对国家出路的早期探索

第一节 农民群众斗争风暴的起落

一、太平天国农民战争

金田起义和太平天国的建立 随着资本-帝国主义的入侵，中国的民族危机和社会危机日益加深，社会各阶级都面临着"怎么办"的问题。农民阶级、地主阶级洋务派、资产阶级维新派、资产阶级革命派，他们从各自的阶级立场出发，对国家的出路进行探索，先后提出了不同的主张和方案。

农民是外国侵略者和本国封建统治者的主要的压迫对象和反抗力量。长期以来，中国广大农民在封建地主的压迫、剥削下，过着极其贫困和不自由的生活。

鸦片战争失败以后，为支付对列强的巨额赔款，同时也为了弥补财政亏空，清政府加重了赋税的征收科派。各级官吏在征收钱粮时往往浮收勒扣，横征暴敛，农民的负担更为沉重。

由于西方资本主义的入侵，中国的农业和家庭手工业相结合的自然经济逐渐解体。鸦片贸易在战后进一步泛滥，导致白银外流、银贵钱贱的现象更加严重，又额外增加了农民的负担。

残酷的压迫和剥削，迫使广大人民尤其是农民群众走上反抗斗争的道路。1842年至1850年间，全国各族人民的反清起义在百次以上。清政府调兵镇压，但群众斗争彼伏此起，酝酿着更大规模的反抗。太平天国农民起义就是在这种情况下爆发的。

1843 年，洪秀全撷取原始基督教教义中反映下层民众要求的平等思想和某些宗教仪式，从农民斗争的需要出发，加以改造，创立了拜上帝教，并利用它发动和组织群众。

1851 年 1 月，洪秀全率拜上帝教教众在广西省桂平县金田村发动起义，建号太平天国。随后，太平军从广西经湖南、湖北、江西、安徽，一直打到江苏，席卷 6 省。1853 年 3 月，占领南京，定为首都，改名天京，正式宣告太平天国农民政权的建立。

太平军所进行的战争，是一次反对清政府腐朽统治和地主阶级压迫、剥削的正义战争。太平军在进军的征途中，坚决镇压和打击官僚、豪绅、地主，焚烧衙门、粮册、田契、债券，有力地冲击了封建统治秩序。太平军纪律严明，所过之处，"以攫得衣物散给贫者……谓将来概免租赋三年"。这使太平军受到群众的欢迎和拥护。因此，太平天国起义得到了迅速的发展。

太平天国定都天京后，先后进行了北伐、西征和天京城外的破围战。到 1856 年上半年，除北伐失利外，太平军在湖北、江西、安徽和天京附近等战场都取得了重大胜利，控制了大片地区，达到了军事上的全盛时期。

《天朝田亩制度》和《资政新篇》　太平天国定都天京后，进行了一系列制度建设，并颁布了《天朝田亩制度》。

《天朝田亩制度》是最能体现太平天国社会理想和这次农民起义特色的纲领性文件。它确立了平均分配土地的方案，即根据"凡天下田，天下人同耕"的原则，将土地按亩产高低划分为 9 等，好坏搭配，按人口平均分配。凡 16 岁以上的男女，每人皆可分得一份数量相同的土地，不满 16 岁的减半。

太平天国的领导者们希望通过施行这样的方案，建立"有田同耕，有饭同食，有衣同穿，有钱同使，无处不均匀，无人不饱暖"的理想社会。所以，《天朝田亩制度》实际上是一个以解决土地问题为中心的比较完整的社会改革方案。

《天朝田亩制度》的主张，从根本上否定了封建社会的基础即封建地主的土地所有制，体现了广大农民要求平均分配土地的强烈愿望，是对以往农民战争中"均贫富""等贵贱"和"均平""均田"思想的发展和超越，具有进步意义。不过，它并没有超出农民小生产者的狭隘眼界。它所描绘的理想天国，仍然是闭塞的自给自足的自然经济，是小农业和家庭手工业相结合的传统生活方式；同时又是一个没有商品交换的和绝对平均的社会。这种社会理想，在很大程度上具有不切实际的空想的性质。实际上，《天朝田亩制度》中的平分土地方案即使在太平军占领地区也并未能付诸实行。

《资政新篇》是太平天国后期颁布的社会发展方案。1859年，洪仁玕从香港来到天京。不久，他提出了一个统筹全局的改革方案——《资政新篇》。它的主要内容是：在政治方面，主张"禁朋党之弊"，加强中央集权，并学习西方，制定法律、制度。在经济方面，主张发展近代工矿、交通、邮政、银行等事业，奖励科技发明和机器制造，尤其是提出"准富者请人雇工"，对穷人"宜令作工，以受所值"，这就把向西方的学习，从生产力的领域扩展到生产关系的领域，即开始提倡资本主义的雇佣劳动制了。在文化方面，建议设立新闻馆，"以报时事常变"，破除陈规陋俗，提倡兴办学校、医院和社会福利事业。在外交方面，主张同外国平等交往、自由通商，"与番人并雄"，但严禁鸦片输入。对于外国人，强调"准其为国献策，不得毁谤国法"。

《资政新篇》是一个具有资本主义色彩的方案。洪秀全看到后，几乎逐条加以批示，对其中绝大部分条款表示赞同，并下令镌刻颁布。但是限于当时的历史条件，未能付诸实施。

从天京事变到太平天国败亡 太平天国起义者们想要建立一个以"天王"为首的农民政权。但是，在以小农业和家庭手工业相结合的分散的小生产的基础上，虽然可以建立暂时的劳动者政权，但它最终还是会向封建专制政权演变的。

在太平军取得重大胜利的同时，太平天国内部潜在的矛盾和弱点也日益明显地暴露出来。1856年9月，发生了太平天国内部自相残杀的天京事变。东王杨秀清、北王韦昌辉先后被杀，翼王石达开率部出走败亡。天京事变严重地削弱了太平天国的领导和军事力量，成为太平天国由盛转衰的分水岭。

为重整纲纪，挽救危局，洪秀全提拔了陈玉成、李秀成等一批具有军事才干的青年将领，1859年又封洪仁玕为干王，总理朝政。但是，这已经无法从根本上挽回败局。洪秀全本人的保守和迷信思想也越来越严重。当天京被湘军包围时，他拒绝了李秀成提出的"让城别走"另辟新根据地的建议，坚持死守天京。

1864年6月，洪秀全病故。7月，天京被湘军攻破。太平天国起义失败。

二、农民斗争的意义和局限

太平天国农民起义的历史意义　太平天国起义虽然失败了，但它具有不可磨灭的历史功绩和重大的历史意义。

太平天国起义沉重打击了封建统治阶级，强烈撼动了清政府的统治根基。这次起义历时14载，起义军转战18省，并建立了与清王朝对峙的政权。在太平天国的影响下，各地各族人民反清斗争风起云涌。如南方和东南沿海各省有天地会及其支派的起义，北方有捻军起义，西南、西北有各族人民起义。天京失陷后，太平天国余部仍坚持斗争达4年之久。这些斗争加速了清王朝的衰败过程。

太平天国起义是中国旧式农民战争的最高峰。它把千百年来农民对拥有土地的渴望在《天朝田亩制度》中比较完整地表达了出来。《资政新篇》则是中国近代历史上第一个比较系统的发展资本主义的方案，这反映了太平天国某些领导人在后期试图通过向外国学习来寻求出路的一种努力。因此，太平天国起义具有了不同于以往农民战争的新的历史特点。

太平天国起义也冲击了孔子和儒家经典的正统权威。这在一定程度上削弱了封建统治的精神支柱。

太平天国起义还有力地打击了外国侵略势力。太平天国的领袖们拒绝承认不平等条约，严禁鸦片贸易。尤其是当中外反动派勾结起来向太平军举起屠刀时，他们毫不犹豫地同英、法军队和由外国军官组织和指挥的"常胜军""常捷军"进行英勇的斗争，使侵略者"呼救无人"，"梦魂屡惊"。

在19世纪中叶的亚洲民族解放运动中，太平天国起义是其中时间最久、规模最大、影响最深的一次。它和其他亚洲国家的民族解放运动汇合在一起，冲击了西方殖民主义者在亚洲的统治。

<u>太平天国农民起义失败的原因和教训</u>　太平天国农民起义动摇了清王朝封建统治的基础，有力地打击了西方资本主义侵略者，显示了农民阶级的反抗精神和战斗力量，然而，其失败的原因和教训是深刻的。

农民阶级不是新的生产力和生产关系的代表，无法克服小生产者所固有的阶级局限性，缺乏科学思想理论的指导，没有先进阶级的领导，因而无法从根本上提出完整的、正确的政治纲领和社会改革方案。

太平天国后期无法制止和克服领导集团自身腐败现象的滋生，领导集团的一些人在生活上追求享乐，在政治上争权夺利。太平天国诸王在建都后不久就大兴土木，建立豪华府邸。天王洪秀全"为繁华迷惑，养尊处优，专务于声色货利"；东王杨秀清"自恃功高，一切专擅"；诸王与部将及广大士兵关系逐渐疏离，诸王之间更是"彼此暌隔，猜忌日生"，无法长期保持领导集团的团结。这些都大大削弱了太平天国的向心力和战斗力。

太平天国军事战略上出现了重大失误，比如，没有解决好与捻军这一抗清斗争主力的关系，没有同他们结成同盟，以致丢失了在北方赖以发展的良机，使北伐军艰难支撑直至失败；在天京被围困的情况下死守孤城，拒绝"让城别走"，导致太平天国的最后覆灭。

太平天国是以宗教来发动、组织群众的，但是，拜上帝教教义不仅不能正确指导斗争，而且给农民战争带来了危害。在太平天国后期，洪秀全甚至认为"天生真命主，不用兵而定太平一统"，梦想以虚幻的力量代替农民起义者自身的努力。

太平天国也未能正确地对待儒学。他们开始时把儒家经书笼统地斥之为"妖书"，后来虽主张将"四书""五经"删改后加以利用，但原封不动地保留了儒学中的封建纲常伦理原则。

太平天国的领袖们不承认不平等条约，这是很正确的。但他们不能把西方国家的侵略者与人民群众区别开来，而是笼统地把信奉天父上帝的西方人都视为"洋兄弟"，这说明他们对于西方资本主义侵略者还缺乏理性的认识。

太平天国起义及其失败表明，在半殖民地半封建的中国，农民具有伟大的革命潜力；但它自身不能担负起领导反帝反封建斗争取得胜利的重任。单纯的农民战争不可能完成争取民族独立和人民解放的历史任务。

第二节 洋务运动的兴衰

一、洋务事业的兴办

洋务运动是在 19 世纪 60 年代初清政府镇压太平天国起义的过程中和第二次鸦片战争结束后兴起的。

为了挽救清政府的统治危机，封建统治阶级中的部分成员如奕䜣、曾国藩、李鸿章、左宗棠、张之洞等，主张引进、仿造西方的武器装备和学习西方的科学技术,创设近代企业,兴办洋务。这些官员被称为"洋务派"。

洋务派兴办洋务事业,首先是为了购买和制造洋枪洋炮以镇压农民起义,同时也有借此加强海防、边防,并乘机发展本集团的政治、经济、军事实力的意图。奕䜣认为,太平天国、捻军等农民起义是"心腹之害",俄国是"肘腋之忧",英国是"肢体之患",所以"灭发(指太平天国)、捻(指捻军)为先,治俄次之,治英又次之"。具体怎么办?奕䜣提出,"探源之策,在于自强。自强之术,必先练兵"。

对洋务派兴办洋务事业的指导思想最先作出比较完整表述的是冯桂芬。他在《校邠庐抗议》一书中说:"以中国之伦常名教为原本,辅以诸国富强之术。"这个思想后来被进一步概括为"中学为体,西学为用"。所谓"中体西用",就是以中国封建伦理纲常所维护的统治秩序为主体,用西方的近代工业和技术为辅助,并以前者来支配后者。

从19世纪60到90年代,洋务派举办的洋务事业归纳起来有三方面:

(一) 兴办近代企业

洋务派首先兴办的是军用工业,这些企业都是官办的。其中规模较大的有5个:1865年,曾国藩支持、李鸿章筹办的上海江南制造总局,是当时国内最大的兵工厂;同年,李鸿章在南京设立金陵机器局;1866年,左宗棠在福建创办的福州船政局(附设有船政学堂)是当时国内最大的造船厂;次年,崇厚在天津建立天津机器局;1890年,张之洞在汉阳创办湖北枪炮厂。

洋务派还兴办了一些民用企业。这些企业除少数采取官办或官商合办的方式外,多数都采取官督商办的方式。其中最重要的官督商办企业有轮船招商局、开平矿务局、天津电报局和上海机器织布局,都是李鸿章筹办或控制的。这些官督商办的民用企业，虽然受官僚的控制，发展受到很大限制，但基本上是资本主义性质的近代企业。

（二）建立新式海陆军

19世纪60年代，京师和天津、上海、广州、福州等地的军队纷纷改用洋枪、洋炮，聘用外国教练。李鸿章的淮军、左宗棠的湘军也是用洋枪装备的军队。

1874年，日本派兵侵犯中国台湾，清政府筹办海防、建设海军之议随之兴起。从19世纪70到90年代，分别建成福建水师、广东水师、南洋水师和北洋水师。其中北洋水师是清政府的海军主力，拥有舰艇20多艘，这支舰队一直归李鸿章管辖。

（三）创办新式学堂，派遣留学生

洋务派创办的新式学堂主要有三种：一为翻译学堂，如京师同文馆，主要培养翻译人才；一为工艺学堂，培养电报、铁路、矿务、西医等专门人才；一为军事学堂，如船政学堂等，培养新式海军人才。在创办新式学堂的同时，还先后派遣赴美幼童和官费赴欧留学生200多人。

二、洋务运动的历史作用及失败

洋务运动的历史作用　洋务派提出"自强""求富"的主张，通过所掌握的国家权力集中力量优先发展军事工业，同时也试图"稍分洋商之利"，发展若干民用企业，在客观上对中国的早期工业和民族资本主义的发展起了某些促进作用。但是，洋务派兴办洋务新政，主要是为了维护封建统治，并不是要使中国朝着独立的资本主义方向发展。

洋务运动时期，为了培养通晓洋务的人才，开办了一批新式学堂，派出了最早的官派留学生，这是中国近代教育的开始。与此同时，还翻译了一批近代自然科学书籍，给当时的中国带来了新的知识，使人们开阔了眼界。

洋务运动时期，伴随着资本主义生产方式的出现，传统的"重本抑末"等观念受到冲击，社会风气和价值观念开始变化，工商业者的地位上升。对一部分人来说，西方的各种技术和器物不再被当作"奇技淫巧"受到排斥，而是被视为模仿、学习的对象。这一切，都有利于资本主义经济的发展，也有利于社会风气的改变。

<u>洋务运动失败的原因</u>　洋务运动历时30多年，虽然办起了一批企业，建立了海军，但却没有使中国富强起来。甲午战争一役，洋务派经营多年的北洋海军全军覆没，标志着以"自强""求富"为目标的洋务运动的失败。洋务运动失败的原因主要是：

首先，洋务运动具有封建性。洋务运动的指导思想是"中学为体，西学为用"，企图以吸取西方近代生产技术为手段，来达到维护和巩固中国封建统治的目的，这就决定了它必然失败的命运。因为新的生产力是同封建主义的生产关系及其上层建筑不相容的，是不可能在封建主义的桎梏下充分地发展起来的。他们既要发展近代企业，却又采取垄断经营、侵吞商股等手段压制民族资本；既想培养洋务人才，又不愿改变封建科举制度。

其次，洋务运动对列强具有依赖性。洋务运动进行之时，清政府已与西方国家签订了一批不平等条约，西方列强正是依据种种特权，从政治、经济等各方面加紧对中国的侵略和控制，它们并不希望中国真正富强起来。而洋务派官员却一再主张对外"和戎"，其所兴办的企业一切仰赖外国，他们企图依赖外国来达到"自强""求富"的目的，无异于与虎谋皮。

再次，洋务企业的管理具有腐朽性。洋务派所创办的一些新式企业虽然具有一定的资本主义性质，但其管理基本上仍是封建衙门式的。

洋务派所办的军事工业完全由官方控制，经营不讲效益，造出的枪炮、轮船往往质量低下。即使是官商合办和官督商办的民用企业，其管理大多也是由政府"专派大员，用人理财悉听调度"，商人没有多少发言权，还要承担企业的亏损。企业内部极其腐败，充斥着营私舞弊、贪污受贿、挥霍浪费等官场恶习。

正因为如此，洋务运动不可能为中国摆脱贫弱找到出路，也不可能避免最终失败的命运。

第三节 维新运动的兴起和夭折

一、戊戌维新运动的开展

维新派倡导救亡和变法的活动 19世纪90年代以后，中国民族资本主义有了初步发展。新兴的民族资产阶级迫切要求挣脱外国资本主义和国内封建势力的压迫和束缚，为在中国发展资本主义开辟道路。甲午战争的惨败，造成了新的民族危机，激发了新的民族觉醒。而站在救亡图存和变法维新前列的，正是代表民族资本主义发展要求的知识分子。他们把向西方学习推进到一个新的高度，即不但要求学习西方的科学技术，而且要求学习西方资本主义的政治制度和思想文化。在内忧外患的冲击和中西文化的碰撞过程中，人们逐步形成了一个共识：要救国，只有维新，要维新，只有学外国。那时的外国只有西方资本主义国家是进步的，它们成功地建设了资产阶级的国家。日本向西方学习有成效，中国人也想向日本学。在这样的历史条件下，资产阶级的改良思想迅速传播开来，逐步形成为变法维新的思潮，并发展成一场变法维新的政治运动。

以康有为、梁启超、谭嗣同、严复等为主要代表人物的资产阶级维新派，采取了下列行动宣传维新主张，即：（一）向皇帝上书。如康有为曾多次向光绪皇帝上书，他在1895年曾联合在京参加会试的举人共同发起"公车上书"。（二）著书立说。如康有为写了《新学伪经考》《孔子改制考》，梁启超写了《变法通议》，谭嗣同写了《仁学》，严复翻译了赫胥黎的《天演论》等。（三）介绍外国变法的经验教训。如康有为向光绪皇帝进呈了《日本变政考》《俄彼得变政记》《波兰分灭记》等书。（四）办学会。著名的有强学会、南学会、保国会等。（五）设学堂。重要的有康有为主持的广州万木草堂、梁启超任中文总教习的长沙时务学堂等。（六）办报纸。影响最大的有梁启超任主笔的上海《时务报》、严复主办的天津《国闻报》以及湖南的《湘报》等。维新派以各种方式宣传变法主张，制造维新舆论，培养变法骨干，组织革新力量，而重点则放在争取光绪皇帝及其周围的帝党官员的支持上，希望通过他们自上而下地实行变法主张。

维新派与守旧派的论战　当时，封建守旧派和反对改变封建政治制度的洋务派，利用自己的地位和权力，对维新思想发动攻击，斥之为"异端邪说"，指责康有为、梁启超等维新派人士是"名教罪人""士林败类"。于是维新派与守旧派之间展开了一场激烈论战。论战主要围绕以下三个问题展开：

第一，要不要变法。

守旧派坚持"祖宗之法不可变"，有的人甚至主张"宁可亡国，不可变法"。而维新派则根据西方进化论的观点，认为自然界和人类社会都是不断发展变化的。他们提出，"变者天下之公理也"，"能变则全，不变则亡，全变则强，小变仍亡"。只有维新变法，革除积弊，才能挽救中国所面临的危亡局面，以图求存和自强。

第二，要不要兴民权、设议院，实行君主立宪。

守旧派认为，"民权之说无一益而有百害"，"民权之说一倡，愚民必喜，乱民必作，纪纲不行，大乱四起"。维新派则运用西方资产阶级政治学说，对封建君主专制制度作了批判。谭嗣同指出："君末也；民本也。"严复甚至认为，国家是"民之公产"，王侯将相不过是"通国之公仆隶"，而专制帝王则是"窃国者耳"。维新派还认为，"欲兴民权，宜先兴绅权"，即首先要为正在向资产阶级转化的士绅争取政治地位；只有君主立宪制度才是当时中国理想的政治方案，兴民权、设议院，实行君主立宪，才是"治国之大经"。

第三，要不要废八股、改科举和兴西学。

守旧派把西方近代科学技术斥之为"奇技淫巧"。洋务派虽认为西方的军事和技术可以学习，但坚持封建的政治制度、科举八股，尤其三纲五常绝对不能触动。而维新派则痛斥八股取士的科举制度是统治者"牢笼天下"的愚民政策，因此要救中国必须废八股、改科举，办学堂、兴西学。严复大声疾呼："民智者，富强之原"，"欲开民智非讲西学不可"，"救亡之道在此，自强之谋亦在此"。针对洋务派"中体西用"的口号，维新派驳斥道："未闻以牛为体，以马为用者。"因为体用是不可分的，把中学之"体"和西学之"用"凑在一起，就如同要让"牛体"产生"马用"一样荒谬。

维新派与守旧派的这场论战，实质上是资产阶级思想与封建主义思想在中国的第一次正面交锋。论战所涉及的领域十分广泛，进一步开阔了新型知识分子的眼界，解放了人们长期受到束缚的思想。通过论战，西方资产阶级社会政治学说在中国得到进一步的传播，戊戌变法运动的帷幕随之拉开。

昙花一现的百日维新　由于民族危机越来越严重，在维新派的推动和策划下，富有爱国心、想要有所作为但又无实权的年轻的光绪皇帝也希望通过变法维新来救亡图存，并从以慈禧太后为首的后党手中夺取统治大权。1898年6月11日，他颁布了"明定国是"谕旨，宣布开始变法，并在此后的103天中，接连发布了一系列推行新政的政令，史称戊戌变法，又称"百日维新"。其内容归纳起来，包括下列数端：

政治方面：改革行政机构，裁撤闲散、重叠机构；裁汰冗员，澄清吏治，提倡廉政；提倡向皇帝上书言事；准许旗人自谋生计，取消他们享受国家供养的特权。

经济方面：保护、奖励农工商业和交通采矿业，中央设立农工商总局与铁路矿务总局，各省设立商务局；提倡开办实业，奖励发明创造；注重农业发展，提倡西法垦殖，建立新式农场；广办邮政，修筑铁路；开办商学、商报，设立商会等各类组织；改革财政，编制国家预决算。

军事方面：裁减旧式绿营兵，改练新式陆军；采用西洋兵制，练洋操，习洋枪等。

文化教育方面：创设京师大学堂，各省书院改为高等学堂，在各地设立中、小学堂；提倡西学，废除八股，改试策论，开经济特科；设立译书局，翻译外国书籍，派人出国留学；奖励新著，奖励创办报刊，准许自由组织学会。

"百日维新"期间颁布的各项政令大多是接受了维新派的建议而制定的，旨在开放一定程度的言论、出版、结社自由，使资产阶级享受一定程度的政治权利，促进资本主义工商业的发展，因此，戊戌维新是一场资产阶级性质的改良运动。但是，在光绪皇帝发布的新政诏令中，并没有采纳维新派多次提出的开国会等政治主张。这些政令和措施并未触及封建制度的根本，所要推行的是一种十分温和的不彻底的改革方案。

维新派试图通过光绪皇帝推行的这种改革方案，遭到了封建守旧势力的激烈反对。光绪皇帝所颁布的新政命令，由于中央和地方守旧官僚们的抵制，大多未能付诸实施。聚集在慈禧太后周围的守旧势力力图对维新派进行反击和镇压。经过密谋策划，守旧势力于1898年9月21日发动政变，慈禧太后以"训政"的名义，重新独揽大权，将光绪皇帝软禁于中南海瀛台，同时下令搜捕维新人士。康有为、梁启超被迫逃亡海外。谭嗣同则拒绝了要他出走日本的劝告，坦然表示："各国变法，无不从流血而成；今日中国未闻有因变法而流血者，此国之所以不昌也。有之，请自嗣同始。"9月28日，谭嗣同、刘光第、林旭、杨锐、杨深秀、康广仁6人同遭杀害，史称"戊戌六君子"。临刑前，谭嗣同悲壮地说："有心杀贼，无力回天，死得其所，快哉！快哉！"表现了为变法维新而献身的大无畏精神。

1898年的"百日维新"如同昙花一现，只经历了103天就夭折了。除京师大学堂（北京大学的前身）被保留下来以外，其余新政措施大都被废除，维新派人士和参与或同情变法的官员，或被囚禁，或被革职，或遭放逐。以慈禧太后为首的保守势力扼杀维新变法的政变，史称"戊戌政变"。戊戌维新运动宣告失败。

二、戊戌维新运动的意义和教训

戊戌维新运动的意义　戊戌维新运动虽然失败了，但它在中国近代史上仍然有着重大的历史意义。

第一，戊戌维新运动是一次爱国救亡运动。维新派在民族危亡的关键时刻，高举救亡图存的旗帜，要求通过变法，发展资本主义，使中国走上富强的道路。维新派的政治实践和思想理论，不仅贯穿着强烈的爱国主义精神，而且推动了中华民族的觉醒。

第二，戊戌维新运动是一场资产阶级性质的政治改良运动。维新派突破洋务派"中体西用"思想的局限，主张用君主立宪制取代君主专制制度。戊戌维新运动虽然未能成功地建立起资本主义的君主立宪制度，其颁布的促进民族资本主义发展的若干措施也未能生效，但在政治、经济等领域一定程度上冲击了封建制度。

第三，戊戌维新运动更是一场思想启蒙运动。维新派大力传播西方资产阶级的社会政治学说和自然科学知识，宣传自由平等、社会进化观念，批判封建君权和封建纲常伦理，从而把顽固的封建主义思想壁垒打开了一个缺口，有利于民主思想在中国的传播，有利于人们的思想解放。在维新派的推动下，"诗界革命""文体革命""小说界革命""戏剧改良""史学革命"等相继而起，形成了广泛的文化革新运动。以维新运动为起点，资产阶级新文化开始打破封建文化独占文化阵地的局面。在教育方面，维新派主张采用西方近代教育制度，兴办新式学堂，这对中国近代教育的发展起了积极的推动作用。

维新派在改革社会风习方面也提出了许多新的主张。如主张革除吸食鸦片及妇女缠足等恶俗陋习，提出"剪辫易服"的主张，倡导讲文明、重卫生等。

<u>戊戌维新运动失败的原因和教训</u>　戊戌维新运动的失败，主要是由于维新派自身的局限和以慈禧太后为首的强大的守旧势力的反对。当时民族资本主义经济力量还十分微弱，民族资产阶级的社会基础相当狭窄。民族资产阶级的政治代表维新派的势力更是非常弱小，很多人自身还保留着封建士大夫的痕迹。他们既没有严密的组织，也不掌握实权和军队，更没有去发动群众。这样，他们就只能把自己实行改革的全部希望寄托在一个没有实权的光绪皇帝身上。在这样的情况下，他们又怎能不失败？

维新派本身的局限性突出地表现在以下三个方面：

首先，不敢否定封建主义。他们在政治上不敢根本否定封建君主制度，只是幻想依靠光绪皇帝"以君权雷厉风行"，通过和平、合法的手段，实现自上而下的改良，让资产阶级和开明士绅的代表参加政权，逐步实现君主立宪。在经济上，他们虽然要求发展民族资本主义，却未触及封建主义的经济基础——封建土地所有制。在思想上，他们虽然提倡学习西学，却仍要打着孔子的旗号，借古代圣贤之名"托古改制"。

其次，对帝国主义抱有幻想。他们虽然大声疾呼救亡图存，却又幻想西方列强能帮助自己变法维新。维新派尖锐地揭露了俄国侵华的事实，却幻想依靠与英、日结成同盟来抵抗俄国。有人甚至建议聘请日本前首相伊藤博文来中国任维新的顾问。英、日帝国主义虽然表面上同情维新派，但实质上只是为了乘机扩大在华侵略势力，并寻找它们在中国的代理人，同时也是为了与俄国进行争夺。因此，在戊戌政变前夕，维新派分别乞求英、美、日公使的支持，结果都落了空。

最后，惧怕人民群众。维新派的活动基本上局限于官僚士大夫和知识分子的小圈子。他们不但脱离人民群众，而且惧怕甚至仇视人民群众。康有为在每次上书中，都反复提醒光绪皇帝不要忘记人民反抗的危险，强调"即无强敌之逼，揭竿斩木，已可忧危"，如果不实行变法，下层群众将会起来造反，使皇帝及其大臣们"求为长安布衣而不可得"。正因为没有人民力量作为后盾，所以当他们得悉守旧派要发动军事政变时，只得打算依靠掌有兵权的袁世凯，结果反被袁世凯出卖。而一旦守旧派操刀反击，维新派也就没有丝毫抵抗的能力。谭嗣同慷慨就义前的临终语"有心杀贼，无力回天"，正反映了这一点。"回天之力"存在于亿万民众之中，这是维新派的志士们所没有认识到的。

戊戌维新作为中国民族资产阶级登上政治舞台的第一次表演，竟失败得这么快，这不但暴露了这个阶级的软弱性，同时也说明在半殖民地半封建的旧中国，企图通过统治者走自上而下的改良的道路，是根本行不通的。要想争取国家的独立、民主、富强，必须用革命的手段，推翻帝国主义、封建主义联合统治的半殖民地半封建的社会制度。戊戌维新的失败再次暴露出清朝统治集团的腐朽与顽固，"戊戌六君子"流血的教训促使一部分人放弃改良主张，开始走上革命的道路。此后，孙中山领导的资产阶级民主革命，就进一步发展了起来。

学习思考

1. 如何认识太平天国农民战争的意义和失败的原因、教训？

2. 如何认识洋务运动的性质和失败的原因、教训？

3. 如何认识戊戌维新运动的意义和失败的原因、教训？

必读文献

1. 《天朝田亩制度》（1853 年）
2. 康有为：《上清帝第二书》（1895 年 5 月）

延伸阅读文献

1. 洪仁玕：《资政新篇》（1859 年）
2. 梁启超：《变法通议》（节选）（1896 年）
3. 严复：《原强》（1895 年 3 月）

第三章
辛亥革命与君主专制制度的终结

第一节 举起近代民族民主革命的旗帜

一、辛亥革命爆发的历史条件

民族危机加深，社会矛盾激化 戊戌维新运动失败后，以孙中山为代表的革命派在中国掀起了一场资产阶级革命运动。这场革命的发生，是当时民族危机加深、社会矛盾激化的结果，具有历史的必然性。它是当时中国人民争取民族独立、振兴中华深切愿望的集中反映，是当时中国人民为救亡图存而前赴后继顽强斗争的集中体现。

20世纪初，帝国主义列强在迫使中国签订《辛丑条约》以后，加强了对清政府的政治控制，多方扩展在华经济势力。外国在华投资规模急速扩张，包括扩大设厂规模和给清政府大量高息贷款，而铁路、矿山的利权更成为帝国主义掠夺的重要目标。1903年至1904年，英国派兵侵入中国西藏地区。1904年至1905年，日、俄两国为了争夺在华利益竟然在中国东北进行战争。清政府却宣称"局外中立"。经过一年多的厮杀，日本战胜俄国，俄国将所攫得的中国东北南部所有一切侵略特权"转让"给日本。中国的民族危机进一步加深了。

为了对外支付巨额赔款等，十多年间，清政府的财政开支激增4倍之多。在清朝的最后几年里，各种旧税一次又一次被追加，种种巧立名目的新税更是层出不穷，各级官吏还要中饱私囊，致使民怨沸腾。

社会矛盾进一步激化了。

正是在中外反动派的严重压迫下，20世纪初，各阶层人民的斗争风起云涌，遍及全国。从1902年至1911年间，各地较大规模的民变多达1 300余起。其中包括各阶层人民的反洋教斗争，农民、手工业者的抗租、抗捐、抗税斗争，工人的罢工斗争，商人的罢市斗争，少数民族与会党的起事等。同时，还发生了拒俄、拒法、抵制美货等爱国运动以及收回利权运动和保路运动等。在一些运动中，资产阶级开始成为主要的角色。

这些情况说明，随着晚清政局的演变，人民群众已经不能照旧生活下去了。

清末"新政"及其破产　革命酝酿之际，正是清政府处于内外交困之时。1901年《辛丑条约》的签订，标志着以慈禧太后为首的清政府已经彻底放弃了抵抗外国侵略者的念头，甘当"洋人的朝廷"；同时也使国人对清政府更为失望，国内要求变革的呼声日渐高涨。为了摆脱困境，清政府于1901年4月成立督办政务处，宣布实行"新政"。此后，陆续推行了一些方面的改革，包括：设立商部、学部、巡警部等中央行政机构；裁撤绿营，建立新军；颁布商法商律，奖励工商；鼓励留学，颁布新的学制，并下令从1906年起正式废除科举考试。迫于内外压力，清政府又于1906年宣布"预备仿行宪政"，并于1908年颁布了《钦定宪法大纲》，制定了一个仿效日本实行君主立宪的方案，但又规定了9年的预备立宪期限。

预备立宪并没有能够挽救清王朝，反而激化了社会矛盾，加重了危机。主要原因在于，清政府改革的根本目的是为了延续其反动统治。正如出洋考察政治的五大臣在回国后的奏折中所说的，立宪有三大利："皇位永固""外患渐轻""内乱可弭"。这正是清政府预备立宪的目的。为了巩固皇权，清政府迟迟不答应资产阶级立宪派提出的关于立即召开国会的要求，还镇压了立宪派的国会请愿运动，同时却不断借立宪之名加强皇权。1911年5月，在为形势所迫不得不成立的责任内阁里，13名大臣中满族就有9人，其中皇族占7人，被讥为"皇族内阁"。这不仅使立宪派大失所望，也使统治集团内部因满汉矛盾和中央与地方矛盾的尖锐而分崩离析。

事实表明，清政府已陷入无法照旧统治下去的境地。正如孙中山所形容的，清政府"可以比作一座即将倒塌的房屋，整个结构已从根本上彻底地腐朽了，难道有人只要用几根小柱子斜撑住外墙就能够使那座房屋免于倾倒吗？"革命已如箭在弦上，一触即发。这一点，连有的在华外国人也觉察到了。1911年5月，长沙海关税务司伟克非在信中写道："我看在不久的将来，一场革命是免不了的。"

资产阶级革命派的阶级基础和骨干力量 中国的资产阶级民主革命是以孙中山为代表的资产阶级革命派首先发动的。

19世纪末20世纪初，中国民族资本主义得到了初步的发展。据统计，1895年至1911年间，新设立的资本额超过万元的民族资本厂矿达800家，资本额超过1.6亿元。随着民族资本主义企业数量的增多和规模的扩大，民族资产阶级及与它相联系的社会力量也有了明显的发展。民族资产阶级为了冲破帝国主义、封建主义的桎梏，发展资本主义，需要自己政治利益的代言人和经济利益的维护者。这正是资产阶级革命派形成的阶级基础。

资产阶级革命派的骨干是一批资产阶级、小资产阶级知识分子。这个知识分子群体的出现与戊戌维新运动及20世纪初清政府兴学堂、派留学生的措施有关。这些青年学生接触到近代西方资本主义的思想文化，其中不少人在民族危难加深、群众自发斗争高涨形势的推动下，开始摸索救国救民的新道路。当时出国留学成为一种潮流。中国留日学生最多时达近万人。有些人还远渡重洋，赴欧美留学。他们在国外更多地接触到了西方的政治思想，而且对世界大势与国内民族危机有了更敏锐的认识。这些青年知识分子，成为辛亥革命的中坚力量。

二、资产阶级革命派的活动

孙中山与资产阶级民主革命的开始　从根本上说，近代中国的革命是被外国侵略者和本国封建统治者逼迫出来的。中国革命的许多先驱者早年也曾尝试采取和平的手段来推进中国的变革与进步。1894年，孙中山北上京津向李鸿章上书，提出"人能尽其才，地能尽其利，物能尽其用，货能畅其流"的主张，可见，孙中山也曾寄希望于进行自上而下的改革，并把发展工业、教育等，当作"治国之大经""富强之根本"。但是，李鸿章并没有重视他的意见。孙中山在北上京津的过程中，发现清朝的腐败比他原先了解的要严重得多。这时，他确信"和平方法，无可复施"，"积渐而知和平之手段不得不稍易以强迫"，决心以革命的方式推翻清朝的统治。同年11月，孙中山到檀香山组建了第一个革命团体兴中会，立誓"驱除鞑虏，恢复中国，创立合众政府"，1895年策划在广州举行武装起义，失败后流亡海外，继续从事反清革命活动。1904年，孙中山发表《中国问题的真解决》一文，指出只有推翻清朝政府的统治，"以一个新的、开明的、进步的政府来代替旧政府"，"把过时的满清君主政体改变为'中华民国'"，才能真正解决中国问题。这表明以孙中山为首的资产阶级革命派在踏上革命道路之时，就高举起民主革命的旗帜，并选择了以武装起义推翻清王朝统治的斗争方式。这也是中国资产阶级革命派与改良派的根本不同之处。

资产阶级革命派的宣传与组织工作　历史进入20世纪，随着一批新兴知识分子的产生，各种宣传革命的书籍报刊纷纷涌现，民主革命思想得到广泛传播。

1903年，章炳麟发表了《驳康有为论革命书》，反对康有为的保皇观点，歌颂革命为"启迪民智，除旧布新"的良药，强调中国人民完全有能力建立民主共和制度。邹容写了《革命军》，以"革命军中马前卒"的名义，热情讴歌革命，号召人民推翻清朝统治，建立"中华共和国"。陈天华写了《警世钟》《猛回头》两本小册子，痛陈帝国主义侵略给中国带来的深重灾难，揭露清政府已经成了帝国主义统治中国的工具，号召人民奋起革命，推翻清政府这个"洋人的朝廷"。

在资产阶级革命思想的传播过程中，资产阶级革命团体也在各地次第成立。从1904年开始，出现了十多个革命团体，其中重要的有华兴会、科学补习所、光复会、岳王会等。这些革命团体的成立为革命思想的传播和革命运动的发展提供了不可缺少的组织力量。

1905年8月20日，孙中山和黄兴、宋教仁等人以兴中会和华兴会为基础，在日本东京成立中国同盟会，孙中山被公举为总理，黄兴被任命为执行部庶务，实际主持会内日常工作。同盟会以《民报》为机关报，并确定了革命纲领。这是近代中国第一个领导资产阶级革命的全国性政党，它的成立标志着中国资产阶级民主革命进入了一个新的阶段。

三、三民主义学说和资产阶级共和国方案

同盟会的政治纲领是"驱除鞑虏，恢复中华，创立民国，平均地权"。1905年11月，在同盟会机关报《民报》发刊词中，孙中山将同盟会的纲领概括为三大主义，即民族主义、民权主义、民生主义，后被称为三民主义。

民族主义 民族主义包括"驱除鞑虏，恢复中华"两项内容。一是要以革命手段推翻清朝政府，改变它一贯推行的民族歧视和民族压迫政策；二是建立中华民族"独立的国家"。孙中山指出，民族主义不是简单的排满，不是针对一切满人，而是"要将满洲政府所有压制人民之手段、专制不平之政治、暴虐残忍之刑罚、勒派加抽之苛捐与及满洲政府所纵容之虎狼官吏，一切扫除"。也就是要结束清政府的

专制统治及其媚外政策。

但是，同盟会纲领中的民族主义没有从正面鲜明地提出反对帝国主义的主张。当时的革命派对于帝国主义的本质认识不清，害怕帝国主义干涉，甚至幻想以承认不平等条约"继续有效"为条件来换取列强对自己的支持。同时，他们也没有明确地把汉族军阀、官僚、地主作为革命对象，从而给了这部分人后来从内部和外部破坏革命以可乘之机。

民权主义　民权主义的内容是"创立民国"，即推翻封建君主专制制度，建立资产阶级民主共和国。这就是孙中山所说的政治革命。

政治革命的目的是建立民国。《军政府宣言》指出："凡为国民皆平等以有参政权。大总统由国民公举。议会以国民公举之议员构成之。制定中华民国宪法，人人共守。敢有帝制自为者，天下共击之！"孙中山强调，政治革命应当与民族革命并行。民族革命是扫除"现在的恶劣政治"，而政治革命则是扫除"恶劣政治的根本"，从而把斗争矛头直接指向集国内民族压迫与封建专制统治于一身的清政府。

不过，民权主义虽然强调了要建立民主共和国，却忽略了广大劳动群众在国家中的地位，因而难以使人民的民主权利得到真正的保证。

民生主义　民生主义在当时指的是"平均地权"，也就是孙中山所说的社会革命。孙中山主张核定全国土地的地价，其现有之地价，仍属原主；革命后的增价，则归国家，为国民共享。国家还可按原定地价收买地主的土地。他认为，西方资本主义发展中的诸多社会问题，其根源在于未能解决土地问题，因此他试图探讨一种一劳永逸的办法，既使中国富强，又避免产生贫富悬殊的现象，避免社会危机。为此，他希望"举政治革命、社会革命毕其功于一役"。

但是，孙中山的"平均地权"的主张，没有正面触及封建土地所有制，不能满足广大农民的土地要求，在革命中难以成为发动广大工农群众的理论武器。

孙中山的三民主义学说，初步描绘出中国还不曾有过的资产阶级共和国方案，是一个比较完整而明确的资产阶级民主革命纲领。它的提出，对推动革命的发展产生了重大而积极的影响。

四、关于革命与改良的辩论

在资产阶级民主革命思潮广泛传播、革命形势日益成熟的时候，康有为、梁启超等人坚持走改良道路，反对用革命手段推翻清朝统治。1905年至1907年间，围绕中国究竟是采用革命手段还是改良方式这个问题，革命派与改良派分别以《民报》《新民丛报》为主要舆论阵地，展开了一场大论战。投入这场论战的还有其他十几种报刊。

要不要以革命手段推翻清王朝　这是双方论战的焦点。改良派说，革命会引起下层社会暴乱，招致外国的干涉、瓜分，使中国"流血成河""亡国灭种"，所以要爱国就不能革命，只能改良、立宪。

革命派针锋相对地指出，清政府是帝国主义的"鹰犬"，因此爱国必须革命。只有通过革命，才能"免瓜分之祸"，获得民族独立和社会进步。

革命派还进一步驳斥了改良派认为因革命要"杀人流血""破坏一切"而不可革命的说法。他们指出：

第一，进行革命，固然会有牺牲，但是，不进行革命，而容忍清王朝在中国的统治，中国人民将长期地遭受难堪的痛苦和作出更大的牺牲。"革命不免于杀人流血固矣，然不革命则杀人流血之祸，可以免乎？""无革命，则亦无平和，腐败而已，苦痛而已。"由于害怕流血牺牲就否定革命，"是何异见将溃之疽而戒毋施刀圭？"革命虽不免流血，但可"救世救人"，是疗治社会的捷径。

第二，人们在革命过程中所付出的努力，乃至作出的牺牲，是以换取历史的进步作为补偿的。孙中山说，"革命的目的是为众生谋幸福"，"革命之破坏与革命之建设必相辅而行，犹人之两足、鸟之双翼也"。这就是说，革命本身正是为了建设，破坏与建设是革命的两个方面。

要不要推翻帝制，实行共和 改良派认为，中国"国民恶劣""智力低下"，没有实行民主共和政治的能力，如果实行，非亡国不可。因此，只能实行君主立宪，这才是中国政治的现实出路。

革命派针锋相对地指出，不是"国民恶劣"，而是"政府恶劣"。民主共和是大势所趋，人心所向。拯救中国与建设中国都必须取法乎上，直接推行民主制度，而不能以国民素质低劣为借口，搞君主立宪甚或开明专制。只有"兴民权改民主"，才是中国的唯一出路。中国国民自有颠覆专制制度、建立民主共和的能力。

要不要进行社会革命 改良派反对土地国有，反对平均地权。他们认为中国社会经济组织优良，土地问题不是中国最重要的问题，不存在社会革命的可能。社会革命只会导致中国的大动乱。他们还攻击主张平均地权是煽动乞丐流氓，主张土地国有是危害国本，并表示在这个问题上"宁死不让"。

革命派强调，当时的中国存在着严重的"地主强权""地权失平"的现象。必须通过平均地权以实现土地国有，在进行政治革命的同时实现社会革命，才能避免贫富不均等社会问题的出现。

这场论战具有重大的意义。通过这场论战，划清了革命与改良的界限，传播了民主革命思想，促进了革命形势的发展。对于这场论战，《新民丛报》在1907年也不得不承认："数年以来，革命论盛行于国中，今则得法理论、政治论以为之羽翼，其旗帜益鲜明，其壁垒益森严，其势力益磅礴而郁积，下至贩夫走卒，莫不口谈革命，而身行破坏"，立宪党人则"气为所慑，而口为所箝"。

但这场论战也暴露了革命派在思想理论方面的弱点。比如，他们主张推翻清政府，但对"革命是否会招致帝国主义干涉"的问题不敢作出理直气壮的正面回答，只是希望通过"有秩序的革命"来避免动乱和帝国主义的干涉。他们所说的"国民",主要还是指资产阶级及其知识分子,而不是广大的劳动群众。他们对封建地主土地所有制是否应该改革的问题也是语焉不详,并且反对贫苦农民"夺富人之田为己有"。这些理论和认识的局限不可避免地会影响辛亥革命的进程和结局。

第二节 辛亥革命与建立民国

一、封建帝制的覆灭

武装起义与保路风潮 孙中山领导的同盟会不仅提出了革命纲领,而且从事实际的革命活动,先后发动了多次武装起义。这些起义虽然相继失败,但是产生了广泛的影响。其中影响最大的是1911年4月27日举行的广州起义。是日,黄兴率敢死队120余人在广州举行起义,大部在激战中牺牲。其中72位烈士的遗骸被葬于黄花岗,故是役史称"黄花岗起义"。

1911年5月,清政府宣布"铁路干线收归国有",并与四国银行团订立粤汉、川汉铁路借款合同,借"国有"名义把铁路利权出卖给帝国主义,同时借此"劫夺"商股。这激起了湖北、湖南、广东、四川四省的保路风潮,其中以四川为最烈。清政府在铁路利权问题上采取的政策,进一步激起了民众的愤慨和反抗,加速了革命的爆发。立宪派本来主张把保路运动限制在"文明争路"的范围之内,但署理四川总督赵尔丰竟下令军警向手无寸铁的请愿群众开枪,造成"成都血案"。广大群众忍无可忍,在同盟会会员的参与下,掀起了全川的武装暴动。

武昌首义与各地响应 由于革命形势已经成熟,湖北新军中的共进会和文学社两个革命团体决定联合行动,在武昌举行武装起义。

1911年10月10日晚，驻武昌的新军工程第八营的革命党人打响了起义的第一枪。起义军一夜之间就占领武昌，取得首义的胜利。革命军在三天之内就光复了武汉三镇，成立了湖北军政府。

　　武昌起义掀起了辛亥革命的高潮，打开了清王朝统治的缺口。大江南北、长城内外，到处燃起革命的烈火。在一个月内，就有13个省以及上海和许多州县宣布起义，脱离清政府的统治。腐朽的清王朝迅速土崩瓦解。1912年2月12日，清帝被迫退位。在中国延续了两千多年的封建帝制终于覆灭。

　　在武昌起义和各省政权更迭的过程中，资产阶级革命派既表现出了革命性和勇敢精神，又暴露出了软弱性和妥协态度。在一些地方，开始是由革命派发动新军或会党举行武装起义、宣布"独立"的。可是当反动势力反扑时，他们却不敢发动群众保卫已经夺得的政权，致使政权落到了立宪派或旧官僚、旧军官的手里。例如，湖北革命党人起义后，认为非找一个有地位的人物出来主持政务不可，于是把原清军协统（旅长）黎元洪硬拉出来当了都督。结果，黎元洪与立宪派结合起来把持了湖北军政府的大权。又如，湖南革命党人起义夺取政权后，最初由革命派焦达峰、陈作新任正、副都督。部分立宪派与旧军官发动政变，将焦、陈杀害，推立宪派首领谭延闿为都督。在一些省份，旧官僚和立宪派实际上改头换面地维持着旧政权。有的地方虽是革命党人掌权，但这些人很快蜕变为新军阀、新官僚。这就意味着，革命是很快地发展了，但它的基础并不牢固，在它的内部和外部都潜伏着深刻的危机。

二、中华民国的建立

中华民国临时政府宣告成立　　1911年底，孙中山从海外回到上海。"独立"各省的代表在南京选举孙中山为临时大总统。1912年1月1日，孙中山在南京宣誓就职，改国号为中华民国，定1912年为民国元年,并成立中华民国临时政府。

南京临时政府是一个资产阶级共和国性质的革命政权。资产阶级革命派在这个政权中占有领导和主体的地位。除孙中山作为临时大总统拥有统治全国和统率海、陆军之权外,陆军、外交等重要部的总长和所有各部的次长全由革命党人担任。在作为国家立法机关的临时参议院中,同盟会会员也占多数。南京临时政府制定的各项政策措施,集中代表和反映了中国民族资产阶级的愿望和利益,在相当程度上也符合广大中国人民的利益。例如:扫除种种封建弊端,保护人权;鼓励发展资本主义工商业,提倡兴办工厂、矿山、银行、垦殖事业等;宣布禁止刑讯,保护华侨、禁止贩卖华工,禁止买卖人口、废除奴婢,禁止种植和吸食鸦片等;宣布改革文化教育制度,否定忠君尊孔教育,废止小学读经,禁用清政府学部颁行的各种教科书等。

南京临时政府也有它的局限性。例如,在南京临时政府的《告友邦书》中,就企图用承认清政府与列强所订的一切不平等条约和清政府所欠的一切外债,来换取列强承认中华民国。南京临时政府也没有提出任何可以满足农民土地要求的政策和措施,反而以保护私有财产为借口,去维护封建土地制度以及官僚、地主所占有的土地和财产。

中华民国临时约法　1912年3月,临时参议院颁布《中华民国临时约法》(以下简称《临时约法》)。这是中国历史上第一部具有资产阶级共和国宪法性质的法典。

《临时约法》规定,"中华民国之主权属于国民全体",而"以参议院、临时大总统、国务员、法院行使其统治权"。

《临时约法》规定,参议院行使立法权,参议员由各省选派。临时大总统代表临时政府总揽政务。国务总理及各部总长称国务员,辅佐临时大总统负其责任。法院行使司法权。参议院有权弹劾大总统和国务员。

《临时约法》还规定,中华民国国民一律平等,享有人身、财产、集会、结社、出版、言论等自由，享有请愿、陈诉、考试、选举与被选举等民主权利。

这样，《临时约法》就以根本大法的形式废除了两千多年来的封建君主专制制度，确认了资产阶级共和国的政治制度。毛泽东说："民国元年的《中华民国临时约法》，在那个时期是一个比较好的东西；当然，是不完全的、有缺点的，是资产阶级性的，但它带有革命性、民主性。"

辛亥革命的历史意义　辛亥革命是资产阶级领导的以反对封建君主专制制度、建立资产阶级共和国为目的的革命，是一次比较完全意义上的资产阶级民主革命。正如毛泽东指出的："中国反帝反封建的资产阶级民主革命，正规地说起来，是从孙中山先生开始的。"

在近代历史上，辛亥革命是中国人民为救亡图存、振兴中华而奋起革命的一个里程碑，它使中国发生了历史性的巨变，具有伟大的历史意义。

第一，辛亥革命推翻了封建势力的政治代表、帝国主义在中国的代理人清王朝的统治，沉重打击了中外反动势力，使中国反动统治者在政治上乱了阵脚。在这以后，帝国主义和封建势力在中国再也不能建立起比较稳定的统治，从而为中国人民斗争的发展开辟了道路。

第二，辛亥革命结束了中国两千多年封建社会的君主专制制度，建立了中国历史上第一个资产阶级共和政府，使民主共和的观念开始深入人心，并在中国形成了"敢有帝制自为者，天下共击之"的民主主义观念。正因为如此，当袁世凯、张勋先后复辟帝制时，均受到了社会舆论的强烈谴责和人民群众的坚决反抗。

第三，辛亥革命推动了中国人民的思想解放。自古以来，皇帝被看作至高无上、神圣不可侵犯的绝对权威，如今连皇帝都可以被打倒，那么还有什么陈腐的东西不可以被怀疑、不可以被抛弃？辛亥革命激发了人民的爱国热情和民族觉醒，打开了禁锢思想进步的闸门。

第四，辛亥革命推动了中国的社会变革，促使中国的社会经济、思想习惯和社会风俗等方面发生了新的积极变化。南京临时政府成立后，以振兴实业为目标，设立实业部，先后颁布了一系列有利于工商业发展的政策和措施，以推动民族资本主义经济的发展，使随后的几年成了资本主义发展的"黄金时代"。革命政府还提倡社会新风，扫除旧时代的"风俗之害"。如：以公元纪年，改用公历；下级官吏见上级官吏不再行跪拜礼；男子以"先生""君"的互称取代"老爷"等称呼；男子剪辫、女子放足之风迅速席卷全国等。这些变化不仅改变了社会风气，也有助于人们的精神解放。

第五，辛亥革命不仅在一定程度上打击了帝国主义的侵略势力，而且推动了亚洲各国民族解放运动的高涨。

第三节　辛亥革命的失败

一、封建军阀专制统治的形成

袁世凯窃国，辛亥革命流产　辛亥革命取得了巨大的成功，但仍以失败而告终。南京临时政府只存在了三个月便夭折了。北洋军阀首领袁世凯在帝国主义和国内反动势力以及附从革命的旧官僚、立宪派的共同支持下，窃夺了辛亥革命的果实。

武昌起义后，袁世凯以武力压迫革命派，并命其党羽联名通电，宣称"若国民会议竟决议采用共和政体，吾人惟当奋力战斗，至死不承认此政体"。帝国主义列强调动军舰在长江游弋，为袁世凯助威，并攻击孙中山"缺乏管理国家的经验"。在革命高潮中附从革命的立宪派、旧官僚等则从内部施加压力，大造大总统职位"非袁莫属"的舆论。一些革命党人甚至也主张只要袁世凯能逼清帝退位，就应该让他当大总统。

第三节　辛亥革命的失败

在这种情况下，孙中山不得不表示只要清帝退位、袁世凯宣布拥护共和，就可以把临时大总统的职位让给他。袁世凯在得到这些许诺后，即加紧"逼宫"。1912年2月12日，清帝退位。第二天，袁世凯致电临时政府，宣布"共和为最良国体"。同日，孙中山向参议院提出辞职咨文，但附以南京为首都、总统在南京就职、遵守约法三个条件，力图以此制约袁世凯。袁世凯不肯离开其北京老巢，指使部下在北京发动"兵变"，西方列强也调兵进京配合，以迫使革命派让步。革命派再次妥协。3月10日，袁世凯在北京就任临时大总统。4月1日，孙中山正式卸去临时大总统职务。随后，临时参议院议决将临时政府迁往北京。

北洋军阀的专制统治　袁世凯窃夺辛亥革命的果实之后，建立了代表大地主和买办资产阶级利益的北洋军阀反动政权。

首先，在政治上，北洋政府实行军阀官僚的专制统治。以袁世凯为首的封建军阀大力扩充军队，建立特务、警察系统。他们制定《暂行新刑律》《戒严法》等一系列反动法令，剥夺《临时约法》赋予人民的言论、出版、集会、结社等各种政治权利，任意逮捕、杀害革命党人和无辜民众。

当时的中国，从形式上看，有了约法，有了国会，有了众多的公开活动的政党，似乎有点像民主共和国的样子了。实际上，全部政权都操纵在以袁世凯为首的北洋军阀手里，他们对资产阶级民主制度是不能容忍的。1912年8月，宋教仁在征得孙中山、黄兴的同意后，以同盟会为基础联合其他几个政党，组成国民党。它在随后的第一届国会选举中获得了多数席位。国民党领袖宋教仁希望由此组织以他为首的责任内阁，在中国推行资产阶级议会民主制度。1913年3月，袁世凯指使心腹收买刺客暗杀了宋教仁。7月至9月，又以武力镇压了南方七省国民党人的"二次革命"。同年10月，在总统选举中，袁世凯指使军警、流氓包围国会，强迫议员投票选举他为正式大总统。接着，他又撕下"拥护共和"的假面具，攻击国会是"暴民专制"，妨碍国家统一，于1913年11月下令解散国民党，收缴国民党议员的国会证书、徽章，使国会不足法定人数，无法开会。1914年1月，他又停止参议院、众议院两院议员的职务，遣散议员。5月，袁世凯公然撕毁《临时约法》，炮制了一个《中华民国约法》，用总统制取代内阁制。不久，他又通过修改《总统选举法》，使大总统不仅可以无限期连任，而且可以推荐继承人。这样，袁世凯不仅可以终身独揽政权，而且还可以将其传子传孙。至此，中华民国只剩下一块空招牌了。

军阀们为了实行专制统治，不惜投靠帝国主义。袁世凯统治时期，出卖路权、矿权，大肆借款，并签订众多不平等条约。他未经国会同意，与列强签订"善后大借款"合同，用盐税作抵押，使列强实现了控制和监督中国财政的愿望。1915年5月，为了让日本支持复辟帝制，他竟然基本接受日本提出的严重损害中国权益的"二十一条"要求。皖系军阀段祺瑞控制北京政府时，也投靠日本，向日本借款扩充自己的势力，准备武力统一中国。这些借款以东北金矿、森林，东北、山东铁路，国家烟酒专卖利润等为担保，便利了日本进一步掠夺中国的矿产资源和其他原料。

为了达到专制独裁的目的，袁世凯公然进行帝制复辟活动。1915年12月12日，袁世凯发表接受帝位申令。第二天，在中南海居仁堂接受百官朝贺。31日，下令以1916年为"中华帝国洪宪元年"，准备在元旦举行登基大典。帝制复辟活动遭到举国反对，袁世凯从1月1日到3月23日只当了83天皇帝就被迫取消帝制和洪宪年号。1917年6月，前清官僚张勋率"辫子军"北上，拥废帝溥仪复辟。这一次复辟的时间更短，仅12天就在全国人民的声讨中失败了。

其次，在经济上，北洋政府竭力维护帝国主义、地主阶级和买办资产阶级的利益。军阀、官僚本身就是大地主，他们还以各种手段兼并土地。袁世凯在河南彰德等县占有的土地就有4万多亩，奉系军阀张作霖在东北占地 150 万亩。许多自耕农和半自耕农陷入破产和丧失土地的境地，变成佃农和雇农。北洋政府还通过"清丈地亩"、征收各种苛捐杂税等手段，对农民进行敲骨吸髓的压榨。

军阀与官僚还借助于政治势力，组成官僚买办资本集团，操纵、垄断财政金融和工业、运输业。如以梁士诒为首的交通系集团，控制了铁路和交通银行。交通银行具有代理国库、发行纸币的特权，为北洋政府经理外债、内债和税收，还直接控制了一些工矿企业。

最后，在文化思想方面，尊孔复古思潮猖獗一时。1913 年 6 月，袁世凯向全国发布《通令尊崇孔圣文》。不久，又命令全国恢复祀孔、祭孔典礼，恢复跪拜礼节，中、小学恢复尊孔读经。一些清朝遗老遗少、保守分子纷纷组织尊孔复古团体，发行尊孔刊物。他们攻击民主共和，宣传封建伦常，甚至要求将孔教定为"国教"。一些帝国主义分子也鼓吹孔教是"中国独一无二之根本"，只有尊孔才能避免"人人之心皆为革命所颠倒"。

袁世凯当权时，北洋政府统治下的中国在形式上是统一的。在 1916 年袁称帝败亡之后，连这种形式上的统一也维持不住了，中国陷入了军阀割据的局面。这种局面之所以形成，其深刻的原因：一方面是由于中国主要是地方性的农业经济而没有形成统一的资本主义市场，另一方面是由于帝国主义国家在中国采取划分势力范围的分裂剥削政策。这些割据称雄的各派系军阀之间，或者为了争夺中央政权，或者为了保持与扩大自己的地盘，进行连年不断的纷争，引发多次的战乱。军阀的专制统治和割据、纷争乃至混战，给人民带来无穷灾难，使经济遭到极大破坏。

总之，北洋政府从政治上、经济上和文化思想上对辛亥革命进行了全面的反攻倒算。中国重新落入了黑暗的深渊。孙中山本人沉痛地说过，当时中国"政治上、社会上种种黑暗腐败比前清更盛，人民困苦日甚一日"。资产阶级革命派在中国建立一个独立、民主的资产阶级共和国的梦想破灭了。

二、旧民主主义革命的失败

挽救共和的努力及其受挫 辛亥革命失败后,中国资产阶级革命派内部也发生了分化。

一些革命党人以为,推翻封建帝制、建成共和政体,革命大功告成,从而丧失了革命意志。他们中有的人热衷于追逐个人的官职和利禄,甚至投靠军阀,迅速蜕化为新的官僚、政客;还有的人意志消沉,隐遁山林,或者移居海外,以逃避国内的政治斗争。

孙中山也一度受到袁世凯的欺骗,表示"十年不预政治",以修铁路、发展实业为己任。1913年宋教仁被刺后,他开始看清袁世凯的真面目,毅然发动武装反袁的"二次革命"。由于北洋军阀在军事上占绝对优势,而国民党方面缺乏兵力和财力,内部意见又不一致,结果只坚持了两个月就失败了。

1914年,孙中山在日本组织中华革命党,坚持反袁武装斗争。由于中华革命党提不出能够动员群众的革命纲领,入党者又必须宣誓绝对服从孙中山个人,带有强烈的宗派性,严重脱离群众,因而参加的人数很少,社会影响不大。

1915年12月25日,即袁世凯准备"登极"前一周,蔡锷等在云南组织"护国军",宣布"独立",很快形成席卷半个中国的护国运动。次年3月,袁世凯在全国人民的反对声中被迫取消帝制,不久忧惧而死。

皖系军阀头子段祺瑞掌握北洋政府后,变本加厉地推行独裁卖国的反动统治,拒绝恢复《临时约法》和国会。在这种局面下,孙中山举起了"护法"的旗帜。但"护法"的口号在群众中缺少号召力。由于孙中山既没有足够的实力,也不掌握军队,遂不得不依靠与皖系军阀有矛盾的西南军阀。而西南军阀则企图利用孙中山的声望对抗北洋军阀，扩大自己的实力。1917年9月，在广州成立以孙中山为大元帅的护法军政府，并出师北伐。不久，西南军阀与直系军阀勾结，擅自实行停战，并且排挤孙中山，改组军政府。1918年5月21日，孙中山愤然离开广州去上海。护法运动的失败，使他认识到"南与北如一丘之貉"，想依靠南方军阀来反对北洋军阀，是行不通的。

1919年10月，孙中山将中华革命党改组为中国国民党。

孙中山具有顽强的革命精神，他首先喊出"振兴中华"的口号，不断摸索救国救民的道路，并始终坚持奋斗，不愧是中国民主革命的伟大的先行者。他在领导人民推翻帝制、建立共和国的斗争中建立了历史功勋，是20世纪初期推动中国发生历史性巨变的主要代表。

但是，孙中山并没有找到中国的真正出路。中国的旧民主主义革命已经陷入绝境，中国民族资产阶级再也不能领导中国革命前进了。

辛亥革命失败的原因和教训　毛泽东指出，辛亥革命"有它胜利的地方，也有它失败的地方。你们看，辛亥革命把皇帝赶跑，这不是胜利了吗？说它失败，是说辛亥革命只把一个皇帝赶跑，中国仍旧在帝国主义和封建主义的压迫之下，反帝反封建的革命任务并没有完成"。

辛亥革命为什么会失败？

从根本上说，是因为在帝国主义时代，在半殖民地半封建的中国，资本主义的建国方案是行不通的。尽管当时先进的中国人真诚地希望把中国建设成为资产阶级共和国，但是，帝国主义决不容许中国建立一个独立、富强的资产阶级共和国，从而使自己失去中国这个占世界人口四分之一的剥削、奴役的对象。因此，它们用政治、外交、军事、经济、财政等各种手段来破坏、干涉中国革命，扶植并支持它们的代理人袁世凯夺取政权。帝国主义与以袁世凯为代表的大地主大买办势力以及旧官僚、立宪派一起勾结起来，从外部和内部绞杀了这场革命。

毛泽东说过，正是"帝国主义的侵略打破了中国人学西方的迷梦。很奇怪，为什么先生老是侵略学生呢？中国人向西方学得很不少，但是行不通，理想总是不能实现。多次奋斗，包括辛亥革命那样全国规模的运动，都失败了"。这个历史教训是很深刻的。

这场革命之所以失败，从主观方面来说，在于它的领导者资产阶级革命派本身存在着许多弱点和错误。主要是：

第一，没有提出彻底的反帝反封建的革命纲领。他们没有明确提出反帝的口号，甚至幻想以妥协退让来换取帝国主义对中国革命的承认和支持。他们只强调反满和建立共和政体，并没有认识到必须反对整个封建统治阶级，致使一些汉族旧官僚、旧军官也混入革命的营垒。受当时政治局势的左右和妥协退让思想的支配，革命党人最后甚至还把政权拱手让给了袁世凯。后来，孙中山在回顾辛亥革命的历程并总结有关教训时说过："曾几何时，已为情势所迫，不得已而与反革命的专制阶级谋妥协。此种妥协，实间接与帝国主义相调和。遂为革命第一次失败之根源。"

第二，不能充分发动和依靠人民群众。由于中国民族资产阶级同封建势力有千丝万缕的联系，因而不敢依靠反封建的主力军农民群众。在革命的过程中，资产阶级革命派虽然也曾经联合新军（多数是穿起军装的农民和学生）和会党（以游民和破产农民为主体的秘密结社），从而在一定程度上动员了群众的力量，但在清政府被推翻之后，他们便把群众抛弃了。他们不但不去领导农民进行反封建的斗争，反而指责农民"行为越轨"，并派兵加以镇压。正因为中国民主革命的主力军农民没有被动员起来，这个革命的根基就显得相当单薄。正如毛泽东所说，国民革命需要一个大的农村变动。辛亥革命没有这个变动，所以失败了。

第三，不能建立坚强的革命政党，作为团结一切革命力量的强有力的核心。同盟会内部的组织比较松懈，派系纷杂，缺乏一个统一和稳定的领导核心。甚至有人主张"革命军起，革命党消"。有的还另建党派，自立山头。孙中山指出：辛亥革命之所以失败，"非袁氏兵力之强，实同党人心之涣"。

资产阶级革命派的这些弱点、错误，根源于中国民族资产阶级的软弱性和妥协性。正因为如此，辛亥革命仅仅赶跑了一个皇帝，却没有能够改变封建主义和军阀官僚政治的统治基础，无法完成反帝反封建的任务。辛亥革命的失败表明，资产阶级共和国的方案没有能够救中国，先进的中国人需要进行新的探索，为中国谋求新的出路。

尽管辛亥革命最终失败了，但是，以孙中山为代表的中国民主革命的先驱者的业绩和不屈不挠的奋斗精神，永远是中国近代革命史上光辉的一页。

对于他们的缺点，要从历史条件加以说明，使人理解，不可以苛求于前人。

经过辛亥革命，民主共和的思想从此流传广远，人们对革命的继续追求也绵延不绝。接受过这场革命洗礼的中国先进分子和中国人民继续顽强探索民族复兴的道路。辛亥革命之后十年，中国共产党宣告成立。许多参加过辛亥革命的人，后来陆续参加中国共产党或成为共产党的忠诚朋友，这不是偶然的。中国共产党人继承和发展了孙中山的革命事业，并把它推进到了新的阶段。

☐ 学习思考

1. 革命派在与改良派论战中是如何论述革命的必要性、正义性、进步性的？
2. 为什么说孙中山领导的辛亥革命引起了近代中国的历史性巨大变化？
3. 辛亥革命为什么会失败？它的失败说明了什么？

☐ 必读文献

1. 孙中山：《〈民报〉发刊词》（1905年10月20日）
2. 毛泽东：《纪念孙中山先生》（1956年11月12日）

3. 习近平：《在纪念孙中山先生诞辰 150 周年大会上的讲话》（2016 年 11 月 11 日）

延伸阅读文献

1. 列宁：《中国的民主主义与民粹主义》（1912 年 7 月）
2. 《〈民报〉与〈新民丛报〉辩驳之纲领》，《民报》（1906 年 4 月 28 日）
3. 《中华民国临时约法》（1912 年 3 月）

中 编

从五四运动到新中国成立
（1919—1949）

综述
翻天覆地的三十年

在 1919 年五四运动至 1949 年新中国成立以前这个时期，中国仍然是半殖民地半封建社会，社会的主要矛盾仍然是中国人民同外国帝国主义和本国封建主义（后来又有官僚资本主义）的矛盾；农民仍然是反帝反封建斗争的主力，工人阶级、学生群众和民族资产阶级这些新的社会力量发展了起来；而工人阶级则代替资产阶级成了资产阶级民主革命的领导力量。

在中国工人阶级的先锋队中国共产党的领导下，中国人民经过长期、艰苦、曲折的斗争，推翻了半殖民地半封建的社会制度，取得了新民主主义革命的胜利，创建了中华人民共和国，基本上完成了争取民族独立、人民解放的任务，从而为实现国家繁荣富强、人民共同富裕创造了前提，开辟了道路。

一、中国所处的时代和国际环境

（一）第一次世界大战和俄国十月革命后的世界

19 世纪末 20 世纪初，西方发达国家从自由资本主义阶段进入垄断资本主义阶段即帝国主义阶段。当时，欧洲是世界的政治中心。外国在华侵略势力中，英国占主要地位。

在帝国主义时代，各资本主义列强之间的激烈争夺，引发了 1914 年至 1918 年的第一次世界大战。大战的后果之一，是欧洲走向衰落（德国战败；英、法虽为战胜国，但受到削弱）和美国、日本的兴起。

当欧洲国家忙于战争暂时放松对中国的经济侵略时，美国尤其是日本的对华商品倾销和资本输出迅速增加。大战结束后，英国势力又卷土重来。其后，日本侵略势力日益构成对中国的主要威胁。

1917年11月7日（俄历10月25日）俄国爆发的十月社会主义革命，开辟了人类历史的新纪元。十月革命给世界人民的解放事业开辟了广大的可能性和现实的道路。十月革命建立了一条从西方无产者经过俄国革命到东方被压迫民族的新的反对世界帝国主义的革命战线。中国反帝反封建的民主革命成了世界无产阶级社会主义革命的一部分。

1919年3月，列宁领导的共产国际宣告成立。它积极帮助包括中国在内的一些国家的先进分子创建共产党。亚洲、非洲、拉丁美洲人民逐步觉醒，开始进行反对帝国主义压迫的民族解放运动。

1919年以来的中国历史，尤其是中国共产党的创建和新民主主义革命发生、发展的历史，就是在上述时代条件和国际环境下展开的。

（二）世界反法西斯战争及其胜利

1929年至1933年，资本主义国家爆发了一场世界性的严重的经济危机。20世纪30年代，意大利、德国、日本先后确立法西斯统治，成为欧洲和亚洲的战争策源地。

第二次世界大战是由德、意、日三个法西斯国家发动的。1931年9月，日本发动九一八事变，随之武装侵占中国东北。1935年10月，意大利军队入侵阿比西尼亚（埃塞俄比亚）。1937年7月，日本蓄意制造七七事变，发动全面侵华战争。1939年9月1日，德军入侵波兰。第二次世界大战全面开始。法西斯侵略者给世界人民造成了无穷的灾难。中国是日本侵略的最大受害国。

中国是首先进行反法西斯战争的国家。中国人民的抗日战争以九一八事变为起点。它揭开了世界反法西斯战争的序幕。七七事变时中国守军的奋起抵抗，成为中国全民族抗战的开端。中国人民开辟了世界反法西斯战争的东方主战场。

对于法西斯国家的野蛮侵略，世界人民进行了顽强的抵抗。中国人民和世界人民的反法西斯战争开始互相配合。1942年元旦，由美、英、苏、中4国领衔，26个国家签署《联合国家宣言》，决心互相合作，结成反法西斯联盟。苏联红军在同年7月至1943年2月进行的斯大林格勒战役中取得胜利，世界反法西斯战争发生根本性的转折。1944年6月6日，美、英盟军发动诺曼底战役，开辟了欧洲的第二战场，德国法西斯陷入腹背受敌的境地。1945年5月8日，德国宣布无条件投降。欧洲战场的反法西斯战争胜利结束。

对于日本的侵略，亚洲各国人民在长时间里进行了英勇的、不屈不挠的斗争。中国军民是在亚洲大陆上抵抗日本侵略的主力。1944年，盟军在太平洋战场上对日军全面展开攻势作战。1945年8月6日、9日，美国先后在日本广岛、长崎投掷原子弹。8月8日，苏联对日宣战。8月14日，日本政府决定接受波茨坦公告，向同盟国投降。9月2日，日本政府和大本营代表在投降书上签字。中国人民抗日战争和世界反法西斯战争胜利结束。

（三）反法西斯战争胜利后国际格局的深刻变化

世界反法西斯战争的胜利，是一个具有划时代意义的重大历史事件。它引起了国际格局的深刻变化，对世界历史的发展产生了深远的影响。

战后的世界政治形势，出现了三个重要的新情况：第一，在主要的帝国主义国家中，德、意、日三个法西斯国家被彻底打败；战胜国英、法也被严重削弱；美国则成为资本主义世界的霸主。第二，苏联经过战争考验，成为足以与美国抗衡的世界一流强国。欧洲东部、中南部和亚洲东部、东南部出现一系列由工人阶级政党领导的人民民主国家。社会主义冲破一国范围在多国赢得胜利。第三，占世界陆地面积2/3、人口3/4的亚洲、非洲、拉丁美洲及南太平洋地区，民族解放运动蓬勃兴起，许多原殖民地、附属国争得了或正在争取政治上的独立，殖民主义体系急剧瓦解。在资本主义国家，共产党的影响显著增长，工人运动有了新的发展。世界反法西斯战争的胜利，给全世界工人阶级和被压迫民族的解放事业开辟了更加广大的可能性和更加现实的道路。

战后世界政治形势的一个重大变化，就是原来以维持欧洲大国均势为中心的传统的国际格局被美、苏两极格局所取代。在此基础上，逐步形成分别以美、苏为首的帝国主义和社会主义两个阵营的对立。美国一手拿着金元，一手拿着原子弹，竭力向全世界扩张。控制中国，成为战后美国全球战略的重要组成部分。为此，美国政府采取了扶蒋反共的政策。这对于中国革命的发展，是一个严重的障碍。正确制定应对美国的政策和策略，成为中国革命胜利发展的一个极为重要的条件。

1946年春，美国等日益加紧反苏、反共、反人民的活动，一些人还鼓吹"美苏必战""第三次世界大战必然爆发"。在国际共产主义运动中，有人过高估计美国的力量，惧怕爆发新的世界战争，主张为了实现美苏之间的妥协，被压迫国家的人民应当随之实行国内妥协。毛泽东认为，关于反苏战争的宣传，是美国施放的烟幕。其目的是为了在反苏的名义下向美苏中间的辽阔地带进行扩张，即为了控制欧洲国家和亚洲、非洲、拉丁美洲国家。美苏之间在一些问题上是可能妥协的，世界战争的危险必须和必能克服。但是这种妥协并不要求资本主义世界各国人民随之实行国内妥协，各国人民仍将按照不同情况进行不同的斗争。正是按照这种科学分析，当蒋介石集团依仗美国政府做靠山，发动全面内战时，中国共产党领导人民以革命战争反对反革命战争，并且赢得了胜利。

二、"三座大山"的重压

在这个时期，中国人民继续受到外国帝国主义、本国封建主义的压迫，后来又增加了官僚资本主义的压迫。这三者，就是压在中国人民身上的"三座大山"。

中国反动势力的政治代表，在辛亥革命失败以后的一个时期，主要是帝国主义列强支持下的北洋军阀政府。

1925年至1927年的大革命，就是以推翻北洋军阀的反动统治为直接的斗争目标的。国共合作后建立的国民革命军于1926年7月开始进行北伐战争，在人民的支持下，基本上击溃了北洋军阀的主力。

取代北洋政府统治全中国的，是国民党控制的中华民国国民政府。

在北洋政府和国民党政府统治时期，中国社会的半殖民地半封建性质都没有改变，不仅封建压迫继续存在，而且半殖民地化程度还进一步加深了。

（一）外国垄断资本在中国的扩张

北洋政府是以外国帝国主义列强为靠山的。为了维护自身的统治，它不惜出卖国家利权，从而使外国侵略势力在中国得到进一步的扩展。

国民党政府是在帝国主义的支持下建立的。蒋介石集团上台之后，即宣言"要联合各国共同对付第三国际"，公开站到了国际帝国主义阵线一边，不过，他们在口头上仍标榜反对帝国主义。1928年6月，南京政府发表"修改"不平等条约宣言，要求与外国列强"重订新约"。其主要内容是要求关税自主和废除领事裁判权两项，并非要求废除帝国主义国家在华的一切特权，如外国在华的租界、租借地和驻兵、内河航行等特权。按照国民党政府同一些国家订立的条约，中国对外国进口货物除原定的值百抽五以外，可增收5%～30%的附加税。这对民族工商业的发展有某些积极作用。但中国并没有真正取得自定关税的权力，而且中国的海关也仍然由外国人控制，长时期内总税务司一直是由外国人担任的。至于废除领事裁判权，在长时间里并未付诸实行。直到抗日战争后期的1943年，中国政府才与英、美订立新约，废除了包括领事裁判权在内的英、美在华特权。但是，1946年10月成立的中美商务仲裁会，规定美国人在中国犯罪交美方裁判；同期签订的中美宪警联合勤务议定书，规定在华美军肇事须由美宪警处理，中国警局仅有旁听权而已。这就在实际上把领事裁判权变相恢复了。

从根本上说，国民党统治的建立，并没有使中国摆脱帝国主义的压迫，而是为外国侵略势力深入中国进一步敞开了大门。

从1927年国民党政府成立到1937年卢沟桥事变之前的十年间，帝国主义的经济势力在中国得到进一步扩展，并且牢牢地控制了中国的经济命脉。抗战前夕，在重工业方面，外国资本即控制了中国煤产量的55.2%，新法采煤量的77.4%，冶铁工业的95%，石油工业的99%，发电量的77.1%。在中国的现代工业和运输业中，外国资本占到了71.6%。外国银行资产也比华商银行多1/3。外国资本不仅垄断了中国的重工业、交通运输业，而且控制了中国的财政、金融以及若干主要的轻工业。

在国民党全国统治建立以后的一个时期内，中国主要是美、英、日等国互相争夺的对象。1931年九一八事变以后，日本侵略者占领了中国东北。1937年卢沟桥事变后，日本发动全面侵华战争，占领了北平、天津、上海、南京、广州、武汉等中心城市，占领了华北、华中、华东、华南的大片地区。中国的这些地区，成了日本帝国主义的独占殖民地。日军所到之处，烧杀、奸淫、抢掠，无恶不作。中国人民遭到了极其野蛮的蹂躏。在其占领区内，日本侵略者实行了竭泽而渔的政策。他们肆意掠夺中国的资源，残酷地压榨中国人民。

日本帝国主义的侵略，给中国人民带来了极其深重的灾难。

抗日战争胜利后，控制中国成为美国全球战略的重要组成部分。

蒋介石集团之所以敢于发动反人民的战争，很重要的因素是依恃美国政府的支持。作为接受美国援助的交换条件，国民党政府与美国签订了一系列丧权辱国的条约和协定，使美国在中国享有了种种特权，美国资本迅速在国民党统治区的经济生活中占据了支配的地位。大量美国剩余物资如潮水般地涌入中国市场。美国战后对中国的投资超过了 1936 年前各国在华投资的总额，占当时各国在华投资总额的 80%。国民党政府的"国营"企业和官僚资本的私营企业，也在很大程度上受到美国垄断资本的影响和控制。美国垄断资本和中国官僚资本的统制，把国民党统治区的经济推向了绝境。

正因为如此，反对帝国主义，打破外国垄断资本的控制，就成为中国新民主主义革命必须实现的首要任务。

（二）占优势地位的中国封建经济

这个时期，在中国的社会经济生活中占优势地位的，仍然是封建经济。

封建剥削制度是以地主占有大量土地，把土地出租给无地或少地的农民，借以收取地租、剥削农民的剩余劳动为基础的。在中国，大部分的土地为地主及旧式富农所占有，只有少部分的土地属于农民。地主和旧式富农将土地出租给农民，向他们收取苛重的地租，主要是实物地租。据 1934 年的统计，实物地租占农业产值的比重一般为 45% 左右，有的地区甚至高达 5 成、6 成乃至 7 成以上。地租剥削不仅侵占了农民的全部剩余劳动，而且侵占了他们相当一部分的必要劳动。与此同时，农民还受到商业资本、高利贷资本的剥削。

政府当局在运用自己的权力维护封建剥削制度的同时，还通过征收苛重的赋税等直接对农民进行掠夺。首先，是征收田赋。田赋名义上是向田主征收的，实际上田赋加重，地租也随之加重，这种负担归根到底还是落在农民头上。其次，是征收盐税。农民是盐的主要消费者，因而也是盐税的主要负担者。再次，是征收各种杂税。1929 年至 1933 年，全国农村共有 188 种不同名目的捐税。1937 年，杂税名目达到 1 756 种。最后，是强迫农民服劳役（如修筑公路、碉堡等）和服兵役。

在残酷的封建压迫和剥削下，中国农村的经济日益陷入绝境。由于农业生产水平的低下，农村无法为中国工业的发展提供必要的商品粮、轻工业原料、工业品市场等条件，这就从根本上严重限制了中国工业的发展。占全国总人口 80% 以上的农民过着极端贫困的生活。许多人不得不吃糠咽菜，遇到天灾人祸，乃至用树皮、草根等充饥，更有大批农民被迫卖儿鬻女，流落他乡，直至冻饿而死。一些农村区域出现了"土地荒芜，路断行人，家有饿妇，野无壮丁"的惨象。

正因为如此，反对封建主义，进行土地制度的彻底改革，就成为中国新民主主义革命的一项基本任务。

（三）官僚资本的急剧膨胀

中国人民在受到封建地主阶级压迫的同时，还受到官僚资产阶级的压迫。

中国的资产阶级分成了两部分。一部分是依附于外国垄断资本的买办性的大资产阶级（后来成为官僚资产阶级）；另一部分是民族资产阶级，即同帝国主义和封建势力联系较少并受它们压迫的中等资产阶级和上层小资产阶级。

1927 年国民党在全国的统治建立以后，官僚买办资本急剧地膨胀起来，买办资产阶级发展成为官僚资产阶级，控制了全国政权。

官僚资本是中国的垄断资本。这个垄断资本和国家政权结合在一起，成为国家垄断资本。以蒋介石、宋子文、孔祥熙、陈立夫为首的垄断资本，垄断了全国的经济命脉。这个垄断资本同外国帝国主义、本国地主阶级和旧式富农密切地结合着，成为买办的封建的国家垄断资本。这就是蒋介石反动政权的经济基础。除国家垄断资本外，官僚的私人资本也属于官僚资本。而掌握着官僚资本的阶级，就是官僚资产阶级，即中国的大资产阶级。

官僚资本的垄断活动，首先和主要的是在金融业方面开始的。国民党政府通过加入"官股"、改组有关机构等，将原北洋军阀的两大金融支柱即中国银行和交通银行控制起来。随后，又成立了"国家的"中央银行和中国农民银行。它们被赋予经理国库、发行兑换券、铸发国币、经募内外公债等项特权。以"四行二局"（二局为邮政储金汇业局和中央信托局）为中心的金融垄断体系，不仅完全主宰了全国的金融业，而且直接操纵着全国的经济。

发行"法币"，是四大银行完成其金融垄断的有决定意义的步骤。统一币制，本来是有必要的。但在长时期内，无限制地发行纸币，一直是国民党政府解决财政危机、发展官僚资本的主要手段。滥发纸币，造成了通货的恶性膨胀和物价的急剧上涨。人民手中持有的货币也就由此一天比一天贬值。到全国解放前夕，物价飞涨已如脱缰的野马，甚至一天之内要上涨多次。通货膨胀，物价飞涨，不仅使广大人民遭到一次又一次的洗劫，到了无法生存下去的地步，而且为官僚资本家进行买空卖空、囤积居奇、制造黑市以及吞并其他企业等项投机活动大开了方便之门。

官僚资本集团在垄断金融的同时，利用自己的政治特权，依靠雄厚的金融力量，从事大规模的商业投机活动。官僚资本实际上主要是商业投机资本。外汇和对外贸易，是由他们垄断的。如孔祥熙家族独资经营的祥记商行专门贩卖匹头、煤油、颜料等洋货；宋子文家族经营的华南米业公司享有洋米进口免税、垄断洋米运销的特权。他们借助于国民党政府实行的贸易统制政策和专卖制度，控制了大量商品。他们以低价收购，又以垄断价格出售，从而获取高额利润。

官僚资本集团还利用国家政权的力量对工业实行垄断性的掠夺。1935年国民党政府成立的资源委员会垄断了全国主要的重工业和矿业。它下属的厂矿一部分是接收的北洋军阀时期的官僚资本企业，一部分是依靠资本主义国家提供的贷款和技术新建的企业。由官僚资本控制、支配的以"民营"或"官商合办"形式出现的工业企业，大多是通过兼并民族工业而来的。1937年9月，国民党政府又成立了工矿调整委员会，其任务是：扩大官营工业；以"适应非常时期生产上的需要"的名义，对于原有或新设之民营厂矿，采用接管或加入股份的办法，"由政府统筹办理或共同经营之"，即兼并民营工业。抗日战争胜利后，国民党政府又接收了日伪工厂4 411家，其中发还原主或标卖的仅10%，其余绝大部分成了官营企业，或者化"公"为私，成了官僚资本家的私产。新中国成立前夕，官僚资本已经占到整个工业资本的2/3、工业运输业固定资本的80%。它拥有全国电力的67%，煤炭产量的33%，水泥产量的45%，纱锭设备的40%，织布机设备的60%，糖产量的90%，轮船吨位的45%，铁路、公路、航空运输的100%。

总之，官僚资本不是在正常的生产发展的基础上积累起来的，而是官僚资产阶级利用超经济的特权，主要在从事金融和商业投机的过程中，在充当外国帝国主义的买办的过程中，通过掠夺广大劳动人民和兼并民族工商业而发展起来的。它是社会生产力发展的严重阻碍。

正因为如此，反对官僚资本主义、没收官僚资本归新民主主义国家所有，就成为中国新民主主义革命的一项重要任务。

（四）民族资本主义经济的艰难处境

中国的民族资产阶级所经营的，是中等规模和小规模的资本主义经济。民族资本主义经济在中国整个资本主义经济中不占主体地位。

中国民族资本主义经济的发展，受到了多方面的阻碍。

首先，是外国资本的压迫。由于外国资本在中国实行商品倾销并直接投资经营企业，致使中国的市场被它们的廉价商品所占领，民族工业由于规模小、技术设备落后，其产品在市场上很难与之竞争。

其次，是官僚资本的排挤。由于官僚资本在国民经济的许多部门占据垄断地位，它们的工业在资金、技术、设备、原材料供应等方面都具有极大的优势，民族工业也很难与之抗衡。

再次，是封建生产关系的束缚。由于占全国人口大多数的农民仍然受到封建地主土地所有制的束缚，农村生产力水平十分低下，农村购买力极其微弱，由此也就使得国内市场狭窄，轻工业原料供应不足，民族工商业的发展受到了极大的限制。

最后，是军阀官僚政府的压榨。由于反动政府征收苛重的捐税，实行经济统制政策和通货膨胀政策，更使得经营民族工商业获利困难，而陷入严重危机。

正因为中国民族资本主义经济是在半殖民地半封建社会条件下艰难地生长起来的，它也就具有了以下几个特点：

第一，民族资本主义经济在国民经济中所占比重很小，它始终没有成为中国社会经济的主要形式。1936年，资本主义现代工业产值只占工农业总产值的10.8%，加上工场手工业产值占20.5%；1949年，现代工业产值也只占工农业总产值的17%，加上工场手工业是23%。而在这少量的现代工业中，民族资本经营的又只是非主体部分。民族工业资产净值，1949年时也不过20.08亿元，其力量之微弱，于此可见一斑。

第二，在民族资本中，工业资本所占的比重小，商业资本和金融资本所占的比重大。全国抗日战争前，民族资本中80%是商业资本和金融资本，工业资本只占20%。

第三，民族资本主义工业主要是以纺织、食品工业为主的轻工业，缺乏重工业的基础，不能构成一个完整的工业体系和国民经济体系，在技术、设备以至原材料方面不得不依赖外国垄断资本和本国官僚资本。1949年，在资本主义工业总产值中，生产资料的生产只占18.5%，其中，机器生产只占1.4%；消费资料的生产则占81.5%。中国工业只不过是装配工业（即以外国零件装配成机器）或加工工业

（即以外国原料加工制成日用品）。商业资本因无强大的国内工业，它所经营的主要是批发外货和趸卖原料以供外国资本主义企业。这类情况，明显地表现出中国民族资本缺乏独立性。

第四，民族资本所经营的工业，规模狭小，经营分散，技术设备落后，劳动生产率低。多数工厂没有现代化的机器设备，为手工业工场。这种情况，使得民族工业的产品成本高，在市场上缺乏竞争力。面对外国资本和官僚资本的压力，民族资本家力求通过加强对工人的剥削，挣扎图存。这是他们害怕工人觉醒和革命发动的一个重要原因。

第五，民族资本主义经济和封建势力也有千丝万缕的联系。相当一部分民族资本家的前身是官僚、地主。由于经营工商业没有获利的确实保障，一些民族资本家还用经营工商业所获得的利润，到农村去购买土地，然后出租给农民，从而兼有资本家和地主这样两重身份。正因为民族资本家同封建的土地所有制关系相当密切，他们也就不敢提出彻底否定封建土地所有制的政治纲领，从而也就不可能有效地去动员和组织中国反帝反封建的主力军——农民的力量。

上述情况，决定了民族资产阶级是带两重性的阶级。民族资产阶级的这种两重性，决定了他们在一定时期中和一定程度上能够参加反帝国主义和反官僚军阀政府的革命，可以成为革命的一种力量，成为无产阶级的同盟军。而在另一个时期，就有跟在买办资产阶级后面，成为它的助手的危险。

民族资产阶级虽然人数不多，经济实力不强，但在政治上有着很大的重要性。他们具有爱国的立场，不少人还掌握着发展生产所需要的生产技术和管理经验。中国的一些民主党派和无党派民主人士是以这个阶级作为自己的社会基础的。中国的许多知识分子出身于这个阶级，或者与这个阶级有比较多的联系。这个阶级在社会上有相当大的影响力。它曾经在一定程度上发展了现代工业，形成了民族市场，同时传播了资产阶级文化。在这个基础上，它逐渐形成为民主革命的一种政治力量。

三、两个中国之命运

（一）三种政治力量，三种建国方案

在 1921 年中国共产党诞生至 1949 年新中国成立以前的时期，中国存在着三种主要的政治力量：一是地主阶级和买办性的大资产阶级（1927 年后形成为官僚资产阶级）。他们是反动势力（有时称顽固势力）、民主革命的对象。其政治代表先是北洋政府，以后主要是国民党统治集团。二是民族资产阶级。他们是中间势力、民主革命的力量之一。其政治代表是民主党派的某些领导人物和若干无党派民主人士。三是工人阶级、农民阶级和城市小资产阶级。他们是进步势力、民主革命的主要力量。其政治代表是中国共产党。三种政治力量分别提出了三种不同的建国方案：

第一种是地主阶级和买办性的大资产阶级的方案。

在长时间里，地主阶级与买办性的大资产阶级是半殖民地半封建的中国社会中占统治地位的力量。他们同广大人民处于尖锐对立的地位，因而主张继续实行地主阶级、买办性的大资产阶级的军事独裁统治，使中国继续走半殖民地半封建社会的道路。

国民党统治集团的首领蒋介石认为，社会主义制度、资产阶级民主主义制度，都是不能行之于中国的。他主张，"领导素无政治经验之民族"，"非藉经过较有效能的统治权之行使不可"。而法西斯主义即为"统治最有效能者"。他们就是据此实行反革命军事独裁统治，来维护帝国主义和地主阶级与买办性的大资产阶级的利益的。

第二种是民族资产阶级的方案。

在旧中国，民族资产阶级在政治上始终没有占据统治地位。他们的基本政治主张，是建立一个名副其实的资产阶级共和国，以便使资本主

义得到自由的和充分的发展,使中国成为一个独立的资本主义社会。

尽管辛亥革命的流产已经宣告了资产阶级共和国方案在中国行不通,中国的资产阶级及其代表人物还是一次又一次地把这个方案重新提了出来。抗日战争胜利以后的一个时期内,一些民主党派的领导人物和若干无党派人士更大力鼓吹过"中间路线"或"第三条道路",企图在国民党坚持的地主阶级与买办性的大资产阶级专政和共产党主张的无产阶级领导的各革命阶级联合专政的政权之外,另找一条道路,实际上就是资产阶级共和国的道路。这种方案,对于地主阶级与买办性的大资产阶级专政的政治现实是一种批判,但在实际上却并不具备现实的可行性。

第三种是工人阶级和其他进步势力的方案。

工人、农民和城市小资产阶级是中国民主革命的基本动力和主要依靠。他们的政治代表中国共产党主张,中国人民应当在工人阶级及其政党的领导下,首先进行一场彻底的反帝反封建的新式资产阶级民主革命,即新民主主义革命,以便建立一个工人阶级领导的人民共和国,即人民民主专政的国家;并且经过这个人民共和国,逐步到达社会主义和共产主义。

革命的根本问题是国家政权问题。建立一个工人阶级领导的、以工农联盟为基础的、团结一切可以团结的力量的人民民主专政的人民共和国,这就是中国共产党领导中国人民进行新民主主义革命所要达到的基本目标。

(二) 两种基本的选择,两个中国之命运

尽管在长时期里,上列三种建国方案始终摆在中国人民的面前,由他们在自己的政治实践中去作出选择,但是,从根本上说,由于资产阶级共和国的方案并不具备现实性,可供中国人民选择的方案主要是两个:或者是继续半殖民地半封建的旧中国,或者是创建新民主主义的新中国。

资产阶级共和国的方案之所以行不通,是由当时中国所处的时代条件和国内阶级关系的状况所决定的。

毛泽东指出："资产阶级的共和国，外国有过的，中国不能有，因为中国是受帝国主义压迫的国家。"帝国主义列强来到中国，不是为了使中国成为一个独立、富强的资本主义国家，而是为了掠夺中国，发展它们自己的资本主义。对于它们来说，政治上、经济上不独立的中国，乃是理想的倾销商品的市场、投资的场所与廉价原料、廉价劳动力的供应地。如果中国成为独立、富强的资本主义国家，它就要在平等的基础上与西方发达国家建立和发展关系。这是它们不能容忍的。它们既不愿意失去在中国的殖民主义利益，更不愿意看到中国在国际市场上成为它们的竞争对手。正因为如此，毛泽东指出："帝国主义侵略中国，反对中国独立，反对中国发展资本主义的历史，就是中国的近代史。"五四以来的情况，仍然是如此。

民族资产阶级是真诚地希望中国通过建立资产阶级共和国走上独立、富强之路的。但是，它的力量过于软弱。它没有勇气和能力去领导人民进行彻底反帝反封建的革命斗争，从而为建立资产阶级共和国扫清障碍。代表这个阶级要求的中间派，由于提不出彻底的土地革命的纲领，无法动员农民这个最广大的群众；由于不敢进行革命的武装斗争，根本不掌握军队。因此，他们在政治上没有很大的分量。在这种情况下，他们往往把实现民主政治的希望，寄托在统治阶级让步这种幻想之上。而中国的反动统治者由于自身社会基础的极其狭窄，其统治是十分残暴、同时又是十分虚弱的，它不能容忍、更经受不住任何的民主改革。它绝不会对中间势力关于建立民主共和国的要求作出原则性的让步。某些中间党派、中间人士虽然一再声称自己要"以民主的方法争取民主，以合法的手段争取合法地位"，反动统治者还是不断地用暴力对他们施行迫害，直至取缔他们的组织，监视、逮捕以至杀害他们个人。严酷的事实教育了他们，使他们逐步放弃了走中间路线的幻想，站到了拥护共产党主张的新民主主义革命的立场上来。在反对蒋介石独裁统治的斗争中，中国各民主党派和无党派民主人士都作出了自己的贡献。

总体上说，地主阶级与买办性的大资产阶级的方案由于违背中国人民的根本利益，遭到了广大中国人民的唾弃，他们的反动统治也在根本上被推翻了。民族资产阶级的方案由于脱离中国实际，也没有得到中国广大群众的拥护，连提出这种方案的多数人最终也承认这个方案是行不通的。只有中国共产党提出的关于建立人民共和国的方案，逐步地获得了工人、农民、城市小资产阶级乃至民族资产阶级及其政治代表的拥护，由此成了中国最广大人民群众的共同选择。

在新中国成立前夕，毛泽东指出："就是这样，西方资产阶级的文明，资产阶级的民主主义，资产阶级共和国的方案，在中国人民的心目中，一齐破了产。资产阶级的民主主义让位给工人阶级领导的人民民主主义，资产阶级共和国让位给人民共和国。"这段话，是对近代以来中国人民斗争历史经验的总结，它揭示了广大中国人民在长期探索、艰苦奋斗的基础上共同确认的一个历史性的真理。

☐ 学习思考

1. 中国的新民主主义革命是在什么时代条件下和国际环境中发生和发展的？与旧民主主义革命相比，它有哪些特点？

2. 为什么中国的新民主主义革命必须把帝国主义、封建主义、官僚资本主义作为对象？

3. 如何理解近代中国的三种建国方案、两个中国之命运？为什么中国共产党的建国方案最终成为中国人民的共同选择？

☐ 必读文献

1. 毛泽东：《论人民民主专政》（1949年6月30日）
2. 毛泽东：《唯心历史观的破产》（1949年9月16日）

☐ 延伸阅读文献

毛泽东：《新民主主义论》（1940年1月）

第四章
开天辟地的大事变

第一节 新文化运动和五四运动

一、新文化运动与思想解放的潮流

新文化运动的兴起 近代以来，为了挽救国家的危亡，中国的先进分子曾经历尽千辛万苦，向西方国家寻找真理。但是，中国人学习西方的努力在实践中却一而再、再而三地碰壁。辛亥革命的失败和北洋军阀统治的建立，更使人们陷入了深深的绝望、苦闷和彷徨之中。

一些先进的中国知识分子认为，以往少数先觉者的救国斗争之所以成效甚少，是因为中国国民对之"若观对岸之火，熟视而无所容心"。因此，"欲图根本之救亡"，必须改造中国的国民性。他们决心发动一场新的启蒙运动，以期廓清蒙昧、启发理智，使人们从封建思想的束缚中解放出来。这个运动后来被称为新文化运动。

1919年五四运动以前的新文化运动是资产阶级民主主义的新文化反对封建主义的旧文化的斗争。

这个运动是从1915年9月陈独秀在上海创办《青年杂志》（后改名《新青年》）开始的。1917年1月，爱国民主主义者、教育家蔡元培出任北京大学校长。他聘陈独秀为北大文科学长。《新青年》编辑部也随之迁至北京。李大钊、鲁迅、胡适等参加编辑部并成为主要撰稿人。《新青年》杂志和北京大学成了新文化运动的主要阵地。

陈独秀在发表于《青年杂志》第一卷第一号的通信中说过："盖改造青年之思想，辅导青年之修养，为本志之天职。批评时政，非其旨也。"不过，在政治斗争中，他们并非旁观者。他随后讲过，他们之所以把主要注意力倾注于清除旧思想方面，是由于他们认定"伦理问题不解决，则政治学术，皆枝叶问题"。国民性不改造，"不但共和政治不能进行，就是这块共和招牌，也是挂不住的"。

基于以上的认识，新文化运动的倡导者提出了"破除迷信"的口号，号召人们"冲决过去历史之网罗，破坏陈腐学说之囹圄"，以"求得思想的解放"。他们说："凡是无用而受人尊重的，都是废物，都算是偶像，都应该破坏。"他们以反对旧道德提倡新道德、反对旧文学提倡新文学为文化革命的两大旗帜。他们以犀利的饱含感情的笔，去抨击以孔子为代表的"往圣前贤"，去刺破旧中国的脸，去揭穿旧道德旧教条的丑态。鲁迅的小说《狂人日记》等对封建礼教的有力揭露和控诉，使反对"吃人的礼教"成了许多人的共同呼声。陈独秀提出的文学革命的主张，胡适对白话文的提倡，也产生了深远的影响。

新文化运动的基本口号　《新青年》提出的基本口号是民主和科学，即所谓拥护"德先生"（Democracy）和"赛先生"（Science）。

民主和科学的具体含义是什么？在陈独秀看来，民主，既是指资产阶级民主主义的制度，也是指资产阶级民主主义的思想。科学，则有广狭二义："狭义的是指自然科学而言，广义是指社会科学而言。"他强调要用自然科学一样的科学精神和科学方法来研究社会，可是，詹姆士的实用主义、柏格森的创造进化论和罗素的新唯实主义这类用某些自然科学成果装饰起来的资产阶级唯心主义思想体系，当时在他心目中也被认为是科学。他提倡民主和科学，是为了实现在中国"建设西洋式之新国家"即西方式的资产阶级国家这个目标。

孔学是封建社会的正统思想。进入民国时期，北洋军阀政府仍然把孔学当作宗教教条一样强迫人民去信奉。那时统治阶级及其帮闲者们的文章和教育，不论它的内容和形式，都是八股式、教条式的。这种情况严重地束缚了人们的思想，压制了民族的生机和创造力。

由于孔子所提倡的是"封建时代之道德、礼教、生活、政治"，与"建设西洋式之新国家"的目标不相适应，所以，新文化运动的倡导者们认定，为了提倡民主和科学，给发展资本主义扫清思想障碍，必须对孔学进行批判。为此，他们大声疾呼："儒教不革命、儒学不转轮，吾国遂无新思想、新学说，何以造新国民？悠悠万事，惟此为大已。呼！"

反封建的思想解放运动　五四以前的新文化运动，有着重大的历史意义。

新文化运动的倡导者提倡民主、反对专制，提倡科学、反对迷信盲从，是切中时弊的。正因为如此，这两个口号在当时即获得了人们广泛的赞同，并产生了深远的影响。事实上，当封建主义还在政治和社会生活中占据支配地位的时候，对于资产阶级民主主义的提倡，在客观上仍然具有振聋发聩的作用。这些启蒙思想家，是敢于向两千多年来神圣不可侵犯的封建礼教进行自觉挑战的第一批不妥协的战士。

新文化运动的倡导者并没有因为批判孔学就否定中国的全部传统文化。首先，他们指出，孔学并不等于全部国学。"非孔学之小，实国学范围之大也。"其次，他们并没有否定孔学的历史作用。李大钊说，"孔子于其生存时代之社会，确足为其社会之中枢，确足为其时代之圣哲，其说亦确足以代表其社会其时代之道德"。再次，他们也没有把孔学说得一无是处。陈独秀就说过"孔学优点，仆未尝不服膺"这样的话。他们批判孔学，是为了指明它在根本上已经不适于现代生活，是为了反对孔学对人们的思想禁锢，是为了动摇孔学的绝对权威的地位，从而使人们敢于冲破封建思想的牢笼，去进行独立思考，以求得"真实合理的信仰"。

新文化运动的倡导者们在社会上掀起了一股思想解放的潮流。这股潮流冲决了禁锢人们思想的闸门。而这个闸门一被打开，各种新思潮的涌流就不仅不可避免，而且是无法遏制的了。正因为如此，在那时，这个运动是生动活泼的，前进的，革命的。

五四以前新文化运动的局限　五四以前的新文化运动也存在着一些弱点。

第一，新文化运动的倡导者批判孔学，是为了给中国发展资本主义扫清障碍。但是，由于资产阶级共和国的方案在中国行不通，所以从根本上说，提倡资产阶级民主主义，并不能为人们提供一种有效的思想武器去认识中国，去对中国社会进行改造。

第二，他们把改造国民性置于优先的地位。但是，离开改造产生封建思想的社会环境的革命实践，仅仅依靠少数人的呐喊，依靠有限的宣传手段，要根本改造由这种社会环境产生的思想、所造成的国民性，是不可能的。

第三，那时的许多领导人物，还没有马克思主义的批判精神，他们使用的方法，一般地还是资产阶级的方法。他们中有的人看问题很片面，坏就是绝对的坏，好就是绝对的好。这种形式主义地看问题的方法，影响了这个运动后来的发展。

事实上，在当时的先进分子中，有的人在宣传西方资产阶级民主主义时，就已经开始对它有所怀疑和保留了。比如，陈独秀1915年在赞颂法国文明时，把创立社会主义（指空想社会主义）看作是法国人对于近代文明所作的三大贡献之一，认为这是"反对近世文明之欧罗巴最近文明"。李大钊在1916年5月即说过，"代议政治虽今犹在试验之中，其良其否，难以确知，其存其易，亦未可测"。毛泽东在1917年8月也说过，东方思想固不切于实际生活，"西方思想亦未必尽是，几多之部分，亦应与东方思想同时改造"。他们之所以对资本主义持某种程度的怀疑和保留的态度，是因为：

第一，在帝国主义时代，资本主义制度的内在矛盾已经比较充分地暴露出来。陈独秀指出："自竞争人权之说兴，机械资本之用广，其害遂演而日深：政治之不平等，一变而为社会之不平等；君主贵族之压制，一变而为资本家之压制。此近世文明之缺点，无容讳言者也。"

第二，1914年至1918年的第一次世界大战，以极端的形式进一步暴露了资本主义制度固有的不可克服的矛盾。李大钊指出："此次战争，使欧洲文明之权威大生疑念。欧人自己亦对于其文明之真价不得不加以反省。"中国人是否应当对欧美文明亦步亦趋，当然成为问题了。

第三，中国人学习西方的努力屡遭失败的事实，更使他们对资产阶级共和国方案在中国的可行性产生了极大的疑问。国家的情况一天一天坏，环境迫使人们活不下去。怀疑产生了，增长了，发展了。

新文化运动左翼人士对资产阶级民主主义的怀疑，推动着他们去探索挽救危亡的新的途径，为他们以后接受马克思主义准备了合宜的土壤。

这样，后来新文化运动的发展就分成了两个潮流：一部分人（如李大钊等）继承了它的科学和民主的精神，并在马克思主义的基础上加以改造；另一部分人（如胡适等）则沿着资产阶级的道路继续走下去了。

二、十月革命与马克思主义在中国的传播

中国的先进分子走上马克思主义指引的道路，是他们经过长期的、艰苦的探索之后所作出的一种选择。

马克思主义学说在19世纪40年代创立以后，在长时间里，其影响主要限于欧洲。以前有人如梁启超、朱执信等人也曾提到过马克思主义，不过在中国并没有人真正知道马克思主义的共产主义。

1917年俄国爆发的十月社会主义革命，推动中国的先进分子把目光从西方转向东方，从资产阶级民主主义转向社会主义。

十月革命是一个具有划时代意义的世界性的历史事件。它昭示人

们，资本主义制度并不是永恒的，无产阶级和其他劳动群众一旦觉醒起来、组织起来，完全可以依靠自身的力量创造出维护绝大多数人利益的崭新的社会制度。由于这个革命发生在中国学习西方的努力遭到失败、中国的先进分子陷于彷徨和苦闷之中，它确实使中国人看到了民族解放的新希望。李大钊说，十月革命所开始的，"是世界革命的新纪元，是人类觉醒的新纪元。我们在这黑暗的中国，死寂的北京，也仿佛分得那曙光的一线，好比在沉沉深夜中得一小小的明星，照见新人生的道路"。

十月革命是怎样推动中国的先进分子从资产阶级民主主义转向社会主义的呢？

第一，十月革命给予中国人的一个启示是：经济文化落后的国家也可以用社会主义思想指引自己走向解放之路。

十月革命发生在其国情与中国相同（封建压迫严重）或近似（经济文化落后）的俄国，因而对中国的先进分子具有特殊的吸引力。他们感到，中国国情"皆与俄国相近"，所以中国"须有同类的精神，即使用革命的社会主义"。青年毛泽东认为，"我看俄国式的革命，是无可如何的山穷水尽诸路皆走不通了的一个变计"，"只此方法较之别的方法所含可能的性质为多"。

第二，十月革命诞生的社会主义俄国号召反对帝国主义，并以新的平等的态度对待中国，有力地推动了社会主义思想在中国的传播。

李大钊指出，近百年来饱受帝国主义列强摧凌的中国，"忽然听到十月革命喊出的'颠覆世界的资本主义'，'颠覆世界的帝国主义'的呼声，这种声音在我们的耳鼓里，格外沉痛，格外严重，格外有意义"。一些人由此产生了对于社会主义的向往。1919年苏维埃俄国第一次对华宣言声明放弃沙俄在中国攫取的一切特权，更引起人们很大的震动。《新青年》刊登的读者来信即提出，我们要由此跨进一步，去"研究俄国劳农政府的主义"，赞同它"所根据的真理"。

第三，十月革命中俄国工人、农民和士兵群众的广泛发动并由此赢得胜利的事实，给予中国的先进分子以新的革命方法的启示，推动他们去研究这个革命所遵循的主义。

这样，在十月革命以后、五四运动前后的中国思想界，就产生了一批赞成俄国十月社会主义革命、具有初步共产主义思想的知识分子。社会主义开始在中国形成一股有相当影响的思想潮流。

不过，在开始时，人们对社会主义还只是一种朦胧的向往。正如瞿秋白所说："社会主义的讨论，常常引起我们无限的兴味。然而究竟如俄国十九世纪四十年代的青年思想似的，模糊影响，隔着纱窗看晓雾，社会主义流派，社会主义意义都是纷乱，不十分清晰的。"无政府主义、工团主义、基尔特（行会）社会主义、社会民主主义以及新村主义、泛劳动主义等，各种社会主义流派的观点，在各种报刊上纷然杂陈。起初，在各种社会主义的思想中，无政府主义占着优势。中国的先进分子是经过反复的比较、推求，才选择了马克思主义的科学社会主义的。

在中国大地上率先举起马克思主义旗帜的，是李大钊。

李大钊是从爱国的立场出发，从民主主义者转变为共产主义者的。十月革命以后，他于1918年7月发表《法俄革命之比较观》一文，认定资本主义文明"当入盛极而衰之运"，"二十世纪初叶以后之文明，必将起绝大之变动"。在同年11月、12月发表的《庶民的胜利》《Bolshevism的胜利》两文中，他指出十月革命"是二十世纪中世界革命的先声"，确信"将来的环球，必是赤旗的世界"。1919年9月、11月，他发表了《我的马克思主义观》一文，明确地把马克思主义称为"世界改造原动的学说"，并且对马克思的唯物史观、剩余价值学说和阶级斗争理论作了比较系统的介绍。与以往一些人对马克思学说所作的片断的、不确切的表述不同，这篇文章对马克思主义的介绍已经具有相当完整的形态，而且作出了基本正确的阐释。这表明，李大钊已经成为中国的第一个马克思主义者。

三、五四运动：新民主主义革命的开端

五四运动的爆发　1919年5月爆发的五四运动，是中国近代史上的一个划时代的事件。这个运动是在新的时代条件和社会历史条件下发生的。

首先，是新的社会力量的成长、壮大。在1914年至1918年世界大战期间，中国的资本主义经济得到了相当迅速的发展。中国资产阶级和工人阶级的力量也进一步成长起来。五四运动前夕，中国产业工人已经达到200余万人。这样，五四运动就获得了比以往的革命斗争更加广泛的群众基础。

其次，是新文化运动掀起的思想解放的潮流。受到这个潮流影响的年轻一代知识界，尤其是那些具有初步共产主义思想的知识分子，为五四运动准备了最初的群众队伍和骨干力量。

再次，是俄国十月革命对中国的影响。在当时，陈独秀就说，十月革命以后，"中国人也受了两个教训：一是无论南北，凡军阀都不应当存在；一是人民有直接行动的希望。五四运动遂应运而生"。毛泽东也说，俄罗斯以民众大联合打倒贵族、驱逐富人的事实，使"全世界为之震动"。革命浪潮风起云涌，"异军特起，更有中华长城渤海之间，发生了'五四'运动"。

五四运动的直接导火线，是巴黎和会上中国外交的失败。

在1919年上半年召开的巴黎"和平会议"上，中国政府代表提出废除外国在华势力范围、撤退外国在华驻军等七项希望和取消日本强加的"二十一条"及换文的陈述书，遭到拒绝。这个由几个西方列强把持的会议，竟规定德国应将在中国山东获得的一切特权转交给日本。会议给予中国的，只是归还八国联军侵入北京时被德国掠去的天文仪器而已。北洋政府居然准备在这样的和约上签字。消息传到国内，

激起了各阶层人民的强烈愤怒。五四运动由此爆发。

1919年5月4日,北京大学等北京十几所学校的学生三千余人在天安门前集会,随后举行示威游行。学界的宣言呼吁:"中国的土地可以征服而不可以断送!中国的人民可以杀戮而不可以低头!国亡了!同胞起来呀!"

学生的爱国行动受到北洋政府的严厉镇压。正是在这个时候,中国工人阶级开始以独立的姿态登上历史舞台。从6月5日起,上海六七万工人为声援学生先后自动举行罢工。工人罢工推动了商人罢市、学生罢课。随后,这场反帝爱国运动扩展到了20多个省区、100多个城市。

五四运动开始时,英勇地出现在斗争前面的是学生群众。这时,运动突破了知识分子的狭小范围,成为有工人阶级、小资产阶级和资产阶级参加的全国范围的革命运动了。斗争的主力由学生转向了工人,运动的中心由北京转到了上海。

迫于人民群众的压力,北洋政府不得不于6月10日宣布罢免亲日派官僚曹汝霖、章宗祥、陆宗舆的职务。6月28日,中国政府代表也没有出席巴黎和约的签字仪式。五四运动的直接斗争目标得到了实现。

五四运动的历史特点 由于五四运动是在新的社会历史条件下发生的,它具有以辛亥革命为代表的旧民主主义革命所不具备的一些特点。主要是:

第一,五四运动表现了反帝反封建的彻底性。

近代以来,中国人民对帝国主义的认识经历了两个阶段:第一阶段是表面的感性认识的阶段,这典型地表现在义和团等笼统的排外主义的斗争上。第二阶段才进到理性的认识阶段,即看出了帝国主义内部和外部的各种矛盾,并看出了帝国主义联合中国买办阶级和封建阶级以压榨中国人民大众的实质,这种认识是从1919年五四运动前后才开始的。这表明,中国人民反帝反封建的斗争提升到一个新的水平线上了。

第二，五四运动是一次真正的群众运动。

如果说，辛亥革命的根本弱点之一，是没有广泛地动员和组织群众，那么，五四运动本身就是一场群众性的革命运动。

第三，五四运动促进了马克思主义在中国的传播及其与中国工人运动的结合。

五四运动前，信仰马克思主义的，还只是李大钊这样个别的人物。马克思主义是在五四运动的推动下，才在中国传播开来的。

巴黎和会上中国的外交失败，有力地打破了人们对于资本主义列强的幻想。对于五四运动，瞿秋白当时就说："绝不能望文生义的去解释他。中国民族几十年受剥削，到今日才感受殖民地化的况味。帝国主义压迫的切骨的痛苦，触醒了空泛的民主主义的噩梦。学生运动的引子，山东问题，本来就包括在这里。工业先进国的现代问题是资本主义，在殖民地上就是帝国主义，所以学生运动倏然一变而倾向于社会主义。"而在这些倾向于社会主义的知识分子中，一些人经过比较，开始在马克思主义的旗帜下集合起来。

在五四运动中，工人阶级显示了伟大的力量。工人在斗争中发挥决定性的作用这个事实，给予先进的知识分子以真切的教育。上海学生联合会在告同胞书中说，"学生罢课半月，政府不惟不理，且对待日益严厉"，"工界罢工不及五日，而曹、章、陆去"。正如邓中夏所说："'五四'运动中有一部分学生领袖，就是从这里出发'往民间去'，跑到工人中去办工人学校，去办工会。"那些接触了社会主义思潮、初步掌握了马克思主义的知识分子脱下学生装，穿上粗布衣，开始到工人中去进行宣传工作和组织工作。他们发挥了某种先锋和桥梁的作用。而先进知识分子与工人群众相结合的过程，也就是马克思主义与中国工人运动相结合的过程。这样，五四运动就为1921年中国共产党的成立作了思想上和干部上的准备。

正因为五四运动具备了上述新的历史特点，它也就成了中国革命的新阶段即新民主主义革命阶段的开端。

第二节　马克思主义进一步传播与中国共产党诞生

一、中国早期马克思主义思想运动

早期马克思主义者的队伍　五四运动以后，社会主义思潮在中国蓬勃兴起，马克思主义开始在知识界中得到传播。

在李大钊等的影响和当时形势的推动下，一批爱国的进步青年，尤其是那些具有初步共产主义思想的知识分子，经过各自的摸索，逐步划清了资产阶级民主主义和无产阶级社会主义、科学社会主义和其他社会主义流派的界限，走上了马克思主义的道路。

中国早期信仰马克思主义的人物，主要有三种类型：

首先，是五四以前的新文化运动的精神领袖。其代表除李大钊以外，就是陈独秀。

1919年中国在巴黎和会上的外交失败给陈独秀上了严峻的一课，促使他开始对资本主义采取批判的态度。1920年9月，他发表《谈政治》一文，指出由少数资本家所把持的共和政治为社会主义所代替"乃不可逃的运命"，公开宣布，"我承认用革命的手段建设劳动阶级（即生产阶级）的国家，创造那禁止对内对外一切掠夺的政治、法律，为现代社会的第一需要"。这表明，他站到马克思主义的旗帜下来了。

其次，是五四爱国运动的左翼骨干。其代表为毛泽东等。

毛泽东是湖南学生运动的领导人之一。他说："我第二次到北京期间，读了许多关于俄国情况的书。我热心地搜寻那时候能找到的为数不多的用中文写的共产主义书籍。有三本书特别深地铭刻在我的心中，建立起我对马克思主义的信仰。"这三本书是：《共产党宣言》

（马克思、恩格斯著）、《阶级斗争》（考茨基著）和《社会主义史》（柯卡普著）。"1920年冬天，我第一次在政治上把工人们组织起来了，在这项工作中我开始受到马克思主义理论和俄国革命历史的影响的指引。"

广东的杨匏安早年留学日本，受到社会主义思潮的影响。1919年11月、12月，他发表《马克思主义》（一称《科学的社会主义》）一文，对马克思主义的基本内容，包括唯物史观、剩余价值理论和阶级斗争学说等，作了比较确切的阐述。它的发表几乎与李大钊的《我的马克思主义观》同时，可以说是该文的姊妹篇。

湖南的蔡和森于五四运动后赴法勤工俭学。他在1920年8月致书毛泽东："我近对各种主义综合审谛，觉社会主义真为改造现世界对症之方，中国也不能外此。"他"猛看猛译"马克思主义书籍，供自己和他人阅读，成了中国留法学生中的马克思主义者。

天津学生领袖周恩来说，自己到欧洲以后，"对于一切主义开始推求比较"，到1921年秋，终于"定妥了我的目标"即共产主义。他表示，"我认的主义一定是不变了，并且很坚决地要为他宣传奔走"。

再次，是一部分原中国同盟会会员、辛亥革命时期的活动家。其代表为董必武等。

董必武回忆说，"我们过去和孙中山一起搞革命"，"革命发展了，孙中山掌握不住，结果叫别人搞去了"。读了许多关于十月革命的书籍后，才"逐渐了解俄国革命中列宁党的宗旨和工作方法与孙中山先生革命的宗旨和工作方法迥然不同"，于是就开始"想俄国与中国问题，开始谈马克思主义"。吴玉章、林伯渠等也有类似的思想经历。

中国早期马克思主义者的队伍，主要是由以上三种人组成的。其中李大钊、陈独秀属于先驱者和擎旗人，毛泽东等五四运动的左翼骨干则是其主体部分。

早期马克思主义思想运动的特点　为适应中国社会发展和革命发

展的需要，早期马克思主义者在中国掀起了一场研究、传播马克思主义的思想运动。这个运动一开始就具有以下几个特点：

第一，重视对马克思主义基本理论的学习，明确地同第二国际的社会民主主义划清界限。

当时，中国的先进分子对马克思主义的了解尽管还不深入，但他们对当时能找到的马克思主义著作进行了认真的学习，并且对它的各个组成部分及其相互关联获得了基本正确的理解。

在当时的国际共产主义运动中，存在着马克思主义与社会民主主义、修正主义的严重对立。中国的先进分子对于社会民主主义、修正主义采取了明确的批判态度。陈独秀说，马克思修正派的学说"是我大不赞成的"，"像这样与虎谋皮为虎所噬还要来替虎噬人的方法，我们应该当作前车之鉴"。毛泽东说，"社会民主主义，借议会为改造工具，但事实上议会的立法总是保护有产阶级的"。蔡和森也表示，自己对修正派社会主义"一律排斥批评，不留余地"。

这说明，中国的马克思主义思想运动一开始就坚持了马克思主义的革命原则和正确方向。

第二，注意从中国的实际出发，学习、运用马克思主义理论。

中国的先进分子一旦学得马克思主义，就主张运用它去研究和解决中国面临的实际问题。

李大钊在《我的马克思主义观》一文中，一方面肯定这个理论"为世界改造原动的学说"，具有普遍意义；另一方面又认为，"马氏的学说，实在是一个时代的产物"，我们不可以不考虑我们的环境，"就那样整个拿来，应用于我们生存的社会"。在《再论问题与主义》一文中，他指出，"一个社会主义者，为使他的主义在世界上发生一些影响，必须要研究怎样可把他的理想尽量应用于环绕着他的实境"。当人们以一种理论"作工具，用以为实际的运动"时，这种理论"会因时、因所、因事的性质情形生一种适应环境的变化"，即在运用中得到发展。他并且指出，社会主义的理想，"因各地、各时之情形不同，务求其适合者行之，遂发生共性与特性结合的一种新制度（共性是普遍者，特性是随时随地不同者），故中国将来发生之时，必与英、德、俄……有异"。

这说明，中国早期的马克思主义者已经在实际上初步形成了马克思主义应当与中国实际相结合的思想，尽管当时还没有这样明确地提出这个命题。

第三，开始提出知识分子应当同劳动群众相结合的思想。

李大钊指出，"我们很盼望知识阶级作民众的先驱，民众作知识阶级的后盾"。知识阶级的意义，就是忠于民众、作民众的先驱者。他不仅重视工人，号召"把三五文人的运动"变成"劳工阶级的运动"，而且还重视农民，号召先进的知识分子去做"开发农村的事"。他主张知识分子"向农村去""到民间去"。正是在他的指引下，北京大学的邓中夏等开始到工人中去进行活动。

尽管当时到工人中去的知识分子为数不多，但这毕竟是一个重要的开端，它预示着先进的知识分子应当遵循的新方向和应当走的新道路。

新文化运动的发展　中国的先进分子在接受马克思主义之后，并没有抛弃而是继承了五四运动的科学和民主的精神，并赋予它们以新的含义，使它们在更高的层次上得到了发扬。民主不再指狭隘的资产阶级民主，而是指多数人的民主、以劳动群众为主体的民主。他们强调，必须铲除少数人的特权，改变"大多数的无产劳动者困苦不自由"这种"不合乎'德谟克拉西'的状况"。科学，除自然科学外，就对社会的研究来说，主要是指马克思主义的科学世界观和社会革命论了。

马克思主义的传播，并没有中断或取消五四运动以前开始的反封建的思想启蒙工作。中国的先进分子以唯物史观为武器，从反对封建思想入手，进而提出必须反对产生封建思想的社会制度；把反封建思想的斗争的立足点，从争取个人的个性解放，扩展到争取人民群众的社会解放的高度；把反封建的斗争方式，从少数人进行的思想批判，逐步地发展为人民群众的革命实践。他们在很大程度上克服了以往启蒙者的弱点，把反封建的启蒙运动有力地推向了前进。

如果说，五四以前的新文化运动主要是资产阶级民主主义的新文化反对封建主义的旧文化的斗争，那么，五四以后的新文化运动已经发展到了一个新阶段，马克思主义开始逐步地在思想文化领域中发挥指导作用了。

中国的先进分子选择了马克思主义，这是具有伟大历史意义的事件。毛泽东指出："自从中国人学会了马克思列宁主义以后，中国人在精神上就由被动转入主动。从这时起，近代世界历史上那种看不起中国人，看不起中国文化的时代应当完结了。"

二、马克思主义与中国工人运动的结合

中国共产党的早期组织　　随着中国工人阶级开始作为独立的政治力量登上历史舞台和马克思主义在中国逐步传播，建立一个以马克思主义理论为指导的工人阶级政党的任务被提上了日程。

在工人阶级政党产生以前，中国国民党及其前身在中国革命中起领导作用。辛亥革命以后，许多原先的革命党人有的消极退隐，有的甚至蜕变为军阀、官僚、政客。五四运动时，国民党并没站在群众运动的前列。蔡和森感叹说，这个趋势很可以说明国民党已"不能领导革命了，客观的革命势力发展已超过它的主观力量了"。成立新的政党来领导中国革命，成了近代中国社会发展和革命发展的客观要求。

1920年1月，有人在报刊上发表《劳动团体与政党》一文，呼吁"劳动团体应自己起来做一个大政党"。

同年4月，经共产国际批准，俄共（布）远东局派维经斯基来

华。他先后在北京、上海会见李大钊、陈独秀等,介绍苏俄和俄共情况,并说中国可以组织共产党。这对中国共产党的创建起了一定的促进作用。

中国工人阶级政党最早的组织,是在中国工人阶级最密集的中心城市上海建立的。时间约在 1920 年 8 月,参加者有陈独秀、李汉俊、李达等。首次会议决定,推陈独秀为书记,并函约各地社会主义分子组织支部。11 月,创办《共产党》(月刊)。这标志着共产党和共产主义的旗帜在中国大地上树立起来了。

同年 10 月,李大钊、张国焘等在北京成立共产党的早期组织;11 月,将其定名为中国共产党北京支部,李大钊任书记。从 1920 年秋至 1921 年春,董必武、陈潭秋、包惠僧等在武汉,毛泽东、何叔衡等在长沙,王尽美、邓恩铭等在济南,谭平山、谭植棠等在广州,都成立了共产党的早期组织。在日本、法国留学的中国先进分子,也成立了这样的组织。

在建党过程中,陈独秀起着重要的作用。他在上海创建的共产党早期组织,实际上是中国共产党的发起组,是各地共产主义者进行建党活动的联络中心。

中国共产党早期组织的活动 中国共产党早期组织成立以后,着重进行了以下几方面的工作:

第一,研究和宣传马克思主义。

共产党早期组织的成员开始着重从马克思、恩格斯的原著来学习马克思主义,同时也开始学习列宁的著作。他们在《新青年》杂志(此时成了上海党的早期组织的机关刊物)、《共产党》(月刊)以及《民国日报》等报刊上发表文章,宣传马克思主义和俄国革命的经验。

上海、北京的共产党早期组织还积极进行马克思主义著作的译介工作。1920 年 8 月,陈望道翻译的《共产党宣言》中文全译本公开出版。同月,恩格斯的《科学的社会主义》中译本也公开出版。之后,还陆续出版了若干种介绍马克思主义的著作，如《马克思资本论入门》《唯物史观解说》等。

为了扩大马克思主义的思想阵地，共产党早期组织的成员同反马克思主义的思想流派进行了斗争。

还在共产党早期组织成立之前，针对胡适提出的"多研究些问题，少谈些'主义'"的主张，李大钊在1919年8月发表《再论问题与主义》一文，针对当时中国的现实指出，仅仅依靠"一点一滴的改良"是不行的，社会问题"必须有一个根本解决，才有把一个一个的具体问题都解决了的希望"。

1920年底，张东荪、梁启超挑起关于社会主义的论战。他们口头上声称"资本主义必倒而社会主义必兴"，同时却强调中国产业落后，"真的劳农革命决不会发生"，因此也不具备成立工人阶级政党的条件。他们认为，中国的主要问题是穷，解决的办法是依靠"绅商阶级"来振兴实业，发展资本主义。

共产党早期组织的成员同样主张振兴实业，但指出从当时的国际环境和国内社会情况来说，在中国独立发展资本主义是不可能的。"中国人民在世界经济上的地位，已立在这劳工运动日盛一日的风潮中，想行保护资本家的制度，无论理所不可，抑且势所不能。"他们还指出，中国无产阶级不仅存在，而且受压迫极深，因此，"中国劳动者联合起来，组织革命团体"，是完全必要的和可能的。尽管当时还不懂得半殖民地半封建中国的革命第一步应是民主主义，第二步才能是社会主义，但他们从一开始就强调资本主义道路在中国走不通，中国的出路只能是社会主义，主张中国必须建立工人阶级政党来领导中国人民进行革命，这是完全正确的。

在这个时期，共产党早期组织的成员还同黄凌霜、区声白等无政府主义者进行了论战。

无政府主义从极端个人主义出发，鼓吹个人的绝对自由，反对一切权威、一切国家包括无产阶级专政的国家,反对任何组织纪律,主张绝对平均主义等。这种小资产阶级的社会主义,迎合了那些不满社会现实、陷于破产境遇的小生产者和在政治上感到绝望的小资产阶级知识分子的情绪,一度在当时流行的社会主义思潮中占据了优势地位。

马克思主义者指出,必须用革命手段夺取政权,建立无产阶级专政,才能保护劳动者的利益,最终消灭阶级和阶级差别,从而使国家消亡;主张个人绝对自由,会使得工人阶级不能集中为强大的力量,从而有利于资产阶级瓦解工人运动;在社会生产力高度发达之前,要实行各尽所能、各取所需的原则,"社会的经济秩序就要弄糟了"。

同反马克思主义思潮进行的斗争,帮助一批倾向社会主义的进步分子划清了社会主义同资本主义的界限,科学社会主义同资产阶级、小资产阶级社会主义流派的界限,推动他们走上了马克思主义的道路。

第二,到工人中去进行宣传和组织工作。

共产党早期组织的成员认识到,组织共产党,"离开工界不行"。"我们都是知识分子出身,与工人阶级的距离很大。因此,首先应当同他们加强内部联系。"为此,他们提出了"请钻进工场去罢"的口号。

为了能在工人群众中有效地开展工作,一些先进的知识分子穿起工人的服装,学习工人的语言,从事工人的劳动,力求与工人打成一片。如上海党的早期组织的成员俞秀松改名换服,到厚生铁工厂做工。马克思主义思想运动成了知识分子与工人群众相结合的运动。

各地共产党的早期组织创办了一批专门供工人阅读的进行马克思主义启蒙教育的刊物。如上海有《劳动界》、北京有《劳动音》和《工人月刊》、济南有《济南劳动月刊》等。同时,还创办了各种形式的工人学校,其中影响最大的,是邓中夏在北京长辛店、李启汉在沪西小沙渡分别开办的劳动补习学校。开办学校,是党的早期组织对工人做工作的入手方法,借此以接近群众。

经过宣传教育,觉悟的工人有了组织起来的要求。1920 年 11 月,共产党早期组织领导的第一个工会——上海机器工会宣告成立。1921年五一国际劳动节，长辛店成立工人俱乐部（工会）。武汉、长沙、广州、济南等地的工人也相继成立工会。工会开始发动工人开展罢工斗争。工人的觉悟程度和组织程度在斗争中得到了进一步的提高。

第三，进行关于建党问题的讨论和实际组织工作。

1920年11月，党的发起组制定了《中国共产党宣言》，阐述共产主义者的理想、共产主义者的目的和阶级斗争的最近状态。这个宣言没有向外发表，不过以此作为收纳党员的标准。

各地的共产主义者对建党的有关问题展开了讨论。如蔡和森在给毛泽东的信中指出："我以为先要组织党——共产党。因为他是革命运动的发动者、宣传者、先锋队、作战部。"党必须"注重'无产阶级专政'与'国际色彩'两点"；必须坚持"以唯物史观为人生哲学社会哲学的出发点"；必须严密党的组织和纪律，"严格的物色确实党员"等。这些意见得到毛泽东的赞同。

在共产党早期组织的领导下，1920年11月，社会主义青年团在上海成立。其后，北京、天津、武汉、长沙等地也成立了团的组织。各地团组织通过引导青年学习马克思主义，参加实际斗争，为党造就了一批后备力量。

共产党早期组织成立后进行的这些活动，促进了马克思列宁主义的传播及其与中国工人运动的结合。在这个过程中，初步确立了共产主义信念的知识分子，其思想感情进一步转变到工人阶级方面来；同时，一部分工人由于受到马克思列宁主义的教育而提高了阶级觉悟。这样，就形成了一批工人阶级的先进分子。在中国创建工人阶级的先锋队中国共产党的条件基本具备了。

三、中国共产党的创建及其意义

中国共产党第一次全国代表大会　在中国工人运动与马克思列宁

主义初步结合的基础上，中国共产党第一次全国代表大会于1921年7月23日在上海法租界望志路106号举行。其间由于会场受到暗探注意和法租界巡捕房搜查，最后一天的会议改在嘉兴南湖的游船上举行。这条游船后来被称为"红船"。

参加大会的有12名代表，他们来自7个地方，代表50多名党员。他们是：李达、李汉俊（上海），张国焘、刘仁静（北京），毛泽东、何叔衡（长沙），董必武、陈潭秋（武汉），王尽美、邓恩铭（济南），陈公博（广州），周佛海（日本东京）。陈独秀、李大钊因分别在广州和北京有事，未出席会议。包惠僧受陈独秀派遣，出席了会议。出席会议的还有共产国际代表马林和尼科尔斯基。

大会确定党的名称为中国共产党。党的纲领是：以无产阶级革命军队推翻资产阶级，采用无产阶级专政以达到阶级斗争的目的——消灭阶级，废除资本私有制，以及联合第三国际等。

大会在讨论实际工作计划时，决定首先集中精力组织工人。鉴于当时的党"几乎完全由知识分子组成"，大会决定"要特别注意组织工人，以共产主义精神教育他们"。

大会选举产生了由陈独秀、张国焘、李达组成的党的领导机构——中央局，以陈独秀为书记。

中共一大正式宣告了中国共产党的成立。

差不多在同一时间或稍后，与党的上海发起组没有联系的一批先进分子也在独立地筹备建党。1921年夏，利群书社的成员在湖北黄冈开会，表示"赞成组织新式的党——波（布）尔什维克式的党，并提议把要组织的团体叫作'波社'"。当得知中国共产党成立的消息后，恽代英立即号召其成员加入中国共产党，并结束利群书社的活动。1922年夏，吴玉章、杨闇公等20余人在四川秘密成立中国青年共产党，并发行《赤心评论》。其后，中国青年共产党宣布自动取消，并令其成员个别地申请加入中国共产党。这些事实说明，建立马克思主义政党来领导中国革命，已成为中国最先进分子的共同要求。

中国共产党的诞生，是近现代中国历史发展的必然产物，是中国人民在救亡图存斗争中顽强求索的必然产物。

中国共产党成立的历史特点和意义　中国共产党是在特定的社会历史条件下成立的。

一方面，它成立于俄国十月革命取得胜利，第二国际社会民主主义、修正主义遭到破产之后。它所接受的，是没有被修正主义阉割的马克思主义的完整的科学世界观和社会革命论，是在帝国主义和无产阶级革命时代发展了的马克思主义即列宁主义，是在斗争中同资产阶级、小资产阶级社会主义划清了界限的科学社会主义。

另一方面，它是在半殖民地半封建中国的工人运动的基础上产生的。中国工人阶级身受帝国主义者、本国资产阶级和封建势力的三重压迫，具有坚强的革命性。在这个阶级中，不存在欧洲那种工人贵族阶层，没有社会改良主义的基础。而且在半殖民地的中国，工人阶级根本不可能进行和平的议会斗争，他们不可能对资产阶级民主制度抱有期望。

所以，中国共产党一开始就是一个以马克思列宁主义理论为基础的党，是一个区别于第二国际旧式社会改良党的新型工人阶级革命政党。

中国共产党的成立，是中华民族发展史上一个开天辟地的大事变。

中国人民从来就勤劳勇敢，富于斗争传统。他们的斗争之所以屡遭挫折和失败，重要原因之一，是由于没有一个先进的坚强的政党作为凝聚自己力量的领导核心。自从有了中国共产党，这种局面就开始从根本上改变了。

中国共产党一经成立，就把实现共产主义作为党的最高理想和最终目标，义无反顾肩负起实现中华民族伟大复兴的历史使命。中国人民由此踏上了争取民族独立、自身解放的光明的道路，开启了实现国家富强、人民富裕的历史征程。

中国共产党人的初心和使命，就是为中国人民谋幸福，为中华民族谋复兴。这个初心和使命是激励中国共产党人不断前进的根本动力。一代又一代中国共产党人不忘初心、牢记使命，弘扬建党时期的"红船精神"，即开天辟地、敢为人先的首创精神，坚定理想、百折不挠的奋斗精神，立党为公、忠诚为民的奉献精神，取得一个又一个胜利。

中国共产党的成立，深刻改变了近代以后中华民族发展的方向和进程，深刻改变了中国人民和中华民族的前途和命运，深刻改变了世界发展的趋势和格局。

中国共产主义运动的兴起，使得一切反动势力感到深深的恐慌。这个运动在萌芽时即被斥为"过激主义"，被视为"洪水猛兽"，而遭到中外反动派的联合压迫，以致中国共产党刚刚成立，就不得不处于秘密状态。在以后的一个长时间里，它不仅遭到御用文人的恶毒攻击、特务的残酷迫害，更受到反动军警的血腥镇压。但是，幼年的中国共产党还是迎着种种诬蔑和压迫，不可遏止地成长和发展了起来。当年，它只有几十个成员；28年以后，它就成为领导着中华人民共和国的执政党了。这个事实说明，代表历史前进方向的新生力量是不可战胜的。

在当时的中国，工人阶级人数不多，又比较年轻，许多工人不久前还是小生产者。在党内，出身于小资产阶级的党员占有相当大的数量。因此，新生的中国共产党不能不受到小资产阶级思想的严重影响。同时，它是在一个幅员辽阔、人口众多、情况复杂、经济文化落后的半殖民地半封建社会开始自己的活动的。因此，它要把马克思列宁主义同中国实际全面地、正确地结合起来，制定出适合中国情况的纲领、路线、方针和政策，不能不经历一个曲折的探索的过程，一个在党和人民集体奋斗的基础上逐步积累经验的过程。这些情况表明，中国共产党要胜利地担负起自己的历史使命，就必须切实地、不断地加强自身的建设。

第三节 中国革命的新局面

一、制定革命纲领，发动工农运动

制定反帝反封建的民主革命纲领　中国共产党一经成立，中国革命就展现了新的面貌。主要是：

第一，第一次提出了反帝反封建的民主革命的纲领，为中国人民指出了明确的斗争目标。

分清敌友，这是革命的首要问题。以往的斗争之所以成效甚少，一个重要的原因，就在于不能团结真正的朋友，以攻击真正的敌人。对于这个在长时间里没有得到解决的问题，中国共产党成立不久，就给予了一个基本的解决。

1922年7月召开的中国共产党第二次全国代表大会通过对中国社会经济政治状况的分析，明确地指出，加给中国人民"最大痛苦的是资本帝国主义和军阀官僚的封建势力"，因此，"反对这两种势力的民主主义的革命运动是极有意义的"。党的最高纲领是实现社会主义、共产主义。党在当前阶段的纲领应当是：打倒军阀；推翻国际帝国主义的压迫；统一中国为真正民主共和国。这是在半殖民地半封建社会的条件下，走向社会主义、共产主义不可逾越的一个阶段。

第二，开始采取民族资产阶级、小资产阶级的政党和政治派别没有采取过、也不可能采取的革命方法，即群众路线的方法。

是不是相信群众、依靠群众，这是关系革命成败的一个大问题。以往的斗争之所以成效甚少，一个重要的原因，就在于未能充分地发动群众。这种情况，在中国共产党成立之后不久，也有了一个根本的改变。

中共二大就指出："我们既然是为无产群众奋斗的政党，我们便要'到群众中去',要组成一个大的'群众党'。"这个党不仅"内部必须有适应于革命的组织与训练",而且"党的一切运动都必须深入到广大的群众里面去",都"必须是不离开群众的"。

发动工农群众开展革命斗争 在中国共产党的领导、组织、推动下,从 1922 年 1 月香港海员罢工到 1923 年 2 月京汉铁路工人罢工,中国掀起了第一个工人运动的高潮。在 13 个月的时间里,全国发生了包括安源路矿工人罢工、开滦五矿工人罢工等在内的大小罢工 100 余次,参加者在 30 万人以上。

中国共产党领导的工人斗争,显示了中国工人阶级的坚定的革命性和坚强的战斗力,扩大了中国共产党在全国的政治影响。孙中山正是从这个斗争中,认识到中国共产党是一支新兴的、生机勃勃的革命力量,因而下决心同它进行合作的。

通过领导工人的斗争,中国共产党密切了同工人阶级的联系,党的自身建设也由此得到了加强。在工人斗争中涌现出来的一批优秀人物,如苏兆征、史文彬、项英、邓培、王荷波等先后加入了党的队伍,后来成为重要的领导骨干。党在工矿企业的基层组织逐步建立起来。1924 年上半年,650 名党员中,工人党员占到 40%。次年 1 月,已占到 50% 以上。

在集中力量领导工人运动的同时,中国共产党也开始从事发动农民的工作。1921 年 9 月,经过共产党人的努力,浙江萧山县衙前村成立了中国第一个农民协会,开展反抗地主压迫的斗争。1922 年 6 月,彭湃来到家乡广东海丰县赤山约,经过艰苦的工作,成立了农会。次年元旦,召开海丰全县农民代表大会,海丰总农会宣告成立,全县范围的农民运动轰轰烈烈地开展了起来。这种新式的农民运动,在中国共产党成立之前也是不曾有过的。

二、实行国共合作,掀起大革命高潮

国共合作的形成 1923 年 2 月 7 日京汉铁路罢工遭到北洋政府的

血腥镇压之后，中国工人运动暂时转入了低潮。中国共产党由此认识到，中国无产阶级虽是一个最有觉悟性和最有组织性的阶级，但是如果单凭自己一个阶级的力量，是不能取得胜利的。而要胜利，他们就必须在各种不同的情形下团结一切可能团结的革命的阶级和阶层，组织革命的统一战线。所以在二七惨案之后，中国共产党决定采取更为积极的步骤去联合孙中山领导的中国国民党。

孙中山领导的国民党大体是代表民族资产阶级和城市小资产阶级的政党。尽管这个党在几经挫折后，并没有多少实力，并且成分复杂，严重地脱离群众，但是，中国共产党认为，"中国现存的各政党，只有国民党，比较是革命的民主派"，因此首先应当争取同国民党进行合作。

关于合作的方式，1922年7月中共二大提出，先行邀请国民党召开代表会议，经协商后，在全国各城市集合各革新团体，组织民主主义大同盟，即实行"党外合作"。而实行"党内合作"，即共产党员、青年团员以个人身份加入国民党，把国民党改组成为工人阶级、农民阶级、城市小资产阶级和民族资产阶级的联盟的主张，是共产国际驻中国的代表马林提出来的。同年8月在杭州召开的会议上，中共中央多数领导人开始并不赞成这种做法，但马林说服了到会的人。1923年6月召开的中国共产党第三次全国代表大会，就国共合作的方针和办法作出了正式的决定。

孙中山在俄国十月革命和五四运动的影响下，在苏俄、共产国际和中国共产党的帮助下，在晚年实现了伟大的思想转变。他把中国共产党人当成亲密朋友，欢迎共产党人同他合作，欢迎苏联援助中国革命，毅然改组国民党，实行联俄、联共、扶助农工三大政策。

1924年1月，中国国民党第一次全国代表大会在孙中山主持下在广州举行。大会通过的宣言对三民主义作出了新的解释：在民族主义中突出了反帝的内容，强调对外实行中华民族的独立，同时主张国内各民族一律平等；在民权主义中强调了民主权利应"为一般平民所共有"，不应为"少数人所得而私"；把民生主义概括为"平均地权"和"节制资本"两大原则（后来又提出了"耕者有其田"的主张），并提出要改善工农的生活状况。这个新三民主义的政纲同中共在民主革命阶段的纲领基本一致，因而成为国共合作的政治基础。孙中山在大会上说："现在是拿出鲜明反帝国主义的革命纲领，来唤起民众为中国的自由独立而奋斗的时代了！"大会实际上确定了联俄、联共、扶助农工三大革命政策。这样，国民党一大的成功召开，就标志着第一次国共合作的正式形成。

大革命的准备与进行　国共合作的形成，加快了中国革命前进的步伐。1924年，工人运动开始复兴，农民运动也有了初步开展。国共合作创办了黄埔陆军军官学校，为未来的革命战争准备了军事力量的骨干。

1925年5月，以五卅运动为起点，掀起了全国范围的大革命高潮。在此基础上，进行了胜利的广东战争，征讨地方军阀陈炯明、邓本殷，统一并巩固了广东革命根据地。同年7月1日，国民政府在广州建立。随后，将黄埔军校校军和驻广东的粤军、湘军、滇军先后改编为国民革命军6个军，共8.5万人。全国人民痛恨北洋军阀的黑暗统治，越来越把希望寄托在设在广州的国民政府方面。

当时，北洋军阀统治着全国大部分地区。直系军阀吴佩孚控制着湖南、湖北、河南三省和直隶（河北）保定一带，约有兵力20万人；由直系分立出来的孙传芳盘踞在江苏、浙江、安徽、江西、福建五省，约有兵力20万人；奉系军阀张作霖控制着东北三省、热河、察哈尔、京津地区和山东，有兵力30多万人。他们与南方的国民政府相对立，同时彼此之间不断地明争暗斗。

1926年7月，以推翻北洋军阀统治为目标的北伐战争开始。国民革命军在工农群众的支援下，采取各个击破的战略，在不到半年的时间里，基本上摧毁了北洋军阀吴佩孚、孙传芳的主力，革命势力发展到了长江流域和黄河流域的大部分地区。"打倒列强，除军阀"的歌声响彻了大江南北、大河上下。随着北伐的胜利进军，中国形成了历史上空前广大的人民解放运动。以湖南为中心，广大农村掀起了大革命的风暴；工人运动迅速走向高涨；国民政府进行了收回汉口、九江的英租界的斗争；上海工人更举行了三次武装起义。帝国主义、封建主义的统治受到严重的打击。

1925年至1927年中国反帝反封建的革命，比之以往任何一次革命，包括辛亥革命和五四运动，群众的动员程度更为广泛，斗争的规模更加宏伟，革命的社会内涵更其深刻，因此被称作大革命。

大革命中的中国共产党 大革命是在国共合作的条件下进行的，没有国共合作，不会在短时间内掀起这样一场革命。在这场革命中，中国共产党起着独特的、不可代替的作用。没有中国共产党，不会有这场大革命。这是因为：

大革命是在反对帝国主义、反对军阀的政治口号下进行的。而提出这个口号的，正是中国共产党。

大革命是在以国共合作为基础的统一战线的组织形式下进行的。而中国共产党正是国共合作的倡导者和统一战线的组织者。周恩来说："当时，国民党不但思想上依靠我们，复活和发展他的三民主义，而且组织上也依靠我们，在各省普遍建立党部，发展组织。""当时各省国民党的主要负责人大都是我们的同志。""是我们党把革命青年吸引到国民党中，是我们党使国民党与工农发生关系。国民党左派在各地的国民党组织中都占优势。国民党组织得到最大发展的地方，就是左派最占优势的地方，也是共产党员最多的地方。"

大革命是近代中国历史上空前广泛而深刻的群众运动。而中国共产党正是人民群众的主要发动者和组织者。经过共产党人的深入细致的工作，一向被视为一盘散沙的中国人民的力量逐步地组织起来、凝聚起来。1927年4月中共召开五大时，它领导下的工会共拥有280万会员，产业工人基本上组织起来了。农会则拥有972万会员，由于一个农户一般为五口之家，而入会时只写一个人的名字，所以农会联合的农民实际上达数千万之众。这就为国民革命的发展、广东战争和北伐战争的胜利奠定了群众基础。

大革命的主要斗争形式是革命战争。共产党人不仅帮助和推动了国民革命军的建立，而且在军队中进行了卓有成效的政治工作，积极提高国民革命军的素质，增强它的凝聚力和战斗力；共产党员在战斗中更是身先士卒，起着先锋作用和表率作用。由共产党直接领导的、共产党员叶挺任团长的第四军独立团，是一个突出的例证。独立团在北伐中战功卓著，使第四军赢得了"铁军"的称号。此外，共产党人还建立了一定数量的工农武装（工人纠察队、农民自卫军等），配合正规军作战，而上海工人的起义武装更是充当了解放上海的主力。

中国共产党对于大革命所作的独特的、重大的贡献，是当时人们所公认的。

大革命的意义、失败原因和教训　北洋军阀势力的迅速崩溃，使帝国主义列强感到震惊。它们在中国集结兵力、制造事端，企图以武力相威胁，阻挡中国革命前进的步伐；同时开始把当时任国民革命军总司令的蒋介石看作国民党内的"稳健派"，进行拉拢。周恩来说过，蒋介石"虽曾组织黄埔军校，指挥北伐，但他的军阀思想和投机思想却与他'参加'革命相随而来"。在大革命初期，他"起了一般资产阶级代表人物的作用"。1926年3月，他制造了中山舰事件，打击共产党和工农的力量。他的立场就转到了"大地主大资产阶级方面，变为新右派"。

1927年3月国民革命军占领南京后，游弋在长江江面的英、美军舰借口保护侨民，猛烈炮轰南京，使中国军民遭到重大伤亡。南京事件加速了蒋介石同帝国主义势力勾结的步伐。4月12日，蒋介石在上海发动反共政变，以"清党"为名，在东南各省大规模捕杀共产党员和革命群众。同年7月15日，当时任武汉国民政府主席的汪精卫在武汉召开"分共"会议，并在其辖区内对共产党员和革命群众实行搜捕和屠杀。国共合作全面破裂，大革命最终失败。

大革命失败的原因，从客观方面来讲，是由于反革命力量的强大，是由于资产阶级发生严重的动摇、统一战线出现剧烈的分化，是由于蒋介石集团、汪精卫集团先后被帝国主义势力和地主阶级、买办资产阶级拉进反革命营垒里去了。从主观方面来说，是由于中国共产党的中央领导机关在大革命的后期犯了以陈独秀为代表的右倾机会主义的错误，放弃了无产阶级对于农民群众、城市小资产阶级和民族资产阶级的领导权，尤其是武装力量的领导权，使大革命遭到了失败。当时的中国共产党还处在幼年时期，没有经验，缺乏对中国社会和中国革命基本问题的深刻认识，还不善于将马克思列宁主义的基本原理和中国革命的实践结合起来。所以，右倾机会主义在大革命后期才在中共中央领导机关中占据了统治地位。

1922年7月，中共二大决定加入共产国际。作为共产国际的一个支部，它当时直接受共产国际的领导。共产国际及其在中国的代表虽然对这次大革命起了积极的作用，所出的主意有些是正确的，但由于并不真正了解中国的情况，也出了一些错误的主意。幼年的中国共产党还难以摆脱共产国际的那些错误的指导思想。这对酿成陈独秀右倾机会主义错误有直接影响。

大革命虽然失败了，它的历史意义仍然是不可磨灭的。这场失败了的革命，实际上是未来胜利的革命的一次伟大的演习。因为正是在这个时期，中国共产党人进行了轰轰烈烈的革命工作，领导了全国反帝反封建的伟大斗争，在中国革命史上写下了光荣的一页，同时开始探索马克思主义中国化的途径，初步提出了无产阶级领导的、人民大众的、反帝反封建的新民主主义革命的基本思想，并且从大革命的失败中汲取了严重的历史教训,开始懂得进行土地革命和掌握革命武装的重要性。正是由于经历了这场大革命,中国人民的觉悟程度和组织程度有了明显的提高,中国共产党开始掌握了一部分革命武装。所有这些,为把中国革命推进到一个新的阶段——土地革命战争阶段准备了必要的条件。

☐ 学习思考

1. 中国的先进分子为什么和怎样选择了马克思主义?
2. 为什么说中国共产党的成立是"开天辟地的大事变"?
3. 什么是中国共产党人的初心和使命?为什么必须"不忘初心,牢记使命"?
4. 中国共产党成立后,中国革命呈现了哪些新面貌?

☐ 必读文献

1. 李大钊:《我的马克思主义观》(上)(1919年9月)
2. 《中国共产党第一次代表大会》(1921年下半年)
3. 习近平:《弘扬"红船精神" 走在时代前列》(2005年6月21日)

☐ 延伸阅读文献

1. 陈独秀:《敬告青年》(1915年9月)
2. 《中国共产党第二次全国代表大会宣言》(1922年7月)
3. 《中国国民党第一次全国代表大会宣言》(1924年1月)

第五章
中国革命的新道路

第一节 对革命新道路的艰苦探索

一、国民党在全国统治的建立

1927年七一五政变以后，一段时间内，国民党的南京国民政府和武汉国民政府仍然互相对峙。经过几番周折，实现了宁、汉合流。在此基础上，1928年2月，南京国民政府改组。武汉国民政府不复存在。其后，国民党政府的军队继续北伐，于6月进驻北京、天津一带。奉系首领张作霖在退回关外途中，被日本人预埋的炸药炸死。其子张学良于同年12月29日从东北发出通告，宣布"遵守三民主义，服从国民政府，改易旗帜"。北洋军阀不再作为独立的政治力量继续存在。这样，国民党就在全国范围内建立了自己的统治。

在1927年大革命失败以后，国民党已经不再是工人、农民、城市小资产阶级和民族资产阶级的革命联盟，而是变成了一个由代表地主阶级、买办性的大资产阶级利益的反动集团所控制的政党。不过，国民党是一个复杂的政党。它虽然被这个反动集团所控制、所领导，但有一部分领导人物不属于这个集团，而且受到这个集团的打击、排挤和歧视；它的不少党员、干部并不满意甚至反对这个集团的领导；在国民党及其统治的军政机关里，都有不少民主分子。就是这个反动集团本身，也不是严密的统一体，而是派系林立，不断进行着明争暗斗，直到兵戎相见。它的"统一"是表面的和不稳定的。即使在蒋介石集团确立了在国民党内的主导地位之后，这个集团内部以及这个集团与其他集团尤其是与地方实力派之间，也仍然矛盾重重，冲突不断。

国民党政府的统治依然是地主阶级和买办性的大资产阶级的统治，同北洋军阀的统治没有本质的区别。但是，由于国民党曾经是旧民主主义革命的一面旗帜和大革命时期统一战线的组织形式，由于帝国主义列强一度对它作出过一两项表面上的让步（如承认中国关税自主、允诺取消领事裁判权），一时使人认为它仍在维护民族权利；由于它在形式上暂时地统一了中国，因此，这个政权曾经在一个时期之内，使一些人尤其是民族工商业者产生过幻想，以为中国可能由此走上独立发展资本主义的道路。

在1928年至1929年间，中国民族工业有过短暂的繁荣。1928年注册厂家就有250户，资本额达1.1784亿元。商业、交通运输业、服务业以至文化教育事业等也在这段时间内有所发展。不过，在1927年反革命政变时附和过蒋介石的民族资产阶级，并没有成为中国的统治阶级，民族工商业也并没有得到自由的发展。所以，不久以后，这个阶级中的一部分因为自己的利益，开始逐步形成蒋介石政权下的在野反对派。他们对这个政权表示不满，但又反对无产阶级领导的人民革命。他们发起了一个改良主义运动，想另找一条有利于中国发展资本主义的道路。

国民党所实行的是代表地主阶级、买办性的大资产阶级利益的一党专政和军事独裁统治。1928年10月，国民党中央常务委员会通过《训政纲领》，规定"由中国国民党全国代表大会代表国民大会，领导国民行使政权"；其全国代表大会闭会时，"以政权付托中国国民党中央执行委员会执行之"；指导监督国民政府重大国务之施行，由中国国民党中央以"政治会议行之"。这样，北洋政府时期还在形式上存在的议会制度也被彻底废除了。

国民党政府是怎样实行一党专政的军事独裁统治的呢？

首先，为了镇压人民和消灭异己力量，国民党建立了庞大的军队。据1929年3月的官方材料，"全国军额达二百万"。实际兵员数远不止此。国民党还大力加强地方反动武装。各县民团统称保安队。广大人民被置于国民党武装的严密控制和监视之下。

其次，为了镇压人民和消灭异己力量，国民党建立了庞大的全国性特务系统。如隶属于国民党中央组织部的调查统计局（简称"中统"）和隶属于国民党军事委员会的调查统计局（简称"军统"），其主要任务就是反对共产党，破坏革命运动，绑架或暗杀革命者和异己分子。1935年11月，平津十校学生自治会发表宣言揭露：国民党在南京"奠都以来，青年之遭杀戮者，报纸记载至三十万人之多，而失踪监禁者更不可胜计。杀之不快，更施以活埋；禁之不足，复加以毒刑。地狱现形，人间何世？"

再次，为了控制人民，禁止革命活动，国民党大力推行保甲制度，规定十户为甲，十甲为保，分设甲长、保长。保甲内各户要互相监视、互相告发，"共具联保连坐切结"，并从事"碉楼堡寨或其他工事之筹设"和交通干线之"保护"等；国民党政府的征税、摊派等，许多也通过保甲来进行。自1934年12月起，保甲制度在全国普遍推行。广大人民被禁锢在保甲制度之内。

最后，为了控制舆论，剥夺人民的言论和出版自由，国民党还厉行文化专制主义。大批进步书刊被查禁，许多进步作家被监视、拘捕乃至枪杀。

国民党政府主要就是通过这些方法，来维护帝国主义、封建主义、官僚资本主义的利益，巩固自身统治的。

正因为如此，中国人民要争得民族独立和自身解放，就必须同这个反动统治作坚决的斗争。伟大的爱国者宋庆龄在当时说过：只有以群众为基础并为群众服务的革命，才能粉碎军阀、政客的权力，才能摆脱帝国主义的枷锁,才能真正实行社会主义。

二、土地革命战争的兴起

大革命失败后的艰难环境　在国民党的统治下,中国社会的半殖民地半封建性质没有改变。白色恐怖笼罩着全国城乡。中国革命转入低潮。中国共产党遇到了前所未有的困难。

国民党统治集团将捕杀的罗网张遍了全中国。中国共产党及其领导的革命运动遭到严厉镇压。共产党被宣布为"非法",加入共产党成为最大的"犯罪",共产党的组织不断遭到破坏,党的活动被迫转入地下,许多共产党员和党的领导干部被捕、被杀。据中共六大时的不完全统计:从1927年3月到1928年上半年,被杀害的共产党员和革命群众达31万多人,其中共产党员26 000多人。汪寿华、萧楚女、熊雄、陈延年、赵世炎、夏明翰、郭亮、罗亦农、向警予、陈乔年、周文雍等党的重要活动家先后牺牲。在白色恐怖统治下,一些不坚定分子动摇了,他们纷纷声明脱离共产党、共青团;有的甚至公开"忏悔",攻击共产主义和共产党,出卖党的组织和共产党员。据1927年11月统计,全党党员人数由1927年5月中共五大时的57 900多人锐减到10 000多人。革命的工会、农民协会等也到处被查禁或解散,工农运动走向低落。反革命力量大大超过了有组织的革命力量。

敢不敢坚持革命?怎样坚持革命?这是中国共产党人和革命群众必须回答的两个根本性的问题。

在严峻的考验面前,中国共产党人表现了坚定的革命立场和大无畏的英雄气概。他们并没有被吓倒、被征服、被杀绝。他们从地下爬起来,揩干净身上的血迹,掩埋好同伴的尸首,又继续投入战斗了。一些追求进步、向往真理的人士,在革命的危急时刻加入了共产党的队伍。年逾半百的教育家徐特立,文学家郭沫若,在国民革命军中担任过领导职务的贺龙、彭德怀等,都在这时加入了中国共产党。受尽压迫的工农群众，重新在中国共产党的周围逐步聚集起来。在黑暗的中国，中国共产党独立高举起反帝反封建的革命旗帜。

但是，怎样坚持革命，即坚持革命应当走什么道路？为了回答这个问题，中国共产党人开始了长时间的艰苦的探索。

开展武装反抗国民党反动统治的斗争　在革命的危急关头，1927年7月中旬，中共中央临时政治局常委会决定了三件大事：将党所掌握和影响的部队向南昌集中，准备起义；组织湘、鄂、赣、粤四省的农民，在秋收季节举行暴动；召集中央会议，讨论和决定新时期的方针和政策。同年8月7日，中共中央在汉口秘密召开紧急会议（即八七会议），彻底清算了大革命后期的陈独秀右倾机会主义错误，确定了土地革命和武装反抗国民党反动统治的总方针，并选出了以瞿秋白为首的中央临时政治局。毛泽东在会上着重阐述了党必须依靠农民和掌握枪杆子的思想，强调党"以后要非常注意军事，须知政权是由枪杆子中取得的"。会议还提出了"整顿改编自己的队伍，纠正过去严重的错误，而找着新的道路"的任务。八七会议使中国共产党在政治上大大前进了一步，开始了从大革命失败到土地革命战争兴起的转折。

1927年8月1日，以周恩来为书记的前敌委员会及贺龙、叶挺、朱德、刘伯承等人，率领共产党掌握或影响下的北伐军2万多人在南昌举行起义，打响了武装反抗国民党反动统治的第一枪。这是中国共产党独立领导革命战争、创建人民军队和武装夺取政权的开端。9月9日，毛泽东等领导的湘赣边界秋收起义爆发。起义军公开打出了"工农革命军"的旗帜；在攻打长沙的计划受挫后，起义部队决定南下，向敌人控制比较薄弱的农村区域转移，并于10月7日抵达江西省宁冈县茅坪，开始了创建井冈山农村革命根据地的斗争。12月11日，中共广东省委书记张太雷和叶挺、叶剑英等领导了广州起义，对国民党的屠杀政策发动了又一次英勇的反击。从1927年大革命失败到1928年初，中国共产党还先后在海陆丰、琼崖、鄂豫边、赣西南、赣东北、湘南、湘鄂西、闽西、陕西等地区领导了近百次武装起义。

总之，革命失败，得了惨痛的教训，于是有了南昌起义、秋收起义和广州起义，进入了创造红军的新时期，开启了中国革命新纪元。中国革命由此发展到了一个新的阶段，即土地革命战争时期，或称十年内战时期。蒋介石是靠国共合作、北伐战争上台的。但是，他上了台，反而把人民推入了十年内战的血海。正是他的屠杀政策教育了中国共产党人和革命人民，促使他们拿起武器去进行战斗。毛泽东就讲过："我是一个知识分子，当一个小学教员，也没学过军事，怎么知道打仗呢？就是由于国民党搞白色恐怖，把工会、农会都打掉了，把五万共产党员杀了一大批，抓了一大批，我们才拿起枪来，上山打游击。"中国共产党为了坚持反帝反封建的事业而领导人民进行土地革命战争，是必要的、正义的、进步的。

三、走农村包围城市、武装夺取政权的道路

对中国革命新道路的探索　　为了坚持中国革命，在当时的条件下，必须进行武装斗争。但是，中国共产党领导的武装斗争的主攻方向究竟是应当指向城市，还是指向农村呢？这个问题，只有遵循马克思列宁主义与中国实际相结合的原则，依靠实践经验的积累，才能予以回答。

从国际共产主义运动的历史来看，无论中外，都找不到农村包围城市的经验。革命工作应当以城市为中心，这是一个时期内全党的共同认识。中共中央继续留在上海，党的工作重心仍然放在中心城市。但是，所有以占领中心城市为目标的起义很快就失败了。这些起义失败后保留下来的部队，大都经过摸索，逐步转移到了远离国民党统治中心的农村区域，在那里发动农民群众、开展游击战争、进行土地革命和创建工农政权。除毛泽东率领的秋收起义部队及时转移到井冈山地区、创建农村革命根据地以外，南昌起义余部一部分转移到海丰、

陆丰地区与当地农民会合，主要部分由朱德、陈毅率领转移到湘南农村，在那里开始探索上山打游击、开展农村革命的新的途径，后来也上了井冈山。广州起义余部一部分也转移到海丰、陆丰地区与农民会合；一部分后来随朱德上了井冈山；另一部分则从广州西北郊转入农村，后来参加了广西左右江起义。客观环境迫使一批又一批的中国革命者深入到农村区域去坚持革命斗争。

　　八七会议以后的中共中央依据"找着新的道路"的要求，在领导各地武装起义的过程中，也初步提出了相机占领某个县或几个县、建立革命政权、实行武装割据的思想。1928年6月召开的中国共产党第六次全国代表大会，在继续把城市工作的复兴视为革命高潮到来的决定条件的同时，肯定了农村根据地和红军是决定革命新高潮的更大的发展基础和重要力量。1929年6月，中共六届二中全会进一步指出：在中国，找不到一个经济力量能够统治全国的大城市，所以中国革命要胜利，必须要有红军，必须要有广大的苏维埃区域的帮助。同年9月，中共中央给红四军前委的指示信更指出：先有农村红军，后有城市政权，这是中国革命的特征，这是中国经济基础的产物。1930年5月，中共中央机关刊物《红旗》发表署名信件，明确提出共产党应当以大部分力量甚至全副力量去发展乡村工作；认为革命势力占据了广大农村之后，即可以联合起来包围城市、封锁城市，用广大的农村革命势力以向城市进攻，这样，革命必然可以得着胜利。

　　这些事实说明：以农村为工作重点，到农村去发动农民，进行土地革命，开展武装斗争，建设根据地，这是1927年以后中国革命发展的客观规律所要求的。农村包围城市、武装夺取政权这条革命新道路的开辟，依靠了党和人民的集体奋斗，凝聚了党和人民的集体智慧。而毛泽东，则是其中的杰出代表。

　　毛泽东不仅在实践中首先把革命的进攻方向指向了农村，而且从理论上阐明了武装斗争的极端重要性和农村应当成为党的工作中心的思想。早在 1928 年 10 月和 11 月，毛泽东就写了《中国的红色政权为什么能够存在?》和《井冈山的斗争》两篇文章，明确地指出以农业为主要经济的中国革命，以军事发展暴动，是一种特征；同时还科学地阐述了共产党领导的土地革命、武装斗争与根据地建设这三者之间的辩证统一关系，强调工农武装割据的思想，是共产党和割据地方的工农群众必须具备的一个重要思想。1929 年 4 月，针对共产国际和中共党内某些人担心农村斗争超过城市斗争将不利于中国革命的观点，毛泽东指出：半殖民地中国的革命，只有农民斗争得不到工人的领导而失败，没有农民斗争的发展超过工人的势力而不利于革命本身的。随着红军的发展和根据地的扩大，1930 年 1 月，毛泽东在《星星之火，可以燎原》一文中进一步指出：红军、游击队和红色区域的建立和发展，是半殖民地中国在无产阶级领导之下的农民斗争的最高形式，和半殖民地农民斗争发展的必然结果，并且无疑义地是促进全国革命高潮的最重要因素。以毛泽东为书记的红四军前敌委员会还明确地提出了"农村工作是第一步，城市工作是第二步"的思想。

农村包围城市、武装夺取政权的理论，是对 1927 年革命失败后中国共产党领导的红军和根据地斗争经验的科学概括。它是在以毛泽东为主要代表的中国共产党人同当时党内盛行的把马克思主义教条化、把共产国际决议和苏联经验神圣化的错误倾向作坚决斗争的基础上逐步形成的。1930 年 5 月，毛泽东在《反对本本主义》一文中，阐明了坚持辩证唯物主义的思想路线即坚持理论与实际相结合的原则的极端重要性，提出了"没有调查，没有发言权"和"中国革命斗争的胜利要靠中国同志了解中国情况"的重要思想，表现了毛泽东开辟新道路、创造新理论的革命首创精神。农村包围城市、武装夺取政权理论的提出，标志着中国化的马克思主义即毛泽东思想的初步形成。这是马克思主义在中国的创造性的运用和发展。

1929 年 12 月下旬，红四军党的第九次代表大会在福建上杭县古田村召开。这次会议史称古田会议。会议通过的毛泽东起草的决议案，确立了思想建党、政治建军原则，规定红军是一个执行革命的政治任务的武装集团，必须绝对服从共产党的领导，必须担负打仗、筹款和做群众工作的任务，必须加强政治工作。决议案强调，必须加强思想和政治路线的教育，纠正党内的错误思想。古田会议决议创造性地解决了在农村环境中、在党组织和军队以农民为主要成分的环境下，如何从加强思想建设入手，保持党的无产阶级先锋队性质和建设党领导的新型人民军队的问题，这是人民军队完全区别于一切旧军队的政治特质和根本优势，对于中国革命新道路的开辟和坚持具有重要的意义。

随着革命新道路的开辟，中国革命开始走向复兴。中国共产党领导的红军和根据地逐步发展起来。到 1930 年初，共产党领导人民群众建立了大小十几块农村根据地，红军发展到 7 万人，连同地方武装共约 10 万人。重要的根据地有赣南、闽西、湘鄂西、鄂豫皖、闽浙赣、湘鄂赣、湘赣、广西的左右江、广东的东江和琼崖等。红军游击战争实际上已经成为中国革命的主要形式，农村根据地成为积蓄和锻炼革命力量的主要战略阵地。在土地革命战争中，毛泽东、朱德领导的红军第一方面军和中央革命根据地起了最重要的作用。1930 年 1 月，中共中央军委主办的《军事通讯》在刊登介绍红四军历史及其情况的报告时指出：在瑞金独立政权中，可以见到许多宝贵的经验。这在中国是独一无二的，在世界是未之前见或未之前闻的。大家应向这些经验学习。

反"围剿"战争与土地革命　红军和根据地的存在和发展，使国民党统治当局感到震惊和恐慌。从 1930 年 10 月起，蒋介石集中重兵，向南方各根据地的红军发动大规模的"围剿"。从 1930 年 10 月到 1931 年 7 月，红一方面军在毛泽东、朱德等指挥下，贯彻积极防御的方针，实行"诱敌深入""避敌主力、打其虚弱"等一整套行之有效的战术，连续粉碎了国民党军队的三次"围剿"。1932 年底，又取得了第四次反"围剿"战争的胜利。鄂豫皖、湘鄂西等根据地的反"围剿"战争也取得重大胜利。红军反"围剿"战争的胜利，革命根据地的发展，是同土地革命的开展密切相关的。开展土地革命，就是要消灭封建地主的土地私有制，实行农民的土地私有制，使广大农民在政治上得到翻身，农村生产力得到解放和发展。

1931年2月，毛泽东进一步总结根据地土地革命的经验，要求各地各级工农民主政府发布公告，明确规定农民已经分得的田归农民个人私有，可以自主租借买卖，别人不得侵犯；生产的产品，除向政府缴纳土地税外，均归农民个人私有，任凭自由买卖。毛泽东还和邓子恢等一起制定了土地革命中的阶级路线和土地分配方法：坚定地依靠贫农、雇农，联合中农，限制富农，保护中小工商业者，消灭地主阶级；以乡为单位，按人口平分土地，在原耕地的基础上，实行抽多补少、抽肥补瘦。这样，中国共产党就在中国历史上第一个制定了可以付诸实施的比较完整的土地革命纲领和路线。

在中国共产党的土地革命纲领和路线的指引下，根据地开展了热火朝天的"打土豪，分田地"的斗争，充分调动了广大农民发展生产和参军参战的积极性。中国没有单独代表农民的政党，民族资产阶级的政党没有坚决的土地纲领，因此，只有制订和执行了坚决的土地纲领、为农民利益而认真奋斗、因而获得最广大农民群众作为自己伟大同盟军的中国共产党，成了农民和一切革命民主派的领导者。在大革命失败、白色恐怖极其严重的条件下，中国革命之所以能够得到坚持和发展，根本的原因，就在于中国共产党紧紧地依靠了农民，领导农民进行了土地制度的革命。

在根据地军民进行军事上反"围剿"作战的同时，国民党统治区的共产党人和进步文化界人士还在文化战线上开展了反"围剿"斗争，形成了声势浩大的左翼文化运动。左翼文化工作者的一大批优秀的文学艺术作品（包括小说、戏剧、电影、音乐等）和社会科学论著及译作,对于传播进步思想、推动抗日救亡运动起到了重要作用。鲁迅的杂文,瞿秋白的评论,茅盾的小说《子夜》,聂耳作曲、田汉作词的歌曲《义勇军进行曲》,邹韬奋主办的《生活周刊》等,都在群众中产生了广泛而深刻的影响。而鲁迅,正如毛泽东所说,在斗争中成了这个文化新军的最伟大和最英勇的旗手,成了中国文化革命的伟人。

第二节 中国革命在探索中曲折前进

一、土地革命战争的发展及其挫折

农村革命根据地的建设 红一方面军第一、二、三次反"围剿"作战的胜利,使赣南、闽西根据地连成一片,形成拥有21座县城、250万人口、5万平方公里土地的中央革命根据地。与此同时,鄂豫皖、湘鄂西、湘赣、湘鄂赣等根据地也都得到了发展。

1931年11月,中华苏维埃第一次全国代表大会在江西省瑞金县叶坪村举行。大会通过了《中华苏维埃共和国宪法大纲》以及土地法令、劳动法等法律文件;选举产生了中华苏维埃共和国中央执行委员会;成立了中华苏维埃共和国临时中央政府,毛泽东当选为主席。

中华苏维埃共和国实行工农兵代表大会制度。首先由苏维埃共和国公民直接选举产生乡工农兵代表大会代表,召开乡工农兵代表大会,选举产生乡苏维埃政府组成人员;在此基础上,逐级召开区、县、省和全国工农兵代表大会,选举产生区、县、省和全国苏维埃政府。各级苏维埃政府广泛吸收工农群众代表参加政权管理,行使当家作主的权利。其他根据地也相继召开各级工农兵代表大会,选举产生各级苏维埃政府。在苏维埃政府的领导下,根据地军民积极进行经济建设,着重发展农业生产,努力打破敌人的经济封锁。在许多青壮年参军参战的情况下，获得了土地的农民群众自愿开展互助合作运动，成立劳动互助社、犁牛合作社，合理调节人力、物力，提高劳动生产率；同时，努力开垦荒地、兴修水利，增加农作物产量。

苏维埃政府注重发展文化教育事业，提高工农群众的文化水平。根据地普遍建立了各种夜校、半日制学校、补习学校或识字班。中央根据地还创办了马克思共产主义学校、列宁师范学校、中央农业学校、高尔基戏剧学校等，加强马克思主义思想理论教育，着力培养各方面的干部和专门人才。工农群众开始获得享受文化教育的权利。

苏维埃政府认真加强廉洁从政的教育，坚决开展反对贪污腐化等的斗争。1933年12月，中华苏维埃共和国中央执行委员会发布的《关于惩治贪污浪费行为的第二十六号训令》，还作出了"贪污公款在500元以上者处以死刑"等规定。苏维埃政府成为中国历史上从未有过的真正廉洁的政府。

中国共产党领导的农村革命根据地所呈现出来的生机勃勃的景象，同国民党统治区民不聊生的悲惨景象形成鲜明的对照。根据地成为新民主主义共和国的雏形，它使身陷苦难深渊的中国人民看到了一线光明和希望。

土地革命战争的严重挫折 中国革命的复兴和发展并不是一帆风顺的。大革命失败后，在纠正陈独秀右倾机会主义错误的同时，由于对中国情况的复杂性和中国革命的长期性缺乏认识，中国共产党党内开始滋长一种"左"的急躁情绪。从1927年7月大革命失败到1935年1月遵义会议召开之前，"左"倾错误先后三次在党中央的领导机关取得了统治地位。

第一次是1927年11月至1928年4月的"左"倾盲动错误，认为革命形势在不断高涨，盲目要求"创造总暴动的局面"。

第二次是1930年6月至9月以李立三为代表的"左"倾冒险主义，错误地认为中国革命乃至世界革命进入高潮，盲目要求举行全国暴动和集中红军力量攻打武汉等中心城市。

第三次是 1931 年 1 月至 1935 年 1 月以陈绍禹（王明）为代表的"左"倾教条主义。其主要错误是：在革命性质和统一战线问题上，混淆民主革命与社会主义革命的界限，将反帝反封建与反资产阶级并列，将民族资产阶级视为中国革命最危险的敌人，一味排斥和打击中间势力。在革命道路问题上，继续坚持以城市为中心，将准备城市工人的总同盟罢工和武装起义作为中国共产党最主要的任务；指令根据地的红军采取"积极进攻的策略"，配合攻打中心城市。在土地革命问题上，提出坚决打击富农和"地主不分田，富农分坏田"的主张。在军事斗争问题上，实行进攻中的冒险主义、防御中的保守主义、退却中的逃跑主义。在党内斗争和组织问题上，推行宗派主义和"残酷斗争，无情打击"的方针。

这几次"左"倾错误，尤其是以王明为代表的"左"倾教条主义错误，使中国革命受到严重挫折。

在 20 世纪 30 年代前期、中期，中国共产党内屡次出现严重的"左"倾错误，其原因是多方面的。除了八七会议以后党内一直存在着的浓厚的"左"倾情绪始终没有得到认真的清理，共产国际对中国共产党内部事务的错误干预和瞎指挥以外，主要的原因在于：全党的马克思主义理论准备不足，理论素养不高，实践经验也很缺乏，对于中国的历史状况和社会状况、中国革命的特点、中国革命的规律不了解，对于马克思列宁主义的理论和中国革命的实践没有统一的理解。一句话，不善于把马克思列宁主义与中国实际全面地、正确地结合起来。王明等人虽然读了不少马克思主义的书，但是不懂得中国的实际。他们颠倒实践和认识的关系，以为只要照抄照搬马克思主义书本上的词句和共产国际的决议、指示，就可以指挥中国革命。王明甚至提出过"对共产国际百分之百的忠诚，是中国革命走向胜利的唯一保证"这样的口号。按照这种主观主义的思想路线办事，就不能不在实践中碰壁。

对于王明等人的"左"倾错误，毛泽东等进行过坚决的抵制和斗争。在中共中央主持工人运动工作的刘少奇也多次提出过反对冒险主义的主张。但是，王明等人破坏党的民主集中制、压制党内民主，大搞宗派主义，对坚持正确意见的或不对他们随声附和的同志，进行"残酷斗争""无情打击"。在1931年11月召开的中央苏区党组织第一次代表大会（通常称"赣南会议"）上，毛泽东的正确主张被指责为"狭隘的经验论""富农路线""极严重的一贯右倾机会主义"。会议根据中共临时中央政治局的指示，设立中央革命军事委员会，取消红一方面军总司令和总政治委员、总前敌委员会书记的名义，这就剥夺了毛泽东对中央根据地红军的领导权。1932年10月，中共苏区中央局全体会议（宁都会议）对毛泽东和他在红军中实行的战略战术原则进行错误的批评和指责。中共临时中央决定毛泽东回后方主持临时中央政府工作。1933年初，由于白区党的工作遭到严重破坏，临时中央政治局无法在上海立足，被迫迁到中央根据地。为了全面推行"左"倾教条主义的方针、政策，他们在福建开展了反对"罗明路线"的斗争，接着又在江西开展反对邓（小平）、毛（泽覃）、谢（唯俊）、古（柏）的斗争，其矛头实际上都是对着毛泽东的正确主张的。

王明等人的"左"倾教条主义错误，对中国革命造成了极其严重的危害。其最大的恶果，就是使红军在第五次反"围剿"作战中遭到失败，不得不退出南方根据地实行战略转移——长征。

这次错误使红军和根据地损失了90%，国民党统治区党的力量几乎损失了100%，其教训是极其惨痛而又深刻的。

中央红军（红一方面军）主力开始长征后，项英、陈毅等率领中央根据地留下的部分红军在南方坚持进行艰苦的游击战争。

二、中国革命的历史性转折

遵义会议 历史的经验表明：革命的政党，革命的人民，总是要反复地经过正反两方面的教育，经过比较和对照，才能够锻炼得成熟起来，才有赢得胜利的保证。

1934年10月中旬，中共中央机关和中央红军8.6万人撤离根据地，向西突围转移，开始长征。其后，1935年3月、4月，红四方面军从川陕根据地出发长征。同年11月，红二、六军团（后组成红二方面军）从湘鄂川黔根据地出发长征。

长征初期，中共中央领导人博古依靠与共产国际有关系的军事顾问、德国人李德，犯了退却中的逃跑主义错误。在强渡湘江之后，红军和中央机关人员锐减到3万多人。严酷的事实教育了广大的共产党员和红军指战员，他们明显地滋长了对错误领导的怀疑、不满。一些支持过"左"倾错误的中央领导人如张闻天、王稼祥等，也改变态度，转而支持毛泽东的正确主张。这样，当中央红军根据毛泽东的提议，改向敌人力量薄弱的贵州挺进，并在占领黔北重镇遵义之后，中共中央政治局于1935年1月15日至17日在这里召开了扩大会议（史称遵义会议）。

遵义会议集中解决了当时具有决定意义的军事问题和组织问题。经过激烈的争论，多数人同意以毛泽东为代表的正确意见，批评了博古、李德在第五次反"围剿"中的错误。会议增选毛泽东为中央政治局常务委员，并委托张闻天起草《中央关于反对敌人五次"围剿"的总结的决议》（即遵义会议决议）。会后不久，中共中央政治局常务委员分工，根据毛泽东的提议，决定由张闻天代替博古负总的责任；博古任红军总政治部代理主任；成立了由周恩来、毛泽东、王稼祥组成的新的"三人团"，全权负责红军的军事行动。会议的一系列重大决策，是在中国共产党同共产国际的联系中断的情况下，独立自主地作出的。

遵义会议开始确立以毛泽东为主要代表的马克思主义的正确路线在党中央的领导地位，从而在极其危急的情况下挽救了中国共产党、挽救了中国工农红军、挽救了中国革命，成为中国共产党历史上一个生死攸关的转折点。这为党和革命事业转危为安、不断打开新局面提供了最重要的保证。

遵义会议表明：作为一个严肃的、对人民负责任的马克思主义政党，中国共产党是敢于正视自己的错误，并注意从自己所犯的错误中学习并汲取教训的。在领导中国革命全过程的某一个时期内，由于经验不足以及其他原因，党和党的领导人难免会犯这样那样的错误甚至严重的错误。但是，错误有两重性。它一方面损害党的事业，损害人民利益；另一方面又从反面教育了党，教育了人民。在大革命失败以后到遵义会议的这个时期内，中国共产党正是通过总结成功的经验和挫折、失败的教训，一方面反对右倾机会主义，又一方面反对"左"倾机会主义，使自己从两条战线斗争中巩固和壮大起来，从而把党领导的革命事业坚持下来并推向前进的。

红军长征的胜利　遵义会议后，在毛泽东等的领导下，中央红军采取灵活机动的战略战术，四渡赤水河，巧渡金沙江，抢渡大渡河，翻越人迹罕至、终年积雪的夹金山，摆脱了数十万国民党军队的围追堵截，赢得了战争的主动权。1935年6月中央红军抵达四川懋功（今小金）地区，同5月初离开川陕根据地实行转移到达那里的红四方面军会师。之后，中共中央又同红四方面军领导人张国焘分裂中央、分裂红军的严重错误进行了坚决的斗争。为了贯彻北上方针，红军经过茫茫草地，历经艰险。随后中共中央决定将北上红军改称陕甘支队，先行北上，于10月19日到达陕北吴起镇；11月初，在甘泉地区同在陕甘根据地的红十五军团会合，中国共产党所领导的革命力量有了新的落脚点和战略基地。至此，中央红军的二万五千里长征胜利结束。1936年10月，红二、四方面军先后同红一方面军在甘肃会宁、静宁将台堡（今属宁夏回族自治区）会师。至此，三大主力红军的长征胜利结束。

红军的长征宣告了国民党反动派消灭中国共产党和红军的图谋彻底失败，宣告了中国共产党和红军肩负着民族希望胜利实现了北上抗日的战略转移，实现了中国共产党和中国革命事业从挫折走向胜利的伟大转折。

　　毛泽东说过："我们的军事力量在长征前曾经达到过三十万人，因为犯错误，后来剩下不到三万人，不到十分之一。重要的是在困难的时候不要动摇。三万人比三十万人哪个更强大？因为得到了教训，不到三万人的队伍，要比三十万人更强大。"这些保存下来的力量，经历了千锤百炼，是党和红军的极为宝贵的精华。中国共产党正是依靠这支队伍作基干，使革命力量逐步恢复、发展、壮大，直到取得全国的胜利。

　　中国工农红军的长征是一部伟大的革命英雄主义的史诗。它向全中国和全世界宣告，中国共产党及其领导的人民军队，是一支不可战胜的力量。中国共产党人和红军将士用生命和热血铸就了伟大的长征精神，这就是：把全国人民和中华民族的根本利益看得高于一切，坚定革命的理想和信念，坚信正义事业必然胜利的精神；就是为了救国救民，不怕任何艰难险阻，不惜付出一切牺牲的精神；就是坚持独立自主、实事求是，一切从实际出发的精神；就是顾全大局、严守纪律、紧密团结的精神；就是紧紧依靠人民群众，同人民群众生死相依、患难与共、艰苦奋斗的精神。伟大长征精神，是中国共产党人及其领导的人民军队革命风范的生动反映，是中华民族自强不息的民族品格的集中展示，是以爱国主义为核心的民族精神的最高体现。长征精神为中国革命不断从胜利走向胜利提供了强大精神动力。

　　长征一结束，中国革命的新局面就开始了。

三、总结历史经验，迎接全民族抗日战争

　　在中国革命最艰苦的年代，在中国共产党及其领导的队伍中奋斗

的人们，都是要革命的，在反对蒋介石、主张土地革命和红军斗争这些基本问题上，认识是一致的。在一定时期内，一部分领导人之所以犯了全局性的、严重的错误，这主要是因为他们对于马克思列宁主义的理论和中国革命的实践没有统一的理解而来的。正因为如此，毛泽东强调，为了纠正错误，必须端正思想路线，实行马克思列宁主义与中国实际相结合的原则。

红军长征到达陕北以后，毛泽东、中共中央用很大的精力，去总结历史经验，加强共产党自身的思想理论建设。

1935年12月，毛泽东作了《论反对日本帝国主义的策略》的报告，阐明党的抗日民族统一战线的新政策，批判党内的关门主义和对于革命的急性病，系统地解决了党的政治路线上的问题。1936年12月，他写了《中国革命战争的战略问题》这部著作，总结土地革命战争中党内在军事问题上的大争论，系统地说明了有关中国革命战争战略方面的诸问题。1937年夏，他在延安抗日军政大学讲授《实践论》《矛盾论》，从马克思主义认识论的高度，总结中国共产党的历史经验，揭露和批评党内的主观主义尤其是教条主义错误，深入论证马克思列宁主义基本原理同中国具体实际相结合的原则，科学地阐明了党的马克思主义的思想路线。以毛泽东为主要代表的中共中央所进行的理论工作，对党的政治路线、军事路线和思想路线进行了拨乱反正，从思想上、理论上武装了中国共产党人，使他们满怀信心地去迎接即将到来的伟大的抗日民族解放战争。

□ 学习思考

1. 以毛泽东为主要代表的中国共产党人是如何探索和开辟中国革命新道路的？
2. 20世纪20年代后期至30年代前期，中国共产党内为什么连续出现"左"倾错误？
3. 怎样认识长征的意义？为什么要继承和发扬长征精神？

4. 土地革命战争时期，中国共产党是如何总结历史经验、加强党的思想理论建设的？

☐ 必读文献

1. 毛泽东：《反对本本主义》（1930年5月）
2. 毛泽东：《中国革命战争的战略问题》（一）（1936年12月）
3. 毛泽东：《论新阶段》（三，14）（1938年10月）
4. 习近平：《在纪念红军长征胜利80周年大会上的讲话》（2016年10月21日）
5. 习近平：《在庆祝中国人民解放军建军90周年大会上的讲话》（2017年8月1日）

☐ 延伸阅读文献

中共扩大的六届七中全会《关于若干历史问题的决议——一九四五年四月二十日中国共产党第六届中央委员会扩大的第七次全体会议通过》（1945年4月20日）

第六章
中华民族的抗日战争

第一节 日本发动灭亡中国的侵略战争

一、日本灭亡中国的计划及其实施

从九一八事变到华北事变 19世纪60年代明治维新以后，日本开始走上资本主义道路，并逐渐发展成为军国主义国家。第一次世界大战结束后，日本军国主义势力进一步控制本国政权，对内镇压人民，对外侵略扩张。

1927年，日本首相田中义一主持召开"东方会议"，宣示了《对华政策纲要》，企图把"满蒙"从中国本土彻底分割出去，并决心为之诉诸武力。日本军国主义势力主张：惟欲征服支那，必先征服满蒙；如欲征服世界，必先征服支那。对外扩张的"大陆政策"进一步发展和具体化。日本成为亚洲的战争策源地。

1929年10月，由美国开始的经济危机席卷整个资本主义世界。为了摆脱危机，日本军国主义者决心加紧实施其既定的侵华政策。

1931年9月18日深夜，日本关东军炸毁南满铁路沈阳北郊柳条湖的一小段路轨，反诬中国军队"破坏"铁路、"袭击"日本守备队，当即炮轰东北军驻地北大营；接着，驻扎在南满铁路沿线的日本军队分别向沈阳城内和长春、四平街、公主岭等地发起进攻。这就是九一八事变。日本变中国为其独占殖民地的阶段由此开始。1932年2月，中国东北全境沦陷。日本侵占了山海关至黑龙江之间相当于日本本土3倍的110万平方公里的中国领土。

面对日本的大举侵略，国民党政府一再退让。蒋介石在 1931 年 7 月已提出"攘外必先安内"的方针。九一八事变发生后，国民党政府电告东北军："日本此举不过寻常寻衅性质，为免除事件扩大起见，绝对抱不抵抗主义。"这种态度，使日本侵略者更加无所顾忌地用武力大规模进攻中国。

日本占领中国东北以后，随即开始入侵中国华北地区。1935 年，日本在华北制造一系列事端，向中国政府提出使华北政权"特殊化"的要求。中国政府在河北、察哈尔两省的主权大部丧失，华北成为日军可以自由出入的"真空地带"。接着，日方又策动华北五省（河北、察哈尔、绥远、山西、山东）两市（北平、天津）"防共自治运动"，制造傀儡政权。这就是华北事变。

日本是亚洲的帝国主义强国。它对中国的侵略蓄谋已久，并经过精心策划、周密准备。国民党政府却将其军队的主力用于"围剿"共产党领导的工农红军，对日本实行妥协退让。国际联盟和英、美等国政府则采取对日姑息、纵容的政策。这就使日本对中国的侵略计划步步得逞。

卢沟桥事变与日本的全面侵华战争　华北事变后，日本加紧发动全面侵华战争的部署。1936 年 8 月，法西斯军人控制的广田弘毅内阁制定了"南攻南洋群岛、北攻西伯利亚""先打中国"的侵略计划。11 月，日本同德国签订《反共产国际协定》，欧亚两个法西斯国家打着"反共"的旗号结成了反动同盟。

1937 年 7 月 7 日，卢沟桥事变发生。当夜，驻丰台日军一个中队在卢沟桥以北举行军事演习。日军借口一名士兵失踪，要求进入宛平县城搜查，遭到拒绝后，即炮轰宛平城，向卢沟桥的中国驻军进攻。日本全面侵华战争由此开始。

卢沟桥事变以后，日本动员几乎全部军事力量，采取"速战速决"的战略，向华北、华东、华中地区发起战略进攻。日军相继占领了北平（今北京）、天津、太原、上海、南京、广州、武汉等一大批城市。

由于遭到中国军民的顽强抵抗，日军在 1938 年 10 月占领广州、武汉以后，被迫停止对正面战场的战略性进攻。在坚持灭亡中国的总方针下，日本调整侵华政策，实施"以华制华"和"以战养战"策略，对国民党政府采取政治诱降为主、军事打击为辅的方针；在占领区加紧扶植傀儡政权，建立和发展汉奸组织；逐步将主要兵力用于对共产党领导的敌后抗日根据地进行"扫荡"。1944 年 4 月至 1945 年 1 月，日本发动打通中国大陆交通线的豫湘桂战役，占领 20 多万平方公里的中国领土。这是日军在中国的最后一次大规模进攻。

二、残暴的殖民统治和中华民族的深重灾难

日本在其占领区的残暴统治　日本的大举进攻，使中国的大片土地沦为日本的殖民地。日本在这些地方实行残暴的殖民统治。

早在 1895 年《马关条约》签订后，日本就开始了在台湾长达 50 年的殖民统治。日本在台湾设立总督府。日本驻台总督集立法、行政、司法三权于一身，并负责指挥驻台的日本军队。总督府主要官员都由日本人担任。他们建立了一整套警察制度和保甲制度，掌握着台湾人民的生杀予夺之权。日本还在台湾进行疯狂的经济掠夺，攫取台湾的资源和财富。他们推行"农业台湾、工业日本"的殖民经济模式，使台湾成为日本的稻米供应地。殖民当局还竭力推行奴化教育和同化政策，开展"皇民化"运动。

1931 年日军占领中国东北后，开始了对东北长达 14 年的殖民统治。1932 年，在日军扶持下拼凑的伪"满洲国"（以清朝末代皇帝溥仪为"执政"，两年后改称"皇帝"），是日本军国主义侵略势力和中国封建复辟残余势力相结合而催生的一个怪胎。伪"满洲国"在"日满共同防卫"的借口下，确认日本在中国东北的一切权益。中国东北

三省成了日本的殖民地。

1935年华北事变后，日军策动、拼凑了一些地方性傀儡政权。抗日战争相持阶段到来前后，日本加紧诱降活动。1938年12月，中国国民党副总裁汪精卫投降日本。1940年3月，汪精卫在南京成立伪"中华民国国民政府"。在关内占领区，日本军国主义者允许"中华民国"国号的存在，但是，这些地区实质上仍然是日本的独占殖民地。

侵华日军的严重罪行　日本对中国的大规模侵略和在中国部分地区的殖民统治，犯下了空前严重的罪行，给中华民族造成了极为深重的灾难。

首先，制造惨绝人寰的大屠杀。1937年12月，日军占领中国国民政府首都南京后，展开烧、杀、淫、掠"大竞赛"。中国平民和被俘士兵被集体射杀、火焚、活埋及用其他方法处死者达30万人以上，无数妇女遭到蹂躏残害，无数儿童死于非命，1/3建筑遭到毁坏，大量财物遭到掠夺。震惊中外的"南京大屠杀"，是骇人听闻的反人类罪行。日军在其他许多地方制造的屠杀中国人民的惨案不计其数。相持阶段到来后，日军对中国共产党领导的八路军、新四军及其抗日根据地开展大规模的"扫荡"，实行"杀光其居民、烧光其房屋、抢光其粮食"的"三光"政策。据不完全统计，在晋冀鲁豫、山东、苏皖等7个根据地，中国军民被杀戮者即达318万人，房屋被焚烧达1 952万间。日军还悍然实行细菌战、化学战，对中国军民实行惨无人道的人体活体试验。从1940年下半年起，日军的731部队等开始将带有霍乱、伤寒、鼠疫等病菌的投掷器投放到中国许多地区，造成大量中国居民死亡。日军还在其占领区掳掠和残害中国劳工，强迫一些中国妇女充当"慰安妇"。

其次，疯狂掠夺中国的资源与财富。在东北，在"日满经济一体化"的口号下，日本的垄断资本独占了全部重工业和铁路交通，控制了东北的经济命脉，肆意掠夺矿产资源。在关内，按照日本"工业日本，农业中国"的原则，被毁的中国工厂约占当时工厂总数的 37%，其余除少数内迁外，大都为日本侵略者所占夺。华北煤产量的 65% 被运往日本。日本侵略者还大肆掠夺占领区的土地及农产品。他们对农产品实行严格的统制和垄断，强迫农民将粮食等主要农产品廉价出卖给伪政府，除保证侵华日军的需求外，大部分粮食被运往日本国内。

再次，强制推行奴化教育。日本侵略者按照"思想战"的方针，在其占领区大力推行奴化教育，企图以此达到泯灭中国民众的民族意识和反抗精神、维护其殖民统治的目的。

日本侵略者在中国犯下的罪行罄竹难书。据不完全统计，战争期间，中国军民伤亡人数超过 3 500 万；按 1937 年的比价，中国直接经济损失 1 000 多亿美元，间接经济损失 5 000 多亿美元。

第二节　中国人民奋起抗击日本侵略者

一、中国共产党举起武装抗日的旗帜

面对日本的野蛮侵略，中国人民毅然奋起、英勇抵抗，进行了长达十四年艰苦卓绝的抗日战争。中国人民在九一八事变后开始的抗日战争，揭开了世界反法西斯战争的序幕。

在中华民族处于生死存亡的危急关头，与当时国民党当局采取的不抵抗主义形成鲜明的对照，中国共产党率先举起了武装抗日的旗帜。在九一八事变后，9 月 20 日，中共中央即发表宣言，揭露日本帝国主义侵占东北的目的是使中国完全变成它的殖民地。中共中央发布一系列文告，号召全国工农武装起来，进行民族的自卫战争。党的各级组织要求每一个党员必须发挥自己全部的积极性，英勇地走上民族解放战争的战场，成为参加民族解放战争的先锋和模范。1932 年 4 月 15 日，中华苏维埃共和国临时中央政府宣布对日作战。

中国共产党不仅积极参加和推动各地的抗日救亡运动，而且直接领导了东北人民的抗日武装斗争。中共中央以及东北党组织先后选派罗登贤、杨靖宇、赵尚志、周保中、赵一曼等到东北，加强中共满洲省委及各级地方党组织的领导力量。中共满洲省委派出大批党员、干部到抗日义勇军中工作。1933年初，中国共产党领导的抗日游击队先后在东北各地崛起。1934年，各抗日游击队先后改编为东北人民革命军；1936年2月以后，又陆续改建为东北抗日联军。东北抗日联军同日军进行了艰苦卓绝的斗争，沉重打击了日本侵略者。

二、抗日救亡运动和共产党人与部分国民党人合作抗日

九一八事变后，抗日救亡运动在全国兴起。中国共产党及其领导的工农红军和广大的工人、农民是抗日救亡运动的中坚力量。上海、天津、广州、北平等地工人纷纷举行反日大罢工和抗日示威游行，组织抗日救国会，开展抗日募捐。冀东农民开展打游击等斗争。北平、南京、上海等地大中学生举行罢课、示威、街头宣传等活动。各地学生还到南京请愿，要求蒋介石出兵东北，收复失地。民族资产阶级及其政治代表也要求国民党当局"改弦更张""与民更始"，变更"剿共"政策，"全国一致对外"。

国民党军队中的部分爱国官兵自发进行了抗战。中国共产党人开始了同这部分国民党官兵的抗日合作。

在东北，中共满洲省委同以原东北军为主体的抗日义勇军进行合作。其领导人李杜成为中国共产党的亲密战友，后来加入了中国共产党。1932年一·二八事变后，国民党第十九路军奋起抗击进攻上海的日军，中共中央号召各界民众组织义勇军，并发动沪西日商纱厂工人罢工，以支援十九路军的抗日作战。

1933年5月，原西北军将领冯玉祥在张家口成立察哈尔民众抗日同盟军，并谋求同共产党合作。在同盟军中工作的共产党员约有300

人。北路军前敌总指挥吉鸿昌不久加入了中国共产党（1934年被国民党当局杀害）。同年11月，国民党第十九路军将领蔡廷锴、蒋光鼐以及国民党内爱国人士李济深、陈铭枢等在福州发动反蒋抗日事变。这就是福建事变。此前，第十九路军代表同中央根据地的红军代表签署了《反日反蒋的初步协定》。事变失败后，共产党人同李济深、蔡廷锴等爱国人士继续保持着联系。

1934年4月，由中国共产党提出，宋庆龄、何香凝、李杜等1 779人领衔，以"中国民族武装自卫委员会筹备委员会"名义，发表《中国人民对日作战的基本纲领》。在纲领上签字的群众达几十万人。

三、停止内战，一致对外

一二·九运动与中共的抗日民族统一战线新政策　华北事变后，中日民族矛盾进一步激化。在中国共产党关于救亡图存、全民抗战的号召和中共地下党组织的领导下，1935年12月9日，北平学生举行声势浩大的抗日游行，喊出"反对华北自治"、"打倒日本帝国主义"、"停止内战，一致对外"等口号，遭到国民党军警镇压。12月16日，北平学生和市民1万多人在天桥召开市民大会。会后，举行了更大规模的示威游行。这就是一二·九运动。它促进了中华民族的觉醒，标志着中国人民抗日救亡运动新高潮的到来。

在全国抗日救亡运动高涨之际，中国共产党及时提出了抗日民族统一战线的新政策。还在1935年8月1日，中共驻共产国际代表团起草了《为抗日救国告全体同胞书》，同年10月1日以中国苏维埃政府、中国共产党中央的名义在法国巴黎出版的《救国报》发表，呼吁全国各党派、各界同胞、各军队都应有"兄弟阋墙外御其侮"的真诚觉悟，捐弃前嫌，停止内战，集中一切国力，为抗日救国的神圣事业而奋斗。12月，中共中央在陕北瓦窑堡召开政治局会议，提出了在抗日的条件下与民族资产阶级重建统一战线的新政策，批评了党内长期存在的"左"倾冒险主义、关门主义的错误倾向。中国共产党在新的历史时期即将到来时掌握了政治上的主动权。

1936年5月,在共产党人的积极参与下,宋庆龄、沈钧儒、邹韬奋、陶行知、章乃器等爱国民主人士发起成立全国各界救国联合会。中国共产党对驻扎在西北地区的以张学良为首的东北军和以杨虎城为首的国民党第十七路军的统一战线工作取得突破性进展。1936年上半年,红军和东北军、第十七路军之间实际上已停止敌对行动。

日本对中国华北的扩大侵略,进一步威胁到美、英等国的在华利益和国民党当局的统治地位。蒋介石的对日态度及内外政策发生了某些变化,并开始着手整军备战工作。他还开始试探"政治解决"共产党和红军问题的途径。国共两党通过国外、国内的不同渠道开始接触,就合作抗日问题进行初步磋商。1936年5月,毛泽东、朱德联名发布《停战议和一致抗日通电》,公开放弃了反蒋的口号。9月1日,中共中央发出党内指示,明确提出党的总方针是"逼蒋抗日"。这是中国共产党根据国内阶级关系变化的实际状况作出的一个重大政策调整。

西安事变及其和平解决　当时,蒋介石还没有根本改变对日本的态度。他仍然准备组织力量对陕甘革命根据地和红军发动新的"会剿"。他于1936年12月初到达西安,逼迫张学良、杨虎城攻打陕甘的红军。12日凌晨,爱国将领张学良、杨虎城在对蒋介石"哭谏"无效的情况下,为了实现停止内战、共同抗日,毅然实行"兵谏",扣留了蒋介石。这就是西安事变。中国共产党从民族大义出发,为了团结国民党共同抗日,确定促成事变和平解决的基本方针,派周恩来等到西安,并参加张、杨同南京方面代表宋美龄、宋子文的和平谈判。蒋介石被迫作出了停止"剿共"、联合红军抗日等六项承诺。西安事变的和平解决成为时局转换的枢纽,十年内战的局面由此结束,国内和平基本实现。

1937年1月,中共中央进驻延安。

为了促进国共两党的合作，1937年2月，中共中央致电国民党五届三中全会，提出停止内战、一致对外等五项要求。如果国民党将这五项要求定为国策，共产党愿意实行四项保证：停止武力推翻国民党政府的方针；苏维埃政府改名为中华民国特区政府，红军改名为国民革命军；特区实行彻底的民主制度；停止没收地主土地的政策。

中国共产党的上述主张，在全国引起巨大反响，也得到国民党内抗日派的赞同。在国民党五届三中全会上，许多人联名要求恢复孙中山的联俄、联共、扶助农工三大政策。全会表示同意国共两党进行谈判，并在会议文件上第一次写上了"抗日"的字样。

在国难当头的时刻，国共两党实行第二次合作成为不可抗拒的历史潮流。

四、全民族抗战开始

国共合作，共赴国难　1937年7月7日，卢沟桥事变爆发，中国守军奋起抵抗日军的进攻。中国开始奋起进行全民族抗战，在东方开辟了世界第一个大规模的反法西斯战场。

事变发生的第二天，中国共产党就通电全国，号召全中国同胞团结起来，筑成民族统一战线的坚固长城，抵抗日本的侵略。

8月，国共两党达成将红军主力改编为国民革命军第八路军（简称八路军。不久改称第十八集团军）等协议。八路军由朱德任总指挥，彭德怀任副总指挥，叶剑英任参谋长，左权任副参谋长，任弼时任政治部主任，邓小平任政治部副主任。下辖三个师：第一一五师，师长林彪、副师长聂荣臻；第一二〇师，师长贺龙、副师长萧克；第一二九师，师长刘伯承、副师长徐向前。全军共4.6万人。接着，南方的红军和游击队，除琼崖红军游击队外，改编为国民革命军新编第四军（简称新四军），叶挺任军长，项英任副军长，下辖四个支队，全军1.03万人。9月，原陕甘宁根据地的苏维埃政府改称陕甘宁特区政府。陕甘宁根据地仍是中共中央所在地。

9月22日，国民党中央通讯社发表《中共中央为公布国共合作宣言》；23日，蒋介石发表实际承认共产党合法地位的谈话。以国共两党第二次合作为基础的抗日民族统一战线正式形成。

中国共产党领导开辟的敌后战场和国民党指挥的正面战场协力合作，形成了共同抗击日本侵略者的战略局面。

全民族同仇敌忾，奋起抗战　抗日战争是中华民族全民族的反侵略战争，是一场正义战争。全国各界民众以不同形式参加抗日民族统一战线，投入了全民族抗战。

中国工人、农民、知识分子和其他爱国人士积极投入抗日洪流。华北农村一位名叫邓玉芬的妇女把丈夫和5个孩子送上前线，他们全部战死沙场。民族工商业者踊跃为前线捐赠钱物，一些人还不避艰险，把工厂迁往大后方。中华民族革命同盟、国家社会党、中国青年党、中华职业教育社、乡村建设派等，一致拥护国共两党合作抗日。宋庆龄接受中共中央建议，从上海移居香港，于1938年6月成立保卫中国同盟，呼吁世界人民援助中国抗战。

在中国共产党的领导、影响下，各少数民族人民与汉族人民一起，以各种方式投入抗日斗争。如马本斋领导的冀中回民支队就进行了大小战斗870多次，歼敌3.76万余人。又如新疆各族人民通过募捐等多种形式支援内地的抗日事业。许多台湾同胞还来到祖国大陆，组织各种抗日团体和抗日武装。岛内的高山族等台湾同胞则坚持不断地发动抗日暴动，组织抗日义勇军（台湾同胞在长达半个世纪的抗日斗争中，共有65万人壮烈牺牲）。香港、澳门同胞也积极支援内地的抗战。太平洋战争爆发后，香港同胞更在内地抗日武装的支持下，开展打游击等多种形式的抗日斗争。

海外华侨始终与祖国同呼吸、共命运。他们以各种方式支援祖国的抗战。如在亚洲，新加坡成立了以陈嘉庚为主席的华侨筹赈祖国难民总会，其分支机构遍及东南亚各国。仅在全民族抗战的头三年，海外侨胞就捐献飞机217架、坦克23辆、救护车1 000余辆，物资总数在3 000批以上。大批海外华侨还回国投身抗战，仅粤籍归侨参军的就有4万多人。

在祖国存亡危急的关头，中华儿女表现了空前的民族觉醒和民族团结，以自己的血肉之躯筑成了捍卫祖国的钢铁长城。

第三节　国民党与抗日的正面战场

一、战略防御阶段的正面战场

从1937年7月卢沟桥事变，到1938年10月广州、武汉失守，中国抗战处于战略防御阶段。

在战略防御阶段，日本侵略者以国民党军队为主要作战对象。以国民党军队为主体的正面战场，担负了抗击日军战略进攻的主要任务。国民党军队组织了淞沪、忻口、徐州、武汉会战等一系列大战役。1938年3月，李宗仁等部进行台儿庄战役，取得大捷，歼灭日军1万余人。

国民党军队的爱国将士，表现了空前的民族义愤和抗战热情。在北平南苑的战斗中，第二十九军副军长佟麟阁、第一三二师师长赵登禹先后阵亡。在淞沪会战中，第八十八师五二四团团附谢晋元率孤军据守四行仓库（金城、中南、大陆、盐业四家银行共同出资建设的仓库），被上海市民誉为"八百壮士"。

在这个时期，国民党政府的对日作战是比较努力的。其政策的重点还是放在反对日本侵略者身上。但是，正面战场除了台儿庄战役取得大捷外，其他战役几乎都是以退却、失败而结束的。造成这种状况的客观原因，是由于在敌我力量对比上，日军占很大的优势；主观原因，则是国民党战略指导方针上的失误。蒋介石集团在决心抗战的同时，却又害怕群众的广泛动员可能危及自身的统治，因而实行的是片面抗战的路线，即不敢放手发动和武装民众，将希望单纯寄托在政府和正规军的抵抗上；在战略战术上，没有采取积极防御的方针，而是进行单纯的阵地防御战。这就使得大多数作战未能给敌人以更大的消耗，并在短时间内丧失了大片国土。

1937年11月，日军攻占上海，国民政府宣布迁都重庆。中国西部大部分地区成为抗日战争时期国民政府的实际管辖区，人们通常称之为国民党统治区（又称大后方）。

在抗战初期，国民政府实行过若干有利于抗战的政策。1938年初，国民政府改组军事委员会，下设政治部，聘请周恩来担任政治部副部长。同年6月，国民参政会成立。国民参政会虽不是真正的民意机关，而是受国民党控制的最高咨询机关，但它的成立还是为各党派、各界人士提供了一个可以公开发表政见的讲坛。国民政府对庞杂的经济行政机构也进行过大规模的调整，只是机构膨胀的情况并未得到根本改变。

为了适应战争的需要，东部沿海地区一批重要工厂企业迁移到内地，为西部地区经济开发、支持抗日战争作出了贡献。北京大学、清华大学、南开大学分别由北平、天津迁往昆明，合并组建为国立西南联合大学。北平、上海等地还有其他一些大学、中学、专科学校迁往西南的重庆、遵义等地以及西北的一些地方。爱国师生在极其艰苦的情况下，为中华民族的独立和复兴坚持进行教学和开展科学研究工作。

二、战略相持阶段的正面战场

抗日战争进入相持阶段后，日本对国民党政府采取以政治诱降为主、军事打击为辅的方针。国民党在重申坚持持久抗战的同时，其对内对外政策发生重大变化。1939年1月，国民党五届五中全会决定成立"防共委员会"，确定了"防共、限共、溶共、反共"的方针。蒋介石还将抗战到底的含义解释为"恢复到卢沟桥事变以前的状态"。这标志着国民党政府逐步转变为消极抗战。

日军在对国民党进行政治诱降的同时，为了巩固占领区，继续对国民党军队发动过若干次进攻性打击。国民党军队也进行过几次较大的战役。国民政府大体上保住了西南、西北大后方地区。1939年12月，在桂南会战中，以第五军为主力的国民党军队曾攻克昆仑关，消灭日军4 000余人。1940年5月，在枣宜会战中，第三十三集团军总司令张自忠将军在激战中殉国。但是，这个时期国民党对抗战在全局上逐渐趋向消极，基本上实行保守的收缩战略，以便保存实力；同时又抽出相当多的兵力用来限制、打击共产党及其领导的八路军、新四军，制造了多次的反共"摩擦"事件。

1941年12月，日军发动太平洋战争，美、英对日宣战。不久，由美国方面提议设立中国战区。为了配合英、美打击日军，国民政府命令各战区发起攻击。1942年元旦发起的第三次长沙会战，曾给日军以有力的打击，日军死伤5万余人。同年2月，中国远征军进入缅甸对日作战。陆军第二〇〇师师长戴安澜在缅北殉国。

在世界反法西斯战争胜利发展、敌后战场开始局部反攻的有利条件下，国民党军队的战斗力却日益下降。1944年4月至1945年1月，日军发动打通中国大陆交通线的作战。在这次豫湘桂战役中，国民党军队遭到大溃败。军队损失50多万兵力，丢失拥有146座大小城市、6 000万人口的20多万平方公里的国土。

在战略相持阶段，国民党统治集团一方面在口头上宣称要发展中国经济，一方面又在实际上扩张官僚资本，垄断中国的主要经济命脉；一方面在口头上宣称实行"民主"，一方面又在实际上压迫人民的民主运动。豫湘桂大溃败则成为大后方人心变动的重要转折点，越来越多的人对国民党统治集团失去了信任。国民党统治区民生凋敝、民怨沸腾、民变蜂起，国民党统治集团在军事、政治、经济各方面陷入深刻的危机。

第四节　中国共产党成为抗日战争的中流砥柱

一、全面抗战的路线和持久战的方针

实行全面的全民族抗战的路线　如何坚持抗战、争取抗战的胜利？这是必须首先回答的一个重要问题。

中国共产党确信，只有动员和依靠群众，才能坚持抗战，并使抗战的胜利成为人民的胜利。与国民党实行的片面抗战路线不同，中国共产党一开始就主张实行全面抗战的路线，即人民战争路线。这两条不同的抗战路线的存在，就是一切中国问题的关键所在。

1937年8月，中国共产党在陕北洛川召开政治局扩大会议，制定了抗日救国十大纲领，强调要打倒日本帝国主义，关键在于使已经发动的抗战成为全面的全民族的抗战。为此，必须实行全国军事的总动员、全国人民的总动员；必须改革政治机构，给人民以充分的抗日民主权利，并适当改善工农大众的生活。会议强调，必须坚持统一战线中无产阶级的领导权，在敌人后方放手发动独立自主的山地游击战争，在国民党统治区放手发动抗日的群众运动。

在中国，农民是民主革命的主要力量。进行人民战争，首先和主要的，就是要深入敌后，发动和组织广大的农民，开展游击战争和群众工作，创建抗日民主政权，逐步把落后的农村建设成为先进的革命阵地。中国共产党把工作的重点放在敌后农村，在新的抗日民族解放战争条件下，继续走农村包围城市的道路。

采取持久战的战略方针　抗日战争是一场弱国对强国的战争。战争的基本走势究竟怎样？应当坚持什么样的战略方针？这是必须作出回答的又一个重要问题。

1938 年 5 月至 6 月间，毛泽东发表《论持久战》的讲演，总结抗战 10 个月来的经验，集中全党智慧，系统地阐明了持久抗战的总方针。

毛泽东指出，中日战争是半殖民地半封建的中国和帝国主义的日本之间在 20 世纪 30 年代进行的一个决死的战争。一方面，日本是强国，中国是弱国，强国弱国的对比，决定了抗日战争只能是持久战。另一方面，日本是小国，发动的是退步的、野蛮的侵略战争，在国际上失道寡助；而中国是大国，进行的是进步的、正义的反侵略战争，在国际上得道多助。中国已经有了代表中华民族和中国人民根本利益的、在政治上成熟的中国共产党及其领导的抗日根据地和人民军队。因此，最后胜利又将是属于中国的。

毛泽东强调，"兵民是胜利之本"。战胜日本的侵略，必须进行人民战争。

毛泽东还科学地预测了抗日战争的发展进程。即：抗日战争将经过战略防御、战略相持、战略反攻三个阶段。其中，战略相持阶段，是中国抗日战争取得最后胜利的最关键的阶段。只要坚持持久抗战、坚持抗日民族统一战线，中国将在这个阶段中获得转弱为强的力量。

毛泽东阐明的持久战战略思想，揭示了抗日战争的发展规律和坚持抗战、争取抗战胜利必须实行的战略方针，对全国抗战的战略指导产生了积极的影响。

二、敌后战场的开辟与游击战争的发展及其战略地位

敌后战场的开辟和发展　　为了贯彻执行全面抗战路线，中国共产党作出了开辟敌后战场的战略决策。

八路军刚开赴前线时，主要是直接在战役上配合国民党军队作战。1937 年 9 月，八路军第一一五师主力在晋东北平型关附近伏击日军，歼敌 1 000 余人，击毁汽车 100 多辆，取得全民族抗战以来中国军队的第一次重大胜利，粉碎了日军不可战胜的神话。接着，又参加忻口会战。

八路军第一二〇师在雁门关以南伏击日军，第一二九师还以一营兵力担任主攻，夜袭阳明堡日军机场，毁伤敌机 20 多架，削弱了当前之敌的空中突击和运输力量，有力地配合了国民党军队在正面战场的作战。

　　1937 年 11 月太原失陷后，按照中共中央的部署，八路军在敌后实施战略展开，发动独立自主的敌后游击战争，先后开辟晋察冀、晋西北、晋冀豫、山东和大青山等抗日根据地。在华北，以国民党为主体的正规战争结束，以共产党为主体的游击战争上升到主要地位。新四军则挺进长江南北，开赴苏南、皖南、皖中地区，创建华中抗日根据地。到 1938 年 10 月，八路军和新四军同日、伪军作战 1 600 多次，毙、伤、俘敌 5.4 万人。共产党领导的抗日武装发展到近 20 万人。到 1940 年底，人民抗日武装部队发展到 50 万人，还建立了大量的地方武装和民兵；在华北、华中、华南创建了 16 块根据地（晋察冀、晋冀豫、晋绥、冀鲁豫、豫鄂边、山东、皖东北、皖东、皖南、皖中、苏南、苏中、苏北、豫皖苏、东江、琼崖），加上中共中央所在的陕甘宁边区，共产党领导的抗日根据地拥有 1 亿人口。1944 年春季，敌后战场人民军队转入攻势作战。他们已经抗击着全部侵华日军的 64%。

　　在敌后军民的艰苦抗战中，涌现出无数可歌可泣的民族英雄。他们中有在作战中以身殉国的八路军副参谋长左权、东北抗日联军第一路军总司令兼政治委员杨靖宇、东北抗日联军第二路军副总指挥赵尚志、新四军第四师师长彭雪枫等抗日将领，以及八路军"狼牙山五壮士"、新四军"刘老庄连"、东北抗日联军八位女战士等英雄群体。他们伟大的英雄气概和崇高的民族气节，鼓舞了全国军民，连敌人也为之震惊。

　　<u>游击战争的战略地位和作用</u>　　在抗日战争的初期和中期，游击战被提到了战略的地位，具有全局性的意义。

　　在战略防御阶段，从全局看，国民党正面战场的正规战是主要的，敌后的游击战是辅助的。但是，游击战在敌后的广泛开展和敌后抗日

根据地的开辟，迫使敌人不得不把用于进攻的兵力抽调回来保守其占领区，从而对阻止日军的进攻、减轻正面战场压力、使战争转入相持阶段起了关键性的作用。

在战略相持阶段，敌后游击战争成为主要的抗日作战方式。日军逐步将主要兵力用于打击敌后战场的人民军队，以保持和巩固其占领地。1939 年至 1940 年，华北地区的日军出动千人以上对敌后抗日根据地的大"扫荡"就有 109 次，使用的总兵力达 50 万人以上。为了打击日本侵略者，人民军队在有利条件下也进行过运动战。如 1940 年 8 月至 12 月初，八路军总部调集 100 多个团共 20 万人，对华北日军发动了一场大规模的以破袭敌人交通线为重要目标的进攻战役。这就是百团大战。但是，人民军队在大部分时间里所进行的，主要是游击战。削弱敌人、壮大自己，逐步改变敌强我弱的态势、为实行战略反攻准备条件，这个任务主要是由人民军队进行的游击战来完成的。

在 1945 年 8 月反攻阶段到来前夕，人民军队已经发展到 120 万人、民兵扩展到 220 万人，抗日根据地达到了 19 块。敌后军民的大反攻，就是在此基础上展开的。

在全民族抗战的过程中，中国共产党发挥了中流砥柱作用，领导全国人民，指挥八路军、新四军和华南抗日武装等全国各地的革命抗日武装力量，对敌作战 12.5 万余次，消灭日、伪军 171.4 万余人，其中日军 52.7 万余人，为坚持抗战、夺取抗战的最后胜利作出了永远辉耀史册的贡献。

三、坚持抗战、团结、进步的方针

统一战线中的独立自主原则 抗日民族统一战线是以国共合作为基础的。由于国共两党代表不同的阶级利益，参加抗战的目的不尽相同，实行的是不同的抗战路线，统一战线内部不可避免地存在着矛盾和斗争。所以，全民族抗战一开始，中共中央就明确提出了"在统一战线中，是无产阶级领导资产阶级呢，还是资产阶级领导无产阶级？是国民党吸引共产党呢，还是共产党吸引国民党？"这个问题。

中国共产党强调，必须在统一战线中坚持独立自主原则，既统一，又独立。为此，共产党必须保持在思想上、政治上和组织上的独立性，放手发动群众，壮大人民力量；必须坚持对人民军队的绝对领导，冲破国民党的限制和束缚，努力发展人民武装和抗日根据地；必须对国民党采取又团结又斗争、以斗争求团结的方针。这样做的目的，是为了保持共产党领导的革命力量已经取得的阵地，尤其是为了发展这些阵地，以动员千百万群众进入抗日民族统一战线，实质上就是力争中国共产党对抗日战争的领导权，使自己成为团结全民族抗战的中坚力量。这是把抗日战争引向胜利的中心一环。

坚持抗战、团结、进步，反对妥协、分裂、倒退　抗日战争相持阶段到来以后，由于以蒋介石为代表的国民党亲英美派开始推行消极抗日、积极反共的政策，团结抗战的局面逐步发生严重危机，出现了中途妥协和内部分裂两大危险。针对这种情况，1939年7月，中国共产党明确提出"坚持抗战到底——反对中途妥协""巩固国内团结——反对内部分裂""力求全国进步——反对向后倒退"三大口号，坚决揭露打击汪精卫集团的叛国投降活动，继续争取同蒋介石集团合作抗日。

1939年冬至1940年春，国民党顽固派发动第一次反共高潮。国民党军队侵犯陕甘宁边区，并在山西、河北进攻中国共产党领导的军队和根据地，人民军队给予了坚决的还击。1941年1月，国民党顽固派发动第二次反共高潮，在皖南以8万余兵力包围袭击新四军军部及所属部队9 000多人（除约2 000人突围外，一部分被打散，大部牺牲或被俘）。蒋介石还诬称新四军"叛变"，宣布取消新四军番号。这就是国民党制造的皖南事变。对于国民党当局的这种倒行逆施，中国共产党采取军事上严守自卫、政治上坚决反击的方针，赢得了国内外舆论的同情和支持。1943 年春，国民党顽固派策划发动第三次反共高潮，由于中国共产党及时进行揭露和斗争而被制止。

<u>巩固抗日民族统一战线的策略总方针</u>　为了抗日民族统一战线的坚持、扩大和巩固，中国共产党总结反"摩擦"斗争的经验，制定了"发展进步势力，争取中间势力，孤立顽固势力"的策略总方针。

进步势力主要是指工人、农民和城市小资产阶级。他们是统一战线的基础，抗日战争的主要依靠力量。为了发展进步势力，就要冲破国民党的限制和束缚，放手发动人民群众主要是农民群众，扩大八路军、新四军及其他抗日人民武装，创立抗日民主根据地，在全国发展共产党的组织，发展全国民众的抗日运动。

中间势力主要是指民族资产阶级、开明绅士和地方实力派。争取中间势力需要一定的条件：一是共产党要有充足的力量；二是尊重他们的利益；三是要同顽固派作坚决的斗争，并能一步一步地取得胜利。

顽固势力是指大地主大资产阶级的抗日派，即以蒋介石集团为代表的国民党亲英美派。他们采取两面政策，既主张抗日，又限共、溶共、反共并摧残进步势力。为此，共产党必须以革命的两面政策来对付他们，即贯彻又联合又斗争的政策，斗争不忘统一，统一不忘斗争，二者不可偏废，而以统一为主。同顽固派作斗争时，应坚持有理、有利、有节的原则。

中国共产党上述原则和方针的提出和贯彻实施，对于坚持全民族抗战到底，具有十分重大的意义。

四、抗日民主根据地的建设

抗日民主根据地是认真贯彻和实现中国共产党全面抗战路线、坚持抗战和争取胜利的坚强阵地。1941 年 5 月，中共中央批准颁布的《陕甘宁边区施政纲领》，全面地体现了中国共产党关于根据地建设的基本方针。

三三制的民主政权建设 加强政权建设,是抗日根据地建设的首要的、根本的任务。中国共产党提出,根据地政权是共产党领导的抗日民族统一战线性质的政权,是一切赞成抗日又赞成民主的人们的政权,是几个革命阶级联合起来对于汉奸和反动派的民主专政。边区(省)、县参议会既是民意机关,也是立法机关;边区、县、乡抗日民主政府是行政机关;边区高等法院和县法院是司法机关。抗日民主政府在工作人员分配上实行"三三制"原则,即共产党员、非党的左派进步分子和不左不右的中间派各占1/3。这样做,可以容纳各方面的代表,团结一切赞成抗日又赞成民主的各阶级、阶层。

抗日民主政权普遍采取民主集中制,各级抗日民主政权机构的领导人都经过人民选举产生。抗日民主政权努力发扬政治民主,保障人民的民主自由权利。陕甘宁边区参议会、山东省临时参议会等还专门通过有关保障人权的条例。抗日民主政权实行各民族平等团结、共同抗日的基本政策,在少数民族聚居地区试行民族区域自治。这是中国共产党从中国国情出发解决民族问题的一个创造。

毛泽东在回答中国共产党能否跳出"其兴也浡焉""其亡也忽焉"这个历史兴亡周期率的问题时讲过:"我们已经找到新路,我们能跳出这周期率。这条新路,就是民主。只有让人民来监督政府,政府才不敢松懈。只有人人起来负责,才不会人亡政息。"

减租减息,发展生产 各地抗日民主政权十分重视根据地的经济建设。根据地内停止实行没收地主土地的政策,普遍实行减租减息政策(地租,按原来租额比例,减低25%;战前借贷,以15%为计息标准),以减轻农民所受的封建剥削,提高他们的抗日和生产的积极性;同时实行交租交息,以利于联合地主阶级抗日。

为了发展农业生产,抗日民主政府动员农民开垦荒地,兴修水利;发动农民组织劳动互助,提高劳动生产率;帮助农民改良耕作技术,推广优良品种。

为了克服根据地面临的严重困难局面，毛泽东提出了"发展经济，保障供给"的经济工作和财政工作的总方针，发出了"自己动手，丰衣足食"的号召。1942年，中国共产党领导根据地军民开展了大生产运动。毛泽东、朱德等亲自参加生产。陕甘宁边区的八路军第三五九旅发扬艰苦奋斗的精神，将荒无人烟的南泥湾改造成为"陕北江南"。抗日民主政府还厉行精兵简政，以减轻人民负担。根据地军民终于战胜了困难，农业生产和工商业都得到恢复和发展，为坚持抗战、争取胜利奠定了物质基础。

文化建设与干部教育　全民族抗战开始后，中共中央所在地延安成了革命者向往的"圣地"。大批知识青年冲破国民党的封锁线奔赴延安。中共中央及时作出大量吸收知识分子的决定，把发展抗日的革命文化运动提上重要议事日程，中国人民抗日军事政治大学（简称"抗大"）、鲁迅艺术学院（简称"鲁艺"）等一批干部学校和专门学校创办起来。各根据地还创办了大量的中、小学校，吸收农民子女入学。哲学社会科学和自然科学研究也得到重视。1940年8月创办的延安自然科学院，是中国共产党历史上第一个开展自然科学教学与研究的专门机构。

抗日根据地政治民主、政府廉洁、民族团结、经济发展，同国民党统治区政治专制、吏治腐败的局面，形成鲜明的对照。越来越多的人从中国共产党领导的抗日根据地中看到了中国未来的希望。当时美国驻华使馆的人员在写给美国国务院的报告中也承认："共产党的政府和军队，是中国近代史上第一次受到有积极的广大人民支持的政府和军队。""未来的中国，共产党将占有确定的和重要的地位。""中国的命运不属于蒋而属于他们。"

五、推进大后方的抗日民主运动和进步文化工作

抗日民主运动的开展　抗战时期，中国共产党的工作重心，是在

敌后发动抗日游击战争，建设抗日民主根据地。同时，也在国民党统治区开展促进团结抗日等方面的大量工作。

在抗战初期，中国共产党对国民党统治区的工作，先是通过中共中央长江局具体领导。1939 年 1 月以后，由以周恩来为书记的中共中央南方局具体领导。

全民族抗战开始后，各界人士要求国民党实行抗战民主。1939 年 10 月，国民参政会中一些党派的代表发起宪政座谈会，批评国民党的一党专政，宪政运动在国民党统治区普遍开展起来。

1941 年 3 月中国民主政团同盟成立后，无法在重庆公开活动，即派人到香港开展工作，得到中共南方局所属中共驻香港办事处的支持，并于同年 9 月创办了盟报《光明报》。

中共南方局还直接对大后方的工商界人士做了大量工作。周恩来当时说：1944 年，不仅小资产阶级，连民族资产阶级也靠拢了我们。

1944 年 9 月，中共参政员林伯渠在国民参政会上提出废除国民党一党专政、召开各党派会议、成立民主联合政府的主张，得到民主党派、民主人士和社会各界的热烈响应。国民党统治区的民主运动由此朝着明确的政治目标发展，出现了新的高涨。但是，蒋介石公开反对召开各党派会议、成立民主联合政府。1945 年 5 月，国民党第六次全国代表大会制定了抢夺人民抗战胜利果实、准备发动内战的反动方针。

抗战文化工作的开展　全民族抗战开始以后，在中国共产党的推动和影响下，文化界各抗敌协会相继成立，成为文化界广泛的抗日民族统一战线建立的重要标志。

1938 年初，周恩来担任国民政府军事委员会政治部副部长以后，掌管宣传工作的政治部第三厅厅长由郭沫若担任。第三厅在周恩来、郭沫若的参与和领导下，团聚了一大批文化界爱国人士，成为扩大统一战线、推动抗日文化工作的重要阵地。第三厅组织了包括儿童剧团在内的十多个抗敌演剧队、宣传队，分赴各个战区进行抗日宣传，慰劳抗日将士。

武汉失守前后，一大批文化界人士迁移到重庆和桂林、昆明等地。中共中央南方局设立了文化工作委员会具体领导大后方的进步文化工作。文化界提出"抗战、团结、民主"为文艺创作的三大目标。抗战文化在斗争中得到新的发展。

中国共产党的《新华日报》《群众》周刊在国民党统治区公开发行，及时宣传党的主张，鼓舞和激励群众的抗战热情。

国民党统治区的抗日民主运动和进步文化工作，是全民族抗日战争中的一条重要的战线，对于激发大后方人民的爱国民主意识、坚持国共合作团结抗战、支援抗战前线、积蓄革命力量等发挥了重要的作用。

六、中国共产党的自身建设

为了胜利地领导中国人民进行抗日战争，中国共产党密切地联系着党的政治路线，在斗争实践中不断推进党的建设的伟大工程。

马克思主义中国化命题的提出　1937年11月，王明从莫斯科回到延安。他根据共产国际和苏联领导人关于中国抗战应该依靠国民党的指示精神，主张"一切经过统一战线""一切服从统一战线"，把共产党及其领导的人民军队的活动限制在国民党允许的范围内。毛泽东等对王明的右倾错误进行了坚决的抵制。1938年3月，中共中央派任弼时到苏联，向共产国际说明中国的抗战情况、国共两党关系及中共所采取的路线和政策。8月，中共驻共产国际代表王稼祥回国，传达共产国际的指示：中共中央的政治路线是正确的，中共中央要以毛泽东为首来解决统一领导的问题。

1938年9月至11月，中国共产党在延安举行了扩大的六届六中全会。在这次全会上，毛泽东明确地提出了"马克思主义的中国化"这个命题。他强调："离开中国特点来谈马克思主义，只是抽象的空洞的马克思主义。因此，马克思主义的中国化，使之在其每一表现中带着中国的特性,即是说,按照中国的特点去应用它,成为全党亟待了解并亟须解决的问题。"他大声疾呼:洋八股必须废止,空洞抽象的调头必须少唱,教条主义必须休息,而代之以新鲜活泼的,为中国老百姓所喜闻乐见的中国作风和中国气派。为了推进马克思主义中国化的事业,他向全党提出了普遍地深入地学习马克思列宁主义的理论,学习我们的历史遗产并给以批判的总结和调查研究当前运动的特点及其规律性的任务。

全会基本上纠正了王明的右倾错误,进一步确立了毛泽东在全党的领导地位。

针对国民党借1943年共产国际宣告解散的时机,鼓吹"共产主义不适合中国国情"、要求解散中国共产党等论调,中共中央进行了有力的批驳,指出,"中国共产党人是中华民族最优秀的子孙",他们"必将继续根据自己的国情,灵活地运用和发挥马克思列宁主义","使得马克思列宁主义这一革命科学更进一步地和中国革命实践、中国历史、中国文化深相结合起来";"中国共产党人是我们民族一切文化、思想、道德的最优秀传统的继承者,把这一切优秀传统看成和自己血肉相连的东西,而且将继续加以发扬光大"。

新民主主义理论的系统阐明　在20世纪30年代后期和40年代前期,为了将丰富的中国革命实际经验马克思主义化,以便更好地指导抗日战争和中国革命,毛泽东撰写了《〈共产党人〉发刊词》《中国革命和中国共产党》《新民主主义论》等一批重要的理论著作。

毛泽东首先揭示了中国半殖民地半封建社会的性质和主要特征,近代中国社会的主要矛盾和中国革命发生及发展的原因。在此基础上,他阐明了中国共产党领导的整个中国革命运动,是包括民主主义革命和社会主义革命两个阶段在内的全部革命运动。而1919年五四运动以后的中国民主革命,已经是无产阶级领导的人民大众的反帝反封建的新民主主义革命。它的前途是社会主义。

毛泽东还阐明了中国共产党在新民主主义革命阶段的基本纲领。即：政治上，推翻帝国主义和封建主义的压迫，建立一个以无产阶级为领导、以工农联盟为基础的各革命阶级联合专政的新民主主义共和国；这个共和国的政体是民主集中制的人民代表大会制度。经济上，没收操纵国计民生的大银行、大工业、大商业归新民主主义国家所有，建立国营经济；没收地主阶级的土地归农民所有，并引导个体农民发展合作经济；允许民族资本主义经济的发展和富农经济的存在。文化上，废除封建买办文化，发展无产阶级领导的人民大众的反帝反封建的中华民族的新文化，即民族的科学的大众的文化。

毛泽东总结中国共产党成立以来的历史经验，指出统一战线和武装斗争，是战胜敌人的两个基本武器。而党的组织，则是掌握统一战线和武装斗争这两个武器以实行对敌冲锋陷阵的英勇战士。统一战线，武装斗争，党的建设，这就是中国共产党在中国革命中战胜敌人的三个主要的法宝。

以毛泽东为主要代表的中国共产党人创立的新民主主义理论，是马克思主义基本原理同中国具体实际相结合的成果。新民主主义理论的系统阐明，标志着毛泽东思想得到多方面展开而达到成熟。这个理论从思想上武装了中国共产党人，使他们极大地增强了参加和领导抗日战争和新民主主义革命的自觉性。

整风运动和实事求是思想路线在全党的确立 抗日战争以来，中国共产党的组织得到很大的发展。广大新党员有很强的抗日精神和革命斗志，但是他们绝大多数出身于农民及其他小资产阶级，在他们身上存在着各种非无产阶级思想。老党员要适应新形势，也需要进一步提高自己。1935年1月遵义会议以来，党的路线已经走上马克思主义的正确轨道，但对曾经给党的事业造成严重危害的主观主义、教条主义还没有来得及从思想上进行认真的清理。这就有必要集中开展一场普遍的马克思主义思想教育运动，总结和吸取历史上的经验教训，以提高广大党员的思想理论水平，增强党的凝聚力和战斗力。为此，在 20 世纪 40 年代前期，中国共产党以延安为中心，在全党范围内开展了一场整风运动。

1941 年 5 月，毛泽东作了《改造我们的学习》的报告。整风运动首先在党的高级干部中进行。1942 年 2 月，毛泽东先后作了《整顿党的作风》和《反对党八股》的讲演，整风运动在全党范围普遍展开。整风运动的主要内容是：反对主观主义以整顿学风，反对宗派主义以整顿党风，反对党八股以整顿文风。其中，反对主观主义以整顿学风是整风运动最主要的任务。

主观主义的实质是理论脱离实际，颠倒了认识和实践的关系，是实际工作中的唯心主义。当时它的主要表现形式是教条主义和经验主义，尤其是教条主义。这是中国共产党内反复出现"左"、右倾错误的思想认识根源。主观主义、教条主义表现出了幼稚者的蒙昧。所以，毛泽东提出，我们要在党内发动一个启蒙运动，使我们的同志从主观主义、教条主义的蒙蔽中解放出来。

克服主观主义，必须以科学的态度对待马克思主义，必须发扬理论联系实际的马克思主义的学风，一切从实际出发，实事求是。毛泽东对"实事求是"这个成语作了新的解释。他说："实事"就是客观存在着的一切事物，"是"就是客观事物的内部联系，即规律性，"求"就是我们去研究。我们要从国内外、省内外、县内外的实际情况出发，从其中引出固有的而不是臆造的规律性，即找出周围事物的内部联系，作为我们行动的向导。这样，实事求是就成了党的辩证唯物主义的思想路线通俗而又生动的表述。

调查研究是把理论和实际结合起来的不可或缺的中间环节。毛泽东强调，加强调查研究是转变党的作风的基础一环。1941 年 8 月，中共中央作出《关于调查研究的决定》及《关于实施调查研究的决定》。中共中央设立调查研究局，各中央局、区委、省委或工委也成立相应的调查研究机构。调查研究作为中国共产党的一项重要的工作制度被确立起来，调查研究在党内蔚然成风。

在整风运动中，全党党员，特别是党的高级干部，认真学习马克思主义著作和党的整风运动文献，联系党的历史，联系个人的思想实际和工作实际，开展批评与自我批评，端正了思想路线，增强了运用马克思主义的立场、观点、方法解决中国革命实际问题的自觉性和能力。

在这期间，1942年5月，毛泽东在延安文艺座谈会上发表讲话，全面总结五四运动以来中国革命文艺运动的历史经验，深刻阐明和发展了马克思主义的文艺理论，为中国革命文艺的发展指明了正确方向。他强调："为什么人的问题，是一个根本的问题，原则的问题。""我们的文学艺术都是为人民大众的，首先是为工农兵的。"在讲话精神的鼓舞下，革命的文艺工作者深入实际、深入群众，创作了一大批为人民大众喜闻乐见的优秀作品。

整风运动是一场伟大的思想解放运动。一切从实际出发、理论联系实际、实事求是的马克思主义思想路线，在全党范围确立了起来。

1945年4月20日，中共扩大的六届七中全会通过了《关于若干历史问题的决议》，对党的若干重大的历史问题作出结论，使全党尤其是党的高级干部对中国民主革命的基本问题的认识达到在马克思列宁主义基础上的一致。同年4月23日至6月11日，中国共产党第七次全国代表大会在延安举行。七大制定了党的政治路线，即"放手发动群众，壮大人民力量，在我党的领导下，打败日本侵略者，解放全国人民，建立一个新民主主义的中国"，制定了实现政治路线的正确的纲领和策略；七大总结了党的建设的历史经验，把党在长期奋斗中形成的优良传统作风概括为三大作风，即理论和实践相结合的作风，和人民群众紧密地联系在一起的作风，自我批评的作风；七大将以毛泽东为主要代表的中国共产党人把马克思列宁主义基本原理同中国具体实际相结合所创造的理论成果，正式命名为毛泽东思想，并将毛泽东思想规定为党的一切工作的指针。刘少奇在大会的报告中指出，毛泽东思想，就是中国的共产主义，中国的马克思主义。它完全是马克思主义的，又完全是中国的。这是中国民族智慧的最高表现和理论上的最高概括。中国共产党在毛泽东思想的基础上，达到空前的团结和统一。中国革命在毛泽东思想的指引下，取得了一个又一个的新胜利。

同年6月19日召开的中共七届一中全会，选举产生了中央政治局，选举毛泽东、朱德、刘少奇、周恩来、任弼时为中央书记处书记，毛泽东为中央委员会主席。

第五节　抗日战争的胜利及其原因和意义

一、抗日战争的胜利

1945年上半年，世界反法西斯战争进入最后阶段。4月，联合国制宪会议在美国旧金山举行，包括中国解放区代表董必武在内的中国代表团出席了会议。中国成为联合国的创始国和联合国安全理事会五个常任理事国之一。5月上旬，苏联红军攻克柏林，德国法西斯投降。

7月26日，中、美、英三国发表波茨坦公告，敦促日本投降。8月上旬，苏联红军进入中国东北，猛烈攻击日本关东军。8月9日，毛泽东发表《对日寇的最后一战》的声明，号召八路军、新四军及其他人民军队，应在一切可能条件下，对于一切不愿投降的侵略者及其走狗实行广泛的进攻。中国人民军队对日军的战略反攻全面展开。

8月14日，日本政府照会中、美、英、苏等国，表示接受波茨坦公告。8月15日，日本天皇裕仁以广播"终战诏书"的形式宣布接受波茨坦公告。9月2日，在东京湾美军军舰密苏里号上举行日本向同盟国投降签字仪式。至此，中国人民抗日战争胜利结束，世界反法西斯战争也胜利结束。9月9日，中国战区日军投降签字仪式在南京举行。中国战区日本投降代表、日军中国派遣军总司令冈村宁次在投降书上签字。侵华日军 128 万余人向中国投降。

1945 年 10 月 25 日，中国政府在台湾举行受降仪式。根据波茨坦公告，被日本占领 50 年之久的台湾以及澎湖列岛，由中国收回。这成为抗日战争取得完全胜利的重要标志。

二、中国人民抗日战争在世界反法西斯战争中的地位

世界反法西斯战争的东方主战场　中国人民抗日战争从一开始就具有拯救人类文明、保卫世界和平的重大意义，是世界反法西斯战争的重要组成部分，中国战场是世界反法西斯战争的东方主战场。

中国抗战在 1931 年九一八事变后即已开始。从 1937 年中国全民族抗战开始到 1939 年 9 月大战在欧洲爆发之前，当英、美、法实行绥靖政策的时候，中国人民孤军奋战，英勇抗击了百万日军的进攻。中国的抗战牵制和削弱了日本的力量，使之不敢贸然北进，从而使苏联得以集中兵力对付德国，避免东西两面作战；同时也推迟了日本发动太平洋战争的时间，并使之在发动和进行战争时由于兵力不足而不能全力南进，从而减轻了美、英军队受到的压力。

中国坚持持久抗战，抗击和牵制着日本陆军主力，并为同盟国军队实施战略反攻创造了有利条件。美国总统罗斯福说："假如没有中国，假如中国被打垮了，你想一想有多少师的日本兵可以因此调到其他方面来作战？"苏联元帅崔可夫说："甚至在我们最艰苦的战争年代里，日本也没有进攻苏联，却把中国淹没在血泊中，稍微尊重客观事实的人都不能不考虑到这一明显而无可争辩的事实。"

中国作为亚洲太平洋地区盟军对日作战的重要后方基地，还为盟国提供了大量战略物资和军事情报。

总之，中国是全世界参加反法西斯战争的五个最大的国家之一。中国人民的抗日战争开展时间最早、持续时间最长。中国是在亚洲大

陆上反对日本侵略者的主要国家。在太平洋战争爆发前，中国抗击日本陆军的80%左右，在太平洋战争爆发后，中国仍抗击日本陆军的半数以上。从1931年9月至1945年9月，中国军民共歼灭日军150余万人。中国在抗日战争中，为了自己的解放，为了帮助各同盟国，付出了巨大的牺牲，作出了伟大的贡献。

世界反法西斯力量对中国的援助　　中国的抗日战争得到了世界上所有爱好和平与正义的国家和人民、国际组织及各种反法西斯力量的同情和支持。

苏联是最早为中国抗日战争提供援助的国家。1937年8月，中国同苏联签订互不侵犯条约。苏联政府向中国提供大量的物资援助，并派遣空军志愿队来华作战。抗日战争后期，苏联红军开赴中国东北，同中国军民并肩作战，加速了彻底打败日本侵略者的进程。许多苏军官兵在中国东北战场上英勇献身。

日本发动对中国的侵略战争后，美国对日本一度奉行绥靖政策。中国抗日战争进入相持阶段后，美国采取两面政策，一方面向中国提供援助，另一方面又向日本大量出口战略物资。太平洋战争爆发前后，美国采取了支持中国、联合中国共同抗日的政策。美国陆军航空队退役军官陈纳德还曾组建美国援华志愿航空队（即"飞虎队"）来华参加对日作战，并为帮助中国运送战略物资而冒险开辟驼峰航线。

英国及法国等国也向中国提供了经济援助或与中国进行了军事合作。朝鲜、越南、加拿大、印度、新西兰、波兰、丹麦以及德国、奥地利、罗马尼亚、保加利亚、日本等国的反法西斯战士直接参加了中国人民抗日战争。1939年11月，加拿大共产党员诺尔曼·白求恩大夫在抢救八路军伤员时被感染，为中国人民解放事业献出了生命。

三、抗日战争胜利的原因和意义

抗日战争胜利的原因　　中国人民抗日战争的胜利，是近代以来中国抗击外敌入侵的第一次完全胜利。中国人民为什么能够战胜不可一世的日本军国主义、赢得胜利呢？

第一，以爱国主义为核心的民族精神是中国人民抗日战争胜利的决定因素。近代以来，中国人民为争取民族独立和解放进行的一系列抗争，是中华民族觉醒和民族精神升华的历史进程。这种民族觉醒和民族精神升华，在抗日战争时期达到了全新的高度。面对民族存亡的空前危机，中国人民的爱国热情像火山一样迸发出来。中华儿女众志成城、共御外侮，为民族而战，为祖国而战，为尊严而战，谱写了惊天地、泣鬼神的爱国主义篇章。

第二，中国共产党的中流砥柱作用是中国人民抗日战争胜利的关键。中国共产党自成立之日起就把实现中华民族伟大复兴作为自己的历史使命。中国共产党倡导和推动国共合作，建立、坚持和发展广泛的抗日民族统一战线。中国共产党坚持全面抗战路线，制定正确的战略策略，开辟广大敌后战场，成为坚持抗战的中坚力量。中国共产党始终坚持抗战、反对投降，坚持团结、反对分裂，坚持进步、反对倒退，同各爱国党派团体和广大人民一起，共同维护团结抗战大局，引领着夺取战争胜利的正确方向，成为夺取战争胜利的民族先锋。

第三，全民族抗战是中国人民抗日战争胜利的重要法宝。抗击侵略、救亡图存成为中国各党派、各民族、各阶级、各阶层、各团体以及海外华侨华人的共同意志。中国共产党坚持动员人民、依靠人民，提出并实施持久战的战略总方针和一整套人民战争的战略战术，广泛开展伏击战、破袭战、地雷战、地道战、麻雀战等游击战的战术战法，使日本侵略者陷入了人民战争的汪洋大海之中。中国人民抗日战争的胜利是全民族抗战的胜利。

第四，中国人民抗日战争的胜利，同世界所有爱好和平和正义的国家和人民、国际组织以及各种反法西斯力量的同情和支持也是分不开的。

第五节 抗日战争的胜利及其原因和意义

抗日战争胜利的意义 中国人民抗日战争是20世纪中国和人类历史上的重大事件,为中华民族由近代以来陷入深重危机走向伟大复兴确立了历史转折点。

第一,中国人民抗日战争的胜利,彻底粉碎了日本军国主义殖民奴役中国的图谋。中国人民用自己的顽强奋战和巨大牺牲,迫使日本归还甲午战争以后从中国窃取的东北、台湾、澎湖列岛等神圣领土,捍卫了国家主权和领土完整,彻底洗刷了近代以来抗击外来侵略屡战屡败的民族耻辱。

第二,中国人民抗日战争的胜利,促进了中华民族的大团结,形成了伟大的抗战精神。中国人民向世界展示了天下兴亡、匹夫有责的爱国情怀,视死如归、宁死不屈的民族气节,不畏强暴、血战到底的英雄气概,百折不挠、坚忍不拔的必胜信念。这是中国人民弥足珍贵的精神财富,永远是激励中国人民克服一切艰难险阻、为实现中华民族伟大复兴而奋斗的强大精神动力。

第三,中国人民抗日战争的胜利,对世界各国夺取反法西斯战争的胜利、维护世界和平的事业产生了巨大影响。中国人民为最终战胜世界法西斯势力作出的历史性贡献,在全世界人民面前树立了一个以弱胜强的范例,中国国际地位显著提高。1945年4月,中国同美国、英国、苏联共同发起旧金山会议,共商建立联合国。随着《联合国宪章》正式出台,中国成为联合国安全理事会五个常任理事国之一。中国人民赢得了世界爱好和平人民的尊敬,赢得了崇高的民族声誉。

第四,中国人民抗日战争的胜利,开辟了中华民族复兴的光明前景。经历抗日战争锤炼的中国人民进一步认识到:只有实现民族独立和人民解放,建立人民当家作主的新中国,才能真正实现民族振兴、人民幸福。中国共产党提出的改造旧中国、建设新中国的主张,代表了中国人民的根本利益。人民革命力量进一步发展壮大。这就为中国共产党团结带领全国人民继续奋斗,赢得新民主主义革命的胜利、创建中华人民共和国，奠定了重要的基础。

学习思考

1. 为什么说中国的抗日战争是神圣的民族解放战争？
2. 为什么说中国共产党是中国人民抗日战争的中流砥柱？
3. 怎样评价国民党政府在抗日战争中执行的路线和正面战场的地位与作用？
4. 为什么说中国人民抗日战争是弱国战胜强国的范例？其历史意义是什么？

必读文献

1. 毛泽东：《论持久战》（第 111—118 节）（1938 年 5 月）
2. 毛泽东：《论联合政府》（三）（1945 年 4 月 24 日）
3. 习近平：《在纪念中国人民抗日战争暨世界反法西斯战争胜利 70 周年大会上的讲话》（2015 年 9 月 3 日）

延伸阅读文献

《中共中央关于目前形势与党的任务的决定》（1937 年 8 月 25 日）

第七章
为新中国而奋斗

第一节 从争取和平民主到进行自卫战争

一、中国共产党争取和平民主的斗争

战后国际国内政治形势 抗日战争胜利后，中国广大人民热切希望实现和平、民主，为建设新中国而奋斗。

战后的政治形势，总的说来，对中国人民实现建设新中国的目标是有利的。在国际上，帝国主义遭到削弱，社会主义国家、民族解放运动的力量有了新的发展，世界反动势力已经难以集中起来干涉中国革命。在国内，中国人民的觉悟程度、组织程度空前提高，人民军队发展到120万人，解放区扩大到1亿人口。经过整风学习，中国共产党在毛泽东思想的基础上达到了高度的团结。中国人民克服一切困难，实现其基本历史要求的时机已经到来。

但是，通向新中国的道路仍然是崎岖、曲折的。

国民党统治集团作为大地主、大资产阶级的政治代表，其根本目标是使战后的中国回复到战前的状态，即坚持蒋介石的独裁统治，继续走半殖民地半封建社会的老路。由于中国共产党及其领导的人民革命力量的存在和发展，是它实现上述目标的主要障碍，还在抗战的中期、后期，蒋介石就开始采取避战观战以便保存实力、准备发动反共内战的方针。抗战刚胜利，中国就面临着内战的危险。

以武力消灭共产党及其领导的人民军队和解放区政权，是蒋介石集团的既定方针。由于全国人民强烈要求和平、反对内战，由于国民党的军队大部分远在西南、西北后方,要把它们运往内战前线、完成内战部署需要相当的时间,由于国际上苏联、美国等都表示希望中国能够实行和平建国,因此,蒋介石在积极准备内战的同时,又表示愿意与中共进行和平谈判。其目的,一是以此敷衍国内外舆论,掩盖其正在进行的内战准备;二是诱使中共交出人民军队和解放区政权,以期不战而控制全中国;三是如果谈判不成,即放手发动内战,并把战争责任转嫁给中国共产党。

国民党的反共方针得到了美国政府的支持。美国在中国追求的长期的基本目标,在于推动建立一个统一的亲美政府;其短期目标,首先是"避免共产党完全控制中国"。它之所以这样做,一是为了让蒋介石政府成为它在亚洲的主要支持者,以此稳定它的亚洲战线;二是从"遏制苏联"这个总的战略考虑和反对人民革命的一贯立场出发,担心"一个共产党统治的中国将在政治、经济和军事上和苏联结成紧密的联盟",担心中国革命的胜利会对整个亚洲发生深刻的影响;三是为了维护美国在中国的殖民主义利益,即为了便于使战后的中国成为它倾销商品、获取廉价原料和进行自由投资的场所。

为了上述目的,美国决策者曾经考虑过"实行大规模的军事干涉,帮助国民党消灭共产党"的问题,但又担心这样做会使自己深陷中国这个泥潭而不能自拔。当时的美国总统杜鲁门后来追述说:中国"不是任何近代的西方军队所能征服的",想以武力把美国生活方式强加给中国"是愚蠢的"。后来的美国国务卿艾奇逊在回顾当时的情况时说过:对中国进行军事干涉,这"从理论上看来,以及回顾起来,虽然都令人神往,却是完全行不通的"。它采取的主要方法是:一方面,要求国民党政府实行某种程度的改革,包括搞一点形式上的民主,以争取中间派的同情和支持,尤其是诱使或迫使共产党交出军队,实现中国在国民党领导下的"统一";另一方面,通过给予经济、政治、军备等方面的援助,"帮助国民党把他们的权力在中国最大可能的地区里面建立起来"。尽管美国当局声称"不支持中国中央政府进行内战",但它的这种做法恰恰是对国民党统治集团内战政策的最实际的支持。

中国共产党争取和平民主的方针 为建设新中国而奋斗,这是中国人民的根本利益之所在。但是怎样去实现这个目标呢?中国共产党曾经希望通过和平的途径对中国进行政治社会的改革,逐步向新中国这个目标迈进。因为,中国人民在经历了长期的战争之后,有和平建国的强烈要求,中国共产党应当充分考虑人民群众的这种愿望。同时,由于人民力量强大,加上其他条件,中国共产党估计,造成国共两党合作(加上民主同盟等)、和平发展的新阶段的可能性是存在的。中国共产党应当努力争取中国出现这种局面。

还在1945年5月中共召开七大时,毛泽东就提出,对蒋介石拟采取"洗脸"政策而不是"砍头"政策。8月24日,毛泽东根据时局变化进一步指出,抗战结束,和平建设阶段开始。中央正考虑同国民党进行谈判,避免内战,实现和平建国。8月25日,中共中央在对时局的宣言中明确提出"和平、民主、团结"的口号。

重庆谈判和政治协商会议 1945年8月14日、20日、23日,蒋介石三次电邀毛泽东到重庆共商"国际国内各种重要问题"。为了争取和平民主,毛泽东不顾个人安危,于8月28日偕周恩来、王若飞赴重庆与国民党当局进行谈判。10月10日,双方签署《政府与中共代表会谈纪要》,即"双十协定",确认和平建国的基本方针,同意"长期合作,坚决避免内战"。

1946年1月10日,国共双方下达停战令。同一天,政治协商会议(以下简称政协会议)在重庆开幕,出席会议的有国民党、共产党、民主同盟、青年党和无党派人士的代表38人。以周恩来为首的中共代表团与民主同盟等民主党派和无党派人士的代表密切合作,同国民党当局认真协商,推动政协会议达成五项协议。

关于国家的政治体制，政协协议规定，改组国民党一党政府，成立政府委员会为最高国务机关，委员的一半由国民党以外的人士充任。改组后的政府为结束国民党的"训政"到实施宪政的过渡时期的政府，负有召集国民大会以制定宪法的任务。协议规定，立法院为相当于议会的最高国家立法机关，由选民直接选举产生；行政院为最高行政机关，并对立法院负责；立法院对行政院全体不信任时，行政院或辞职或提请总统解散立法院。中央政权的这种体制相当于英国、法国的议会制和内阁制。这对于蒋介石的独裁政体是一种限制。协议又规定，中央同地方分权，省为地方自治的最高单位，省长民选，省可以制定省宪等。这对于解放区民主政权的存在也提供了一种可能的保障。

政协会议的上述协议及其他协议，还不是新民主主义性质的，但它有利于冲破蒋介石的独裁统治和实行民主政治，有利于和平建国，因而在相当程度上是有利于人民的。它激起了亿万善良的中国人对于实现和平、民主、团结、统一的热烈期望。协议较多地吸收了中间人士的意见，这使他们尤其感到振奋。在一个时期内，是否忠实履行政协协议，成了人们衡量政治是非的重要尺度。

维护和破坏政协协议的较量　中国共产党是准备严格履行政协协议的。在政协召开时，毛泽东指出，"中国和平民主新阶段，即将从此开始"。全党应为"巩固国内和平，实现民主改革"，建立新中国而奋斗。政协闭幕的第二天，中共中央发出党内指示，指出"从此中国即走上了和平民主建设的新阶段"，"中国革命的主要斗争形式，目前已由武装斗争转变到非武装的群众的与议会的斗争，国内问题由政治方式来解决。党的全部工作，必须适应这一新形势"。全党要"准备为坚决实现（政协的）这些决议而奋斗"。同时，中共中央也指出，英美和中国大资产阶级中还有许多阴谋，中国民主化的道路依然是曲折的长期的。因此，必须提高警惕，注意"阵地的取得和保持"，做好进行自卫战争的准备，而"练兵、减租与生产是目前解放区三件中心工作"。

国民党政权所代表的是大地主、大资产阶级的利益，其统治的社会基础极其狭隘，这决定了它既不能容忍、也经受不住任何的民主改革。后来艾奇逊在其回忆录中也承认，国民党存在着维护特殊利益的集团，它"愈来愈流露这样一种信念：追求统一和民主的中国，他们将丧失一切"。正因为如此，国民党统治集团从来没有准备去履行政协协议。在1946年3月召开的国民党六届二中全会上，蒋介石命令他的追随者对政协协议"就其荦荦大端，妥筹补救"。他以扩大内战的行动，使政协协议成为一纸空文。

国民党统治集团的方针是，先接收关内，控制华东、华北，而后进兵关外，以便独占东北。所以，它计划先在关内大打，而后在关外大打。待它认为相应的准备已经完成时，就全面彻底撕毁政协协议，悍然发动全国规模的内战。

国民党统治集团既然扼杀了全国人民对于和平建国的热切愿望，它也就把自己放在了全国人民的对立面。

中国共产党争取和平民主的努力，尽管最终未能阻止全面内战的爆发，但是，它使得各界群众增进了对中国共产党的了解，懂得了什么人应当对这场战争承担责任。这在政治上是一个重大的胜利。中共代表团在返回延安时，代表团成员李维汉在当天的日记中写道："国共谈判破裂了，但我党满载人心归去。"这是完全符合事实的。同时，经过努力，中国人民毕竟争得了将近一年的和平的暂息时期。这也为扩大和巩固解放区、做好进行自卫战争的准备，提供了有利的条件。

二、国民党发动内战和解放区军民的自卫战争

全面内战爆发　1946年6月底，国民党军以进攻中原解放区为起点，挑起了全国性的内战。同年10月11日，国民党军占领华北解放区重镇张家口。蒋介石于当天宣布11月12日召开由国民党一手包办

的"国民大会"。次年3月,国民党当局限期令中共驻南京、上海、重庆三地代表及工作人员全部撤退。至此,一切和平谈判之门都被国民党关闭,国共关系彻底破裂。

全面内战爆发时,中国共产党面临的形势是极为严峻的。当时,国民党军的总兵力为430万人,它占有3.39亿以上人口、730万平方公里面积的地区,控制着几乎所有的大城市和绝大部分铁路交通线;它不仅接收了100余万日军和数十万伪军的装备,而且美国还为它训练和装备了50万军队。人民解放军的总兵力为127万人,装备基本上是缴自日军的步兵武器;解放区的人口为1.36亿,面积约230万平方公里,而且是被分割、包围的,在物质上得不到任何外援。正是凭着军力和经济力的优势,蒋介石声称,这场战争"一定能速战速决"。

以革命战争反对反革命战争　中国共产党清醒地估计了国内外形势,坚决认定,我们必须打败蒋介石,而且能够打败他。

毛泽东指出:我们必须打败蒋介石,是因为蒋介石发动的战争,是一个在美帝国主义指挥之下的反对中国民族独立和中国人民解放的反革命的战争。在这种时候,如果我们表示软弱,表示退让,不敢坚决地起来用革命战争反对反革命战争,中国就将变成黑暗世界,我们民族的前途就会被断送。

毛泽东又指出:我们能够打败蒋介石,是因为蒋介石军事力量的优势和美国的援助,只是临时起作用的因素;而蒋介石发动的战争的反人民性质,人心的向背,则是经常起作用的因素,在这方面,我们占着优势。人民解放军的战争所具有的爱国的正义的革命的性质,必然要获得全国人民的拥护。这就是战胜蒋介石的政治基础。

以自卫战争粉碎国民党的军事进攻　为了打退国民党对解放区的军事进攻,中共中央指出,在政治上,必须和人民群众亲密合作,必须争取一切可以争取的人,在党的领导下建立最广泛的人民民主统一战线;在军事上,必须采取集中优势兵力、各个歼灭敌人的作战原则。

在 1946 年 6 月至 1947 年 6 月一年的时间里，人民军队处于战略防御阶段。战争主要在解放区进行。

从 1946 年 6 月至 10 月，国民党军侵占解放区城市 153 座；解放军则收复城市 48 座、歼敌 29.8 万人。从 1946 年 11 月至 1947 年 2 月，国民党军侵占解放区城市 87 座；解放军则收复和解放城市 87 座、歼敌 41 万人。国民党军被迫放弃对解放区的全面进攻，而改为对陕北、山东两解放区的重点进攻。

从 1947 年 3 月至 6 月，解放军经过 4 个月的内线作战，努力打退国民党军的重点进攻，并在东北、热河、冀东、豫南等地开始局部反攻。解放区虽仍有 95 座城市被敌侵占，但解放军同时收复和解放了 153 座城市，并歼敌 40 余万人。

战局的发展，从根本上粉碎了国民党统治集团的速战速决计划，并使他们陷入了人民战争的汪洋大海之中，难以逃脱遭遇灭顶之灾的命运。

第二节　国民党政府处在全民的包围中

一、全国解放战争的胜利发展

人民解放军转入战略进攻　经过人民解放军一年的作战，战争形势发生了重大变化。1947 年 7 月，国民党军的总兵力由 430 万人下降为 373 万人，其中正规军由 200 万人下降为 150 万人。由于战线延长，它的大部分兵力用于守备，战略性机动兵力大为减少，而且士气低落，官兵中充满失败情绪。人民解放军的总兵力则由 127 万人增加为 195 万人，其中正规军近 100 万人；部队的武器装备也因大量缴获而得到很大改善。由于不需分兵守卫后方供给线和城市，机动兵力大大增强。

为了彻底粉碎国民党将战争继续引向解放区、进一步破坏和消耗解放区的人力物力使之不能持久的方针,中共中央作出出人意料的决定:不待完全粉碎敌人的战略进攻,不等解放军在数量上占有优势,立刻将主力打到外线去,举行全国性的反攻,将战争引向国民党区域。

1947年6月底,根据中共中央的决策和部署,刘伯承、邓小平率领的晋冀鲁豫野战军主力,实施中央突破,千里跃进大别山;陈毅、粟裕指挥的华东野战军主力为东路,挺进苏鲁豫皖地区;陈赓、谢富治指挥的晋冀鲁豫野战军一部为西路,挺进豫西。三路大军相互策应,机动歼敌。它们调动和吸引国民党军南线全部兵力160多个旅中约90个旅于自己周围,迫使国民党军处于被动地位。人民解放战争战略进攻的序幕由此揭开。

仍在内线作战的人民解放军,包括彭德怀率领的西北野战军,谭震林、许世友率领的华东野战军山东兵团,聂荣臻率领的晋察冀野战军,徐向前率领的晋冀鲁豫野战军太岳兵团等,也在同时加紧发起攻击,渐次转入反攻。同年夏季,林彪、罗荣桓率领的东北民主联军发动反攻,从根本上改变了东北战局。

各个战场上的攻势作战,构成了人民解放军全国规模的战略进攻的总形势。

提出"打倒蒋介石,解放全中国"的口号　1947年10月10日,中国人民解放军总部发表宣言,提出"打倒蒋介石,解放全中国"的口号。因为这时,不仅老百姓不要蒋介石,就连上层分子(除了少数反动集团外)、中产阶级也不想给蒋介石抬轿子了,也要推翻他了。这个口号的提出,极大地鼓舞了解放军全体指战员和全国人民的斗志。

同年12月,中共中央在陕北米脂县杨家沟召开会议,制定了夺取全国胜利的行动纲领。毛泽东指出,中国革命已经发展到了一个历史的转折点。这是蒋介石二十年反革命统治由发展到消灭的转折点,这是一百多年来帝国主义在中国的统治由发展到消灭的转折点。随后,他进一步要求全党同志,必须牢牢掌握党的总路线,即无产阶级领导的,人民大众的,反对帝国主义、封建主义和官僚资本主义的新民主主义革命的总路线;必须十分注意政策和策略,注意按照实际情况决定工作方针,善于把党的政策变成群众的行动;必须维护党的集中统一的领导,加强组织性纪律性,以便把人民解放战争胜利地向前推进。

二、土地改革与农民的广泛发动

从"五四指示"到《中国土地法大纲》 在解放战争胜利发展的同时,解放区开展了轰轰烈烈的土地改革运动。毛泽东指出:"土地制度的彻底改革,是现阶段中国革命的一项基本任务。如果我们能够普遍地彻底地解决土地问题,我们就获得了足以战胜一切敌人的最基本的条件。"

在全面内战爆发的前夕,1946年5月4日,中共中央发出《关于清算、减租及土地问题的指示》(史称"五四指示"),决定将党在抗日战争时期实行的减租减息政策改变为实现"耕者有其田"的政策。在此之后,通过开展清算斗争等,到1947年下半年,解放区即有2/3的地区基本上解决了农民的土地问题。

在人民解放军转入战略进攻之后,为了维护广大农民的利益、进一步激发他们支援解放战争的积极性,1947年7月至9月,中国共产党在河北省平山县召开全国土地会议,制定和通过了《中国土地法大纲》,明确规定"废除封建性及半封建性剥削的土地制度,实现耕者有其田的土地制度","乡村中一切地主的土地及公地,由乡村农会接收",分配给无地或少地的农民。这个大纲指引着在封建制度压迫下的亿万农民群众,将自己的力量汇入民主革命的洪流。

土地改革运动的热潮 全国土地会议以后,解放区广大农村迅速掀起土地制度改革(习惯称"土改")运动的热潮。尽管在土改运动广泛发动之后,一度发生过侵犯部分中农利益、侵犯某些民族工商业等的"左"的错误,但中共中央一经发现,便立即采取坚决的措施加以纠正，使运动迅速走上健康发展的轨道。

经过土地改革运动，到 1948 年秋，1 亿人口的解放区消灭了封建生产关系。广大农民分得土地并在政治上获得翻身以后，其政治觉悟和组织程度空前提高，农村生产力得到解放，工农联盟进一步巩固和加强。在"保田参军"的口号下，大批青壮年农民踊跃参加人民军队。各地农民不仅将粮食、被服等送上前线，而且成立运输队、担架队、破路队等随军组织，担负战争勤务。他们还广泛建立和发展民兵组织，配合解放军作战。人民解放战争获得了源源不断的人力、物力的支援。

土地制度改革，是从根本上摧毁中国封建制度根基的社会大变革。土改运动的发展表明，解放战争在胜利推进的同时，中国的社会变革也在深入发展。经过这个运动，中国最主要的人民群众——农民，进一步认识到，中国共产党是自身利益的坚决维护者，因而自觉地在党的周围团结起来。这就为打败蒋介石、建立新中国奠定了深厚的群众基础。

三、第二条战线的形成和发展

国民党统治区的政治经济危机　在国民党统治区，以学生运动为先导的人民民主运动也迅速地发展起来，成为配合人民解放战争的第二条战线。

国民党政府由于它的专制独裁统治和官员们的贪污腐败、大发国难财，抗战后期在大后方便已严重丧失人心。在抗战胜利时曾经对它抱有很大期望的原沦陷区人民，也很快对它感到极度的失望。一个重要的原因，就是国民党政府派出的官员到原沦陷区接收时，把接收变成"劫收"，大发胜利财。巨额敌伪资产转归官僚资本集团控制的部门占有，其中很大部分被官员个人侵吞、隐匿、变卖。连一名国民党接收官员也向蒋介石进言，"像这样下去，我们虽已收复了国土，但我们将丧失了民心",其结果将使政府"基础动摇,在一片胜利声中早已埋下了一颗失败的定时炸弹"。担任过美国驻华大使的司徒雷登后来也说过,国民党"从其执政伊始就容忍了各级官员的贪婪受贿、懒散无能、搞裙带关系和派系斗争——一句话,那个被它所推翻了的腐朽官僚制度的一切弊病它全都有了。抗战胜利后,为了集中军队和秘密警察的力量去摧毁共产主义,那些弊病变得更加引人注目了"。

国民党之所以迅速失去民心,主要是由于它违背全国人民迫切要求休养生息、和平建国的意愿,执行反人民的内战政策。为了筹措内战经费,国民党政府除了对人民征收苛重的捐税以外,更无限制地发行纸币。1948年8月,法币发行额已比1937年全民族抗战前增发47万多倍,而物价暴涨了725万多倍。恶性通货膨胀引起的物价飞涨,使人民一次又一次地遭到洗劫,使民族工商业走向破产。国民党统治区的工农业生产严重萎缩,国民经济遭遇深刻的危机。1947年,工业产量较1936年减少了30%。失业人数陡增,工人和城市居民濒临无法生存的境地。同时,农村经济急剧衰退。1947年,农作物总产量比1936年减少了33%~44%。广大农村饥民遍地,饿殍载道。1947年,各地饥民达1亿人以上。公教人员和学生群众的生活也陷入极度的困境。

这样,国民党当局就将全国各阶层人民置于饥饿和死亡的界线上,因而迫使全国各阶层人民团结起来,同蒋介石反动政府作你死我活的斗争,除此以外,再无出路。

<u>学生运动的高涨</u>　针对国民党当局积极从事内战的准备,1945年底,昆明学生发动了以"反对内战,争取自由"为主要口号的一二·一运动。这个运动扩展到了许多城市。

在全面内战爆发半年后,1946年12月30日,为抗议驻华美军强暴北京大学先修班一女学生,北平学生高喊"抗议美军暴行!""美军退出中国!"的口号,举行示威游行。抗议驻华美军暴行的运动(史

称"抗暴运动"或"一二三〇运动")由此掀起。截至1947年1月10日，12天内，抗暴斗争扩展到14个省26个城市，参加罢课、游行等的学生总数达50万人。

1947年5月20日，南京、北平等地爆发了反饥饿、反内战运动（史称"五二〇运动"）。随后，这个运动迅速扩大到上海、杭州、武汉、广州等60多个大、中城市，学生罢课、游行同工人罢工、教员罢教等各阶层人民的斗争会合到了一起。

在解放军转入战略进攻之后，国民党当局加紧了对爱国民主运动的镇压，1947年10月以后，爱国学生一次又一次地掀起反抗斗争的浪潮。由于他们愈来愈把自己的希望寄托在人民解放战争的胜利上面，学生运动的主要口号便由"反饥饿、反内战"改为"反迫害"了。

1948年，美国的对日政策发生逆转，开始由促使日本非军事化和整肃右翼，转向扶持日本，重新武装日本，打击左派势力，以期使日本成为美国在亚洲的依靠重点。爱国学生提出"反美扶日""挽救新民族危机"的口号。6月5日，上海学生举行反美扶日大游行。这个运动很快扩展到全国。

人民民主运动的发展 学生运动是整个人民运动的一部分。学生运动的高涨，不可避免地要促进整个人民运动的高涨。

在全面内战爆发的前夜，1946年6月23日，上海人民团体联合会派出请愿团去南京向国民党当局呼吁和平。请愿团到达南京下关时遭到当局指使的大批暴徒围殴达5个小时，团长马叙伦和代表雷洁琼等多人受伤。

1947年间，全国20多个大、中城市中，先后有120万工人举行罢工。5月到6月，饥饿的城市居民的"抢米"风潮席卷包括江苏、浙江、安徽、四川等省的40多个大小城镇。

在农村，农民不断掀起反抗国民党当局抓丁、征粮、征税的浪潮。1947年1月，民变地区扩展到300多个县。中共地方组织还在广东

（含海南岛）、湖北、安徽、福建、江西等一些地方的农村中，恢复和发展人民武装，进行武装斗争，建立游击根据地。

1947年2月28日，台湾省台北市人民为反抗国民党当局的暴政、抗议反动军警屠杀市民，举行大规模示威游行。2月底3月初，台湾各地汉族、高山族人民纷起响应，夺取武器，举行起义，并攻占台中、嘉义等城市。国民党当局从大陆调来大批军警、特务，对起义群众进行镇压。3月14日起义失败。二二八起义虽然失败了，但作为全国人民民主运动的组成部分，它有力地显示了台湾人民的革命精神，鼓舞了全国人民。

1944年8月至1949年10月，新疆伊犁、塔城、阿山（今阿勒泰）各族群众发起反对军阀、反抗国民党反动统治和帝国主义侵略的武装斗争，通常称之为三区革命。革命前期，混入革命队伍的一些民族分裂分子一度煽动民族仇恨、制造国家分裂。1946年6月，在中国共产党影响下，以阿合买提江、阿巴索夫等为代表的进步力量掌握三区革命领导权，分裂势力受到致命打击，新疆各族人民在艰苦的条件下继续坚持斗争。三区革命推翻了国民党在三区的反动统治，有力支援了全国特别是西北的解放战争，从本质和主流看，是全中国人民民主革命运动的一部分。

1947年初，内蒙古东部大部和中部部分地区获得解放。中共中央提出"内蒙成立统一的民族自治政府问题"，强调"内蒙自治政府非独立政府，它承认内蒙民族自治区仍属中国版图，并愿为中国真正的民主联合政府之一部分"。同年4月，在乌兰浩特举行内蒙古人民代表会议，通过《内蒙古自治政府施政纲领》等。5月1日，内蒙古自治政府宣告成立，乌兰夫为主席。内蒙古人民的斗争发展到了一个新阶段。

中国各民主党派和无党派民主人士在人民民主运动中发挥了积极的作用。

这些事实表明，不仅在军事战线上，而且在政治战线上，国民党政府都打了败仗。这个政府已经处在全民的包围中。1947年5月30日，毛泽东指出：中国事变的发展，比人们预料的要快些。为了建立一个和平的、民主的、独立的新中国,中国人民应当迅速地准备一切必要的条件。

准备建立新中国的工作,是在中国共产党的领导下,由各民主党派、各人民团体、无党派民主人士和各界人民的代表共同进行的。

第三节　中国共产党与民主党派的合作

一、各民主党派的历史发展

中国各民主党派是中国共产党领导的爱国统一战线的重要组成部分。

中国的民主党派,少数成立于大革命时期和十年内战时期,多数成立于抗日战争和全国解放战争时期。主要是:

中国国民党革命委员会(简称"民革")。1947年秋,三民主义同志联合会、中国国民党民主促进会及其他国民党民主派酝酿成立联合组织,宋庆龄表示支持。同年11月,中国国民党民主派和其他爱国民主人士第一次联合会议在香港召开。1948年1月1日,会议宣布中国国民党革命委员会正式成立。民革中央推举宋庆龄为名誉主席,李济深为主席。

中国民主同盟(简称"民盟")。1941年3月,中国民主政团同盟在重庆诞生。黄炎培被推选为中央常务委员会主席。不久,改由张澜任主席。民盟由6个组织联合组成,它们是:救国会、中华民族解放行动委员会(亦称"第三党",后改称"中国农工民主党")、中华职业教育社、乡村建设协会以及青年党和国家社会党(后改称"民主社会党")。为便于更多的民主人士以个人身份加入,中国民主政团同盟于1944年9月更名为中国民主同盟。

中国民主建国会(简称"民建")。1945年12月,由爱国的民族工商业者和与其有联系的知识分子发起在重庆成立。黄炎培、胡厥文等当选为常务理事。

中国民主促进会（简称"民进"）。1945年12月，中国民主促进会在上海宣告成立。组成人员一部分是马叙伦所联系的文化、教育、出版工作者，另一部分是王绍鏊所联系的部分上海工商界爱国人士。会务由马叙伦负责。

中国农工民主党（简称"农工党"）。1928年，谭平山、章伯钧等酝酿成立中华革命党，并开始发展成员，开展活动。1930年8月，召开第一次全国干部会议，中国国民党临时行动委员会宣告成立，邓演达当选为总干事（后被国民党当局杀害）。1935年11月，改称中华民族解放行动委员会（亦称"第三党"）。1947年2月，改称中国农工民主党。章伯钧任主席。

中国致公党。1925年10月，五洲洪门恳亲大会在美国旧金山召开，成立致公党总部。1947年5月，中国致公党在香港召开第三次代表大会，选举李济深为主席（对外未公开），陈其尤为副主席。

九三学社。1944年底以来，重庆科技界、文化界、教育界的一些高级知识分子经常在一起举行座谈会（一度称"民主科学座谈会"）。1945年9月3日，座谈会改名为九三学社。1946年5月4日，九三学社在重庆宣告正式成立。许德珩等当选为理事。

台湾民主自治同盟（简称"台盟"）。二二八起义失败后，为团结台湾各界人士坚持斗争，1947年8月，谢雪红等在香港酝酿成立政治组织。11月，台湾民主自治同盟正式成立。

中国各民主党派形成时的社会基础，主要是民族资产阶级、城市小资产阶级以及同这些阶级相联系的知识分子和其他爱国分子。它们所联系和代表的不是单一阶级，而是这些阶级、阶层的人们在反帝爱国和争取民主的共同要求基础上的联合，是阶级联盟性质的政党。在它们的成员和领导骨干中，还有一定数量的革命知识分子和少数共产党人。

在中国的政治生活中，各民主党派和无党派民主人士是一支重要的力量。

二、中国共产党与民主党派的团结合作

抗日战争胜利后，民主党派在中国的政治舞台上比较活跃。

中国各民主党派的政纲不尽相同，但都主张爱国、反对卖国，主张民主、反对独裁。在这些方面，同中国共产党的新民主主义革命政纲基本上是一致的。因此，它们从成立的时候起，大多同中国共产党建立了不同程度的合作关系，并在斗争实践中逐步地发展了这种关系。

在战后进行国共谈判和召开政协会议时，民主党派作为"第三方面"，主要是同共产党一起，反对国民党的内战、独裁政策，为和平民主而奔走呼号的。它们为政协会议的成功作出了自己的贡献，还为维护政协协议进行过不懈的努力。在国民党当局撕毁政协协议、发动全面内战时，尽管参加民盟的青年党、民主社会党跟随国民党跑了，民盟和其他民主党派的大多数人，在拒绝参加国民党一手包办的伪"国民大会"和虚假的"多党政府"以及反对国民党炮制的伪"宪法"等一系列重大问题上，是同共产党站在一起的。它们还积极参加和支持国民党统治区的爱国民主运动，在第二条战线的斗争中尽了自己的一份力量。

中国共产党对各民主党派采取了积极的争取和团结的政策。

无论是在举行国共谈判、召开政协会议期间，还是在解放战争的进行过程中，中国共产党都及时向各民主党派通报情况，认真听取他们的意见，并就一些重大问题同他们进行协商，以便采取一致行动。中国共产党一贯鼓励和支持各民主党派反对国民党独裁统治的斗争，同时，又十分注意尊重和维护其应有的政治地位和合理的利益。对于他们的某些不妥当的意见，则善意地提出批评，诚恳地帮助其进步。中共领导人毛泽东、周恩来等还同民主党派的领导人和无党派民主人

士的代表建立了良好的个人关系，直接对他们进行工作。所有这些，都收到了积极的效果。

同中国共产党合作奋斗，并在实践中不断进步，是各民主党派在这个时期表现的主要方面。

中国共产党与民主党派的合作，对于中国人民解放事业的发展起到了积极的作用。

三、第三条道路的幻灭

第三条道路的主张 中国的民主党派并不是单一阶级的政党，正如周恩来所说，"其组织成分又常从统治阶级内部的反对派一直包含到进步分子"，"而其中政治倾向又从君主立宪一直到新民主主义革命都有"。由于内部存在着不同的政治倾向，他们自身就不能不在克服某些错误倾向的斗争中，逐步地求得进步和发展。

抗日战争胜利后，某些民主党派的领导人物曾经鼓吹"中间路线"。他们认为，当时的形势是，国民党不能用武力消灭共产党，共产党也不能用武力推翻国民党，这似乎为实行中间路线提供了千载一时的机会。周恩来在当时说过："民盟由于抗战特别由于政协的机缘，客观上一时造成了他在全国的第三党地位，使他中间许多领导人物代表着中产阶级的想法，企图在国共对立的纲领之外，寻找出第三条道路。"

中间路线的鼓吹者主张：在政治上，"必须实现英美式的民主政治"，但不准地主官僚资本家操纵；在经济上，"应当实行改良的资本主义"，但不容官僚买办资本横行。而实行的方法，则是走和平的改良的道路。他们所提倡的，是资产阶级共和国的方案；他们所主张的，实质上是旧民主主义的道路。

但是，中国在战后面临的是两种命运、两个前途的尖锐斗争。客观形势决定了人们没有走中间路线的余地。持有中间路线想法的人们一接触到实际斗争,尤其是内战重起,就使他们只能在靠近共产党或靠近国民党中选择道路,而不能有其他道路。如前所述,青年党、民主社会党跟随国民党走了,民盟的大多数则是靠近共产党以至接受共产党的领导。

<u>国民党当局对民主党派的迫害</u>　国民党当局不仅极度仇视中国共产党,而且对民主党派、民主人士也充满敌意。尽管民盟等一向主张"以民主的方式争取民主,以合法的行动争取合法的地位",国民党当局还是不断以暴力对他们施行迫害。继李公朴、闻一多在昆明遭暗杀之后,杜斌丞又在西安被杀害。民盟地方组织的许多成员被逮捕、绑架、屠杀,所办的多家报社也被捣毁或遭袭击。1947年5月,国民党公布伪造的《中共地下斗争路线纲领》,公然诬蔑民主同盟、民主促进会、三民主义同志联合会等"受中共之命,而准备甘为中共之新的暴乱工具"。10月,国民党当局宣布民盟"为非法团体",明令对该组织及其成员的一切活动"严加取缔"。同年11月6日,民盟总部被迫在上海发表公告,"通告盟员自即日起一律停止政治活动,本盟总部同人即日起总辞职,总部亦即日解散"。

新华社在为民盟被解散而发表的评论中说:"民主同盟是一个赤手空拳的组织,他们连'一支枪也没有',并且不打算有,他们的凭借是言论、出版,而这样的武器也早已被蒋介石没收了。"蒋介石不允许民盟这样的组织存在,这就"使在蒋介石统治下进行任何和平运动、合法运动、改良运动的最后幻想归于破灭"。

<u>民主党派历史上的转折点</u>　1948年1月,民盟领导人沈钧儒等在香港召开民盟一届三中全会,宣布不接受解散民盟的任何决定,并恢复民盟总部。会议明确宣告,民盟"决不能够在是非曲直之间有中立的态度",指出独立的中间路线不符合中国的现实环境,是"行不通"的。民盟必须站在人民的、民主的、革命的立场,为彻底推翻国民党统治集团、消灭封建土地所有制、驱逐美帝国主义出中国、实现人民

的民主而奋斗。会议确认中国共产党"值得每个爱国的中国人赞佩",表示"今后要与他们携手合作"。这次会议,标志着民盟站到了新民主主义革命的立场上来。

与此同时,1948年1月,中国国民党革命委员会成立大会宣布:"本会当前之革命任务为推翻蒋介石卖国独裁政权,实现中国之独立、自由、民主与和平。"随着形势的发展和通过实际的教育,它公开表示承认中国共产党的领导地位。

其他民主党派也明确表示了参加新民主主义革命的立场。

这些情况表明,中国人民民主统一战线得到了进一步的巩固和加强,国民党的反动政权陷入众叛亲离、彻底孤立的境地。

四、中国共产党领导的多党合作、政治协商格局的形成

1948年4月30日,中共中央在纪念五一国际劳动节的口号中提出:"各民主党派、各人民团体、各社会贤达迅速召开政治协商会议,讨论并实现召集人民代表大会,成立民主联合政府。"这个号召得到各民主党派和社会各界的热烈响应。从当年8月起,各民主党派负责人、无党派民主人士接受中共中央邀请,分别从香港、上海、北平及海外,陆续进入东北、华北解放区。在哈尔滨的民主人士章伯钧等提出,政治协商会议即等于临时人民代表会议,即可产生临时中央政府。这个意见为中共中央所接受。北平解放后,进入解放区的民主人士在北平汇合。

1949年1月22日,李济深、沈钧儒等民主党派的领导人和著名的无党派民主人士55人联合发表《对时局的意见》,一致认定中共提出的关于召开政治协商会议、成立联合政府的主张"符合于全国人民大众的要求",恳切表示"愿在中共领导下,献其绵薄,共策进行,以期中国人民民主革命之迅速成功,独立、自由、和平、幸福的新中国之早日实现"。这个政治声明表明,中国各民主党派和无党派民主人

士自愿地接受了中国共产党的领导，决心走人民革命的道路，拥护建立人民民主的新中国。

同年春，毛泽东在同有关人士谈话时提出，民主党派应"积极参政，共同建设新中国"。民主党派参加新政协会议并将在新中国参政，标志着民主党派地位的根本变化。它们不再是旧中国反动政权下的在野党，而成为中国人民民主专政的参加者，在中国共产党的领导下，和共产党一道担负起管理国家和建设国家的历史重任。从此，各民主党派走上了新的历史道路。

历史经验表明，资产阶级共和国的方案在中国是行不通的。中国各民主党派和无党派民主人士的绝大多数人，经过实践的教育，确认了中国共产党关于通过建立人民共和国、走向社会主义的政治主张的正确性；认识到只有接受中国共产党的领导，才能在中国政治生活中有效地发挥积极作用，才有光明的前途。中国共产党领导的多党合作和政治协商制度，是在这个基础上形成的。它符合中国历史发展的规律和中国人民的根本利益，也符合各民主党派和无党派民主人士的意愿。

第四节　创建人民民主专政的新中国

一、南京国民党政权的覆灭

辽沈、淮海、平津三大战役　1948年秋，人民解放战争进入夺取全国胜利的决定性的阶段。

这时，人民解放军已由战争开始时的127万人发展到280万人，解放区面积达到235.5万平方公里、拥有1.68亿人口，并且基本完成了土地制度改革，广大农民的革命和生产积极性空前高涨，解放军的后方进一步巩固。与此相反，国民党军队则由430万人下降为365万人，其中可用于第一线的兵力仅 174 万人，而且士气低落，战斗力不强；由于遭到各阶层人民的强烈反对，处境十分孤立。它在军事上不得不放弃"全面防御"而实行"重点防御"。国民党政权濒临崩溃。人民解放军同国民党军队进行战略决战的时机已经成熟。

在毛泽东和中共中央军委的领导和指挥下，在人民群众的热烈支援下，中国人民解放军先后发动了辽沈、淮海、平津三大战役。

辽沈战役自 1948 年 9 月 12 日开始至 11 月 2 日结束，历时 52 天。东北野战军主力 70 万人在林彪、罗荣桓领导下，共歼敌 47.2 万人。淮海战役自 1948 年 11 月 6 日开始至 1949 年 1 月 10 日结束，历时 66 天。华东野战军、中原野战军以及地方武装共 60 万人，在由刘伯承、陈毅、邓小平、粟裕、谭震林组成的总前委（邓小平为书记）领导下，歼敌 55.5 万人。平津战役自 1948 年 11 月 29 日开始至 1949 年 1 月 31 日结束，历时 64 天。入关作战的东北野战军、华北解放军主力与地方武装共 100 万人，在由林彪、罗荣桓、聂荣臻组成的平津前线总前委领导下，歼灭和改编国民党军队 52 万余人。

三大战役前后历时 4 个月零 19 天，共歼灭国民党军队的有生力量 154 万余人，加上 1948 年 7 月至 1949 年 1 月期间在济南战役和其他战役中的损失，国民党军队共丧失兵力 230 余万人。国民党赖以维持其反动统治的主要军事力量基本上被摧毁。

三大战役，无论是战争的规模还是取得的成果，在中国战争史上是空前的，在世界战争史上也是罕见的。这是人民战争的胜利，是毛泽东军事思想的胜利。

人民解放军向全国进军　　1949 年元旦，蒋介石发表"求和"声明，企图借"和平谈判"之机争取喘息时间，布置长江防线，以便卷土重来。1 月 14 日，毛泽东以中共中央主席的名义发表关于时局的声明，严正指出：虽然中国人民解放军具有充足的力量和充分的理由，确有把握，在不要很久的时间内，全部地消灭国民党反动政府的残余军事力量；但是，为了迅速结束战争，实现真正的和平，减少人民的痛苦，中国共产党愿意在惩办战争罪犯、废除伪宪法和伪法统、改编一切反动军队等八项条件的基础上，同南京国民党政府及国民党地方政府和军事集团进行和平谈判。谈判从 4 月 1 日开始。由于国民党政府拒绝在《国内和平协定》上签字，1949 年 4 月 21 日，毛泽东、朱德发布《向全国进军的命令》。人民解放军第二、第三野战军在东起江阴，西至湖口，长达 1 000 多里的战线上强渡长江天险，一举摧毁国民党苦心经营了 3 个半月的长江防线。4 月 23 日，人民解放军占领南京，宣告延续了 22 年之久的国民党反动统治的覆灭。随后，解放军第一、第二、第三、第四野战军所部各路大军继续向中南、西北、西南各省举行胜利的大进军，分别以战斗方式或和平方式，迅速解决残余敌人，解放广大国土。国民党蒋介石集团被人民赶出中国大陆，逃往中国台湾省。

二、人民政协与《共同纲领》

为新中国绘制蓝图　随着解放战争的胜利发展，建立新中国的任务被提上了历史日程。

在 1948 年 9 月召开的中共中央政治局会议上，毛泽东论述了即将成立的新中国的国体，即国家政权的阶级性。他说："我们政权的阶级性是这样：无产阶级领导的，以工农联盟为基础，但是不仅仅工农，还有资产阶级民主分子参加的人民民主专政。"关于新中国的政体，即国家政权的组织形式，他说，我们"不必搞资产阶级的议会制和三权鼎立等"，这套东西"袁世凯、曹锟都搞过，已经臭了"，我们应当"建立民主集中制的各级人民代表会议制度"。

1949 年 3 月召开的中共七届二中全会，规定了党在全国胜利后在政治、经济、外交方面应当采取的基本政策，指出了中国由农业国转变为工业国、由新民主主义社会转变为社会主义社会的发展方向。在这次会议上，毛泽东告诫全党，夺取全国胜利，这只是万里长征走完了第一步，中国的革命是伟大的，但革命以后的路更长，工作更伟大，更艰苦。据此，他提出了"两个务必"的思想，即"务必使同志们继续地保持谦虚、谨慎、不骄、不躁的作风，务必使同志们继续地保持艰苦奋斗的作风"。在胜利面前，毛泽东保持着清醒的头脑。他告诫全党，必须警惕糖衣炮弹的攻击，不要在这种攻击面前打败仗。全会还根据毛泽东的提议，做出不给党的领导者祝寿，不送礼，少敬酒，少拍掌，不用党的领导者的名字作地名、街名和企业的名字，不要把中国同志和马克思、恩格斯、列宁、斯大林并列等有关规定。在中共中央离开西柏坡时，毛泽东说，我们进北平，可不是李自成进北京，他们进了北京就变了。我们共产党人进北平，是要继续革命，建设社会主义，直到实现共产主义。他把进北平比作"进京赶考"，说"我们决不当李自成，我们都希望考个好成绩"。

为了向全国人民公开阐明中国共产党在建立新中国问题上的主张，在中国共产党成立28周年的前夕，1949年6月30日，毛泽东发表了《论人民民主专政》一文，明确指出，人民民主专政需要工人阶级的领导。因为只有工人阶级最有远见，大公无私，最富于革命的彻底性。人民民主专政的基础是工人阶级、农民阶级和城市小资产阶级的联盟，而主要是工人和农民的联盟，因为这两个阶级占了中国人口的80%～90%。推翻帝国主义和国民党反动派，主要是这两个阶级的力量。由新民主主义到社会主义，主要依靠这两个阶级的联盟。他指出，我们还必须利用一切于国计民生有利而不是有害的城乡资本主义因素，团结民族资产阶级。但是民族资产阶级不能充当革命的领导者，也不应当在国家政权中占主要的地位。

中共七届二中全会的决议和毛泽东的《论人民民主专政》，构成了《中国人民政治协商会议共同纲领》的基础。

在筹建新中国的过程中，毛泽东、中共中央还进一步确认，中国同苏联国情不同，不宜实行联邦制。单一制的国家结构形式符合中国的实际情况，在统一的国家内实行民族区域自治有利于民族平等原则的实现。1949年9月7日，周恩来向政协代表报告时指出：今天帝国主义想分裂我们的西藏、台湾甚至新疆。"在这种情况下，我们国家的名称叫中华人民共和国，而不叫联邦。""我们虽然不是联邦，但却主张民族区域自治，行使民族自治的权力。"

人民政协会议的召开与《共同纲领》的制定　完成创建新中国的任务，是由中国人民政治协商会议来承担的。

1949年9月21日，中国人民政治协商会议第一届全体会议在北平中南海怀仁堂隆重开幕，参加会议的代表共662人。

新政协筹备会主任、中共中央主席毛泽东在开幕词中向全世界豪迈地宣告："我们的工作将写在人类的历史上，它将表明：占人类总数四分之一的中国人从此站立起来了。""我们的民族将从此列入爱好和平自由的世界大家庭，以勇敢而勤劳的姿态工作着，创造自己的文明和幸福，同时也促进世界的和平和自由。我们的民族将再也不是一个被人侮辱的民族了，我们已经站起来了。"

会议通过了《中国人民政治协商会议共同纲领》（以下简称《共同纲领》）。

《共同纲领》规定，"中华人民共和国为新民主主义即人民民主主义的国家，实行工人阶级领导的、以工农联盟为基础的、团结各民主阶级和国内各民族的人民民主专政"；"中华人民共和国的国家政权属于人民。人民行使国家政权的机关为各级人民代表大会和各级人民政府"；"各级政权机关一律实行民主集中制"。

《共同纲领》规定，"中华人民共和国境内各民族一律平等"。"各少数民族聚居的地区，应实行民族区域自治"；"各少数民族均有发展其语言文字、保持或改革其风俗习惯及宗教信仰的自由。人民政府应帮助各少数民族的人民大众发展其政治、经济、文化、教育的建设事业"，"使中华人民共和国成为各民族友爱合作的大家庭"。

《共同纲领》规定，在经济工作中，"以公私兼顾、劳资两利、城乡互助、内外交流的政策，达到发展生产、繁荣经济之目的"。国家应调剂国营经济、个体经济、私人资本主义经济等，"使各种社会经济成分在国营经济领导之下，分工合作，各得其所，以促进整个社会经济的发展"。

《共同纲领》规定，新中国外交工作的原则，是"保障本国独立、自由和领土主权的完整，维护国际的持久和平和各国人民间的友好合作，反对帝国主义的侵略政策和战争政策"。

《共同纲领》在当时是全国人民的大宪章，起着临时宪法的作用。会议通过了中央人民政府组织法，一致选举毛泽东为中央人民政府主席，朱德、刘少奇、宋庆龄、李济深、张澜、高岗为副主席，陈毅等56人为中央人民政府委员会委员。随后，中央人民政府委员会任命周恩来为政务院总理兼外交部长。

9月30日，中国人民政治协商会议第一届全体会议闭幕。创建中华人民共和国的筹备工作胜利完成。

随后，10月9日，中国人民政治协商会议第一届全国委员会在北京举行第一次会议，选举毛泽东为政协第一届全国委员会主席。

人民政协的召开，标志着中国的新型政党制度——中国共产党领导的多党合作和政治协商制度的确立。

三、中国革命胜利的原因和基本经验

中国革命胜利的原因　　随着国民党反动统治的覆灭和中华人民共和国的创建，中国新民主主义革命赢得了基本的胜利。

中国革命的发生不是偶然的，它有着深刻的社会根源和雄厚的群众基础。

由于帝国主义、封建主义、官僚资本主义的残酷压迫，中国人民

走上了反帝反封建反官僚资本主义斗争的伟大道路。

工人、农民、城市小资产阶级群众是民主革命的主要力量。在他们中间,涌现出了无数无畏的英雄和不屈的战士。随着斗争的发展,民族资产阶级也逐步向共产党靠拢,这种现象曾经被人称作是"开万国未有之奇"。

各民主党派和无党派民主人士、各少数民族、爱国的知识分子和华侨等,都在这场斗争中发挥了积极的作用。伟大的爱国者宋庆龄、文化革命的主将鲁迅、国民党左派何香凝等,即使在最艰苦的年代,也始终坚持革命的立场,与共产党站在一起。邓演达、李公朴、闻一多等,还在反独裁、争民主的斗争中献出了自己的生命。民主党派的领导人李济深、张澜、沈钧儒、黄炎培等,爱国侨领陈嘉庚、司徒美堂等,也都先后成了共产党的亲密朋友。

没有广大人民和各界人士的广泛参加和大力支持,中国革命的胜利是不可能的。

中国革命之所以能够走上胜利发展的道路,是由于有了中国工人阶级的先锋队——中国共产党的领导。

中国共产党作为工人阶级的政党,不仅代表着中国工人阶级的利益,而且代表着整个中华民族和全中国人民的利益。中国共产党是用马克思主义的科学理论武装起来的,它以中国化的马克思主义即马克思列宁主义基本原理与中国实际相结合的毛泽东思想作为一切工作的指针。因此,中国共产党能够制定出适合中国情况的、符合中国人民利益的纲领、路线、方针和政策,为中国人民的斗争指明正确的方向。

中国共产党人在革命过程中始终英勇地站在斗争的最前线。自1921年中国共产党创建至1949年中华人民共和国成立这28年间,它为中国人民的解放事业献出了无数的优秀战士。它的许多卓越领导人,如李大钊、瞿秋白、蔡和森、向警予、邓中夏、苏兆征、彭湃、陈延年、恽代英、赵世炎、张太雷等,许多杰出的将领,如方志敏、刘志丹、黄公略、许继慎、韦拔群、赵博生、董振堂、段德昌、杨靖宇、左权、叶挺等，也都在这个斗争中英勇地献出了自己的生命。中国共产党人以行动表明了自己是最有远见，最富于牺牲精神，最坚定，而又最能虚心体察民情并依靠群众的坚强的革命者，从而赢得了广大中国人民的衷心拥护。

"没有共产党，就没有新中国。"这是中国人民基于自己的切身体验所确认的客观真理。这一点，甚至也得到了来自国民党营垒的一些人士的肯定。1949年6月26日，留在北平的原国民党政府代表团团长张治中在他所发表的《对时局的声明》中说："我居留北平已八十多天了，以我所见所闻的，觉得处处显露出一种新的转变、新的趋向，象征着我们国家民族的前途已显露出新的希望。"他说："我以国民党党员一分子的立场只有感到无限的惭疚，但是站在国民一分子的立场说，又觉得极大的欣慰。我们中国人毕竟还有能力把国家危机挽转过来，还可希望把国家搞好，断不是一个没出息的民族，已可得到证明。"

中国革命之所以能够赢得胜利，同国际无产阶级和人民群众的支持也是分不开的。毛泽东说过，假如没有苏联的存在和人民民主国家的出现，没有被压迫民族的斗争和资本主义国家人民的斗争，堆在中国人民头上的国际反动势力不知要大多少倍，在这种情况下，我们是不可能胜利的；胜利了，要巩固，也不可能。为了中国人民的解放事业，一些国际友人还直接参加了中国的革命斗争，有的已经长眠在中国的土地上。

<u>中国革命胜利的基本经验</u>　中国人民的反帝反封建反官僚资本主义的革命斗争，是在中国共产党的领导下，在它所提出的新民主主义的理论、纲领、路线和方针政策的指引下，经过长期的艰苦、曲折的斗争，逐步取得胜利的。无产阶级领导的，人民大众的，反对帝国主义、封建主义和官僚资本主义的革命，这就是中国共产党在新民主主

义革命阶段的总路线和总政策。

中国共产党在领导人民革命的过程中，积累了丰富的经验，锻造出了有效的克敌制胜的武器。毛泽东指出："统一战线，武装斗争，党的建设，是中国共产党在中国革命中战胜敌人的三个法宝，三个主要的法宝。"

第一，建立广泛的统一战线。

由于中国人民受到帝国主义、封建主义和官僚资本主义的严重压迫，在中国建立革命统一战线的群众基础是十分广泛的。建立广泛的统一战线，是坚持和发展革命的政治基础。

统一战线中存在着两个联盟：一个是工人阶级同农民和其他劳动人民的联盟，主要是工农联盟；一个是工人阶级同民族资产阶级和其他可以合作的非劳动人民的联盟，主要是同民族资产阶级的联盟，有时还包括与一部分大资产阶级的暂时的联盟。前者是基本的、主要的；后者是辅助的，同时又是重要的。必须坚决依靠第一个联盟，争取建立和扩大第二个联盟。

巩固和扩大统一战线的关键，是坚持工人阶级及其政党的领导权。为此，必须率领同盟者向共同的敌人作坚决的斗争并取得胜利；必须对被领导者给以物质福利，至少不损害其利益，同时对被领导者给以政治教育；必须对同工人阶级争夺领导权的资产阶级采取又联合、又斗争的政策。

第二，坚持革命的武装斗争。

由于中国没有资产阶级民主，反动统治阶级凭借武装力量对人民实行独裁恐怖统治，革命只能以长期的武装斗争作为主要形式。离开了武装斗争，就没有共产党的地位，就不能完成任何革命任务。

中国的武装斗争实质上是工人阶级领导的农民战争。中国共产党必须深入农村，发动和武装农民，在农村建立革命的根据地，以农村包围城市，才能逐步地争取革命的胜利。

为了坚持和发展中国革命，必须建立一支在工人阶级政党绝对领导下的、具有严格纪律的、同人民群众保持亲密联系的新型人民军队。没有一支人民的军队，便没有人民的一切。这支军队必须实行一系列具有中国特点的人民战争的战略战术。

第三，加强共产党自身的建设。

在工人阶级人数很少而战斗力很强，农民和其他小资产阶级占人口大多数的中国，建设一个工人阶级先锋队的党，是极其艰巨的任务。毛泽东建党学说成功地解决了这个难题。

中国共产党的建设，是密切地联系着党的政治路线进行的，注重在端正思想路线的基础上，制定和贯彻执行党的正确的政治路线。

中国共产党首先着重党的思想建设，要求党员用工人阶级思想克服资产阶级、小资产阶级思想，解决思想上入党的问题；培育和发扬理论与实际相结合、密切联系群众和自我批评的作风；在党内斗争中实行"惩前毖后，治病救人"的方针；创造了在全党通过批评与自我批评进行马克思主义思想教育的整风形式等。

中国共产党正是遵循毛泽东建党学说，在长期的斗争实践中，把自己锻炼成了一个有纪律的、有马克思列宁主义的理论武装的、采取自我批评方法的、联系人民群众的党，成为了掌握统一战线和武装斗争这两个武器以实行对敌冲锋陷阵的英勇战士，成为了全国各族人民拥戴的领导核心。

革命的根本问题是国家政权问题。毛泽东在回顾中国共产党走过的历史道路时指出：总结我们的经验，集中到一点，就是工人阶级（经过共产党）领导的以工农联盟为基础的人民民主专政。这个专政必须和国际革命力量团结一致。

人民民主专政的新中国的创建，标志着近代以来中国面临的争取民族独立、人民解放这个历史任务的基本完成，这就为中国人民集中力量进行建设，以实现国家的繁荣富强和人民的共同富裕，创造了前提，开辟了道路。

学习思考

1. 抗日战争胜利后，国民党政府为什么会陷入全民的包围中并迅速走向崩溃？
2. 如何认识民主党派的历史作用？中国共产党领导的多党合作、政治协商的格局是怎样形成的？
3. 为什么说"没有共产党，就没有新中国"？中国共产党领导中国革命取得胜利的基本经验是什么？

必读文献

1. 毛泽东：《论人民民主专政》（1949 年 6 月 30 日）
2. 《中国人民政治协商会议共同纲领》（1949 年 9 月 29 日通过）

延伸阅读文献

1. 《中国土地法大纲》（1947 年 9 月 13 日）
2. 《中国民主同盟一届三中全会宣言》（1948 年 1 月 19 日）

下 编
从新中国成立到社会主义现代化建设新时期（1949—2018）

综述
辉煌的历史进程

中华人民共和国成立以来的历史，是中国各族人民在中国共产党领导下，为实现中华民族的伟大复兴而开辟新纪元、走上新道路，经过艰辛探索、艰苦奋斗，开创新局面的历史；是万众一心，奋发图强，积极进取，沿着社会主义的康庄大道，探索、开创、坚持和发展中国特色社会主义，进行经济建设、政治建设、文化建设、社会建设、生态文明建设并取得辉煌成就的历史。

一、中华人民共和国的成立和中国进入社会主义初级阶段

1949年10月1日，首都军民30万人齐集北京天安门广场举行开国大典，欢庆中华人民共和国的诞生。

中华人民共和国是工人阶级领导的、以工农联盟为基础的人民民主专政的国家。这就是新中国的国体。新中国的政体是人民代表大会制度；它的国家结构形式是统一的多民族国家和在单一制国家中的民族区域自治制度；它的政党制度是中国共产党领导的多党合作和政治协商制度。

中华人民共和国的成立，实现了中国从几千年封建专制政治向人民民主的伟大飞跃，宣告中国人民当家作主的时代已经到来，具有五千多年文明历史的中华民族从此进入了发展进步的历史新纪元。

第一，帝国主义列强压迫中国、奴役中国人民的历史从此结束，中华民族一洗一百多年来蒙受的屈辱，开始以崭新的姿态自立于世界民族之林。占人类总数四分之一的中国人从此站立起来了。

第二，本国封建主义、官僚资本主义统治的历史从此结束，长期以来受尽压迫和欺凌的广大中国人民在政治上翻了身，第一次成为新社会、新国家的主人。一个真正属于人民的共和国建立起来了。

第三，军阀割据、战乱频仍、匪患不断的历史从此结束，国家基本统一，民族团结，社会政治局面趋向稳定，各族人民开始过上安居乐业的生活。人民可以集中力量从事经济、政治、文化、社会等方面建设的时期开始到来了。

第四，为实现由新民主主义向社会主义的过渡，并在社会主义道路上实现中华民族的伟大复兴，创造了政治前提。

第五，中国共产党成为全国范围内的执政党。它可以运用国家政权凝聚和调集全国力量，巩固民族独立和人民解放的成果，解放并发展社会生产力，以造福于各族人民，造福于整个中华民族。

总之，中华人民共和国的成立，标志着中国的新民主主义革命取得了基本的胜利，标志着半殖民地半封建社会的结束和新民主主义社会在全国范围内的建立。这是马克思主义同中国实际相结合的伟大胜利。近代以来中国面临的第一项历史任务，即求得民族独立和人民解放的任务基本上完成了。这就为实现第二项历史任务，即实现国家的繁荣富强和人民的共同富裕，创造了前提，开辟了道路。

从新民主主义向社会主义的过渡　　中国共产党领导的革命，包括新民主主义革命和社会主义革命两个阶段。党领导人民进行新民主主义革命的目的，是要建立以中国工人阶级为领导的中国各个革命阶级联合专政的新民主主义的社会，然后，再使之发展到第二阶段，以建立社会主义的社会。

新民主主义革命过程中形成和发展起来的新民主主义政治、经济、文化，都是由工人阶级领导的，因而都具有社会主义因素，如中国共产党的政治领导、社会主义国营经济的领导地位、马克思主义在思想文化领域中的指导地位，等等。这些因素的增长，为新民主主义革命胜利以后向社会主义转变创造了必要的条件。

中国的新民主主义社会经历了两个发展阶段。新中国成立以前，新民主主义社会是在局部地区建立起来的，这就是当时的各个解放区。在这里，半殖民地半封建的社会制度被废除，但民主革命的任务尚未完成，这时的新民主主义社会还不具备向社会主义过渡的条件。1949年中华人民共和国的成立，标志着新民主主义革命阶段的基本结束和社会主义革命阶段的开始，即进入由新民主主义到社会主义的过渡时期。这时的新民主主义社会，就已经是一个属于社会主义体系的和逐步过渡到社会主义社会去的过渡性质的社会了。

1949年3月，中共七届二中全会决议分析了新民主主义社会的经济状况和基本矛盾，论述了从农业国转变为工业国、新民主主义社会转变为社会主义社会的任务及其主要途径。决议指出，全国胜利并解决了土地问题以后，中国社会经济中存在着五种成分，即：社会主义性质的国营经济，半社会主义性质的合作社经济，农民和手工业者的个体经济，私人资本主义经济和国家资本主义经济。其中，半社会主义性质的合作社经济是个体经济向社会主义集体经济过渡的形式，国家资本主义经济是私人资本主义经济向国营经济过渡的形式，所以，主要的经济成分是三种，即社会主义经济、个体经济和私人资本主义经济。其中的个体经济是处于十字路口的经济，它既可以被引导着走向社会主义，也可以自发地走向资本主义。这样，三种基本的经济成分及与之相应的三种基本的阶级力量（工人阶级、农民及其他小资产阶级、资产阶级）之间的矛盾，就集中地表现为无产阶级与资产阶级的矛盾、社会主义与资本主义的矛盾。这就是说，中国还存在着两种基本的矛盾：国际上是新中国同帝国主义的矛盾，国内是工人阶级和资产阶级的矛盾。对新民主主义社会的基本矛盾作这样的认定，实际上就是把进行社会主义革命（社会主义改造）、确立社会主义基本制度的任务提了出来。中共七届二中全会决议的主要精神，在1949年9月召开的中国人民政治协商会议制定的《共同纲领》中有相应的规定。

从中华人民共和国成立，到社会主义改造基本完成，这是从新民主主义过渡到社会主义的时期。中国共产党制定了过渡时期的总路线，团结带领人民在推进社会主义工业化的同时，逐步实现对农业、手工业和资本主义工商业的社会主义改造，建立社会主义基本制度，完成了中华民族有史以来最为广泛而深刻的社会变革，为当代中国一切发展进步奠定了根本政治前提和制度基础，实现了中华民族由近代不断衰落到根本扭转命运、持续走向繁荣富强的伟大飞跃。

<u>中国进入社会主义初级阶段</u>　自 1956 年社会主义改造基本完成以后，中国进入了社会主义。

我国进入社会主义的时候，就生产力发展水平来说，还远远落后于发达国家，这就决定了中国的社会主义必须经历一个相当长的初级阶段。这是在原本经济文化落后的中国建设社会主义现代化不可逾越的历史阶段，需要上百年的时间。

社会主义初级阶段在发展进程中会显现出不同的阶段性特征。1956 年召开的中共八大指出，我国社会的主要矛盾"是人民对于经济文化迅速发展的需要同当前经济文化不能满足人民需要的状况之间的矛盾"。1987 年召开的中共十三大指出："我们在现阶段所面临的主要矛盾，是人民日益增长的物质文化需要同落后的社会生产之间的矛盾。" 2017 年召开的中共十九大指出："经过长期努力，中国特色社会主义进入了新时代，这是我国发展新的历史方位。" "我国社会主要矛盾已经转化为人民日益增长的美好生活需要和不平衡不充分的发展之间的矛盾。"由于国内的因素和国际的影响，阶级斗争还在一定范围内长期存在，在某种条件下还有可能激化，但已经不是主要矛盾。我国社会主义建设的根本任务，是进一步解放生产力，发展生产力，逐步实现社会主义现代化，并且为此而改革生产关系和上层建筑中不适应生产力发展的方面和环节。

中国仍处于并将长期处于社会主义初级阶段是中国的基本国情，是建设中国特色社会主义的总依据，也是党和国家制定路线、方针、政策的基本依据。

中国共产党在社会主义初级阶段的基本路线是：领导和团结全国各族人民，以经济建设为中心，坚持四项基本原则，坚持改革开放，自力更生，艰苦创业，为把我国建设成为富强民主文明和谐美丽的社会主义现代化强国而奋斗。

党在社会主义初级阶段的基本路线是党和国家的生命线、人民的幸福线。

二、新中国发展的两个历史时期及其相互关系

新中国成立以后至今的历史，经历了以下的发展阶段：

从1949年10月1日中华人民共和国成立到1956年，是基本完成社会主义改造的七年。

从1956年社会主义改造基本完成到1966年"文化大革命"前夕，是开始全面建设社会主义的十年。

从1966年5月到1976年10月，是"文化大革命"的十年。

从1978年12月中共十一届三中全会召开以来，是改革开放和社会主义现代化建设的新时期。而从1976年10月"文化大革命"结束至1978年十一届三中全会召开之前在徘徊中前进的两年，为实现新时期的伟大历史转折准备了条件。

2012年中共十八大以来，中国特色社会主义进入新时代，这是我国发展新的历史方位。

在六十多年中，全国各族人民在中国共产党领导下探索、开创、坚持和发展中国特色社会主义，为实现国家富强、民族复兴、人民幸福这一历史任务而不懈奋斗，这是新中国历史发展的主题和主线。

中国共产党领导人民进行社会主义建设，有改革开放前和改革开

放后两个历史时期，这是两个相互联系又有重大区别的时期，但本质上都是中国共产党领导人民进行社会主义建设的实践探索。中国特色社会主义是在改革开放历史新时期开创的，但也是在新中国已经建立起社会主义基本制度，并进行了二十多年建设的基础上开创的。虽然这两个历史时期在进行社会主义建设的思想指导、方针政策、实际工作上有很大差别，但两者决不是彼此割裂的，更不是根本对立的。改革开放前的社会主义实践探索为改革开放后的社会主义实践探索积累了条件，改革开放后的社会主义实践探索是对前一个时期的坚持、改革、发展。不能用改革开放后的历史时期否定改革开放前的历史时期，也不能用改革开放前的历史时期否定改革开放后的历史时期。

正确认识和处理改革开放前后的社会主义实践探索的关系，不只是一个历史问题，更主要的是一个政治问题。对改革开放前的社会主义实践探索，要坚持实事求是的思想路线，分清主流和支流，坚持真理，修正错误，发扬经验，吸取教训，在这个基础上把党和人民的事业继续推向前进。

三、开创和发展中国特色社会主义

新中国最大的历史成就，就是探索、开创、坚持、发展了中国特色社会主义。这是几代中国共产党人接续奋斗的结果。

以毛泽东为主要代表的中国共产党人，把马克思列宁主义的基本原理同中国革命的具体实践结合起来，创立了毛泽东思想。毛泽东思想是马克思列宁主义在中国的运用和发展，是被实践证明了的关于中国革命和建设的正确的理论原则和经验总结，是中国共产党集体智慧的结晶。在毛泽东思想指引下，中国共产党领导全国各族人民，经过长期的反对帝国主义、封建主义、官僚资本主义的革命斗争，取得了新民主主义革命的胜利，建立了人民民主专政的中华人民共和国；新中国成立以后，顺利地进行了社会主义改造，完成了从新民主主义到社会主义的过渡，确立了社会主义基本制度，发展了社会主义的经济、政治和文化。

十一届三中全会以来，以邓小平为主要代表的中国共产党人，总结新中国成立以来正反两方面的经验，解放思想，实事求是，实现全党工作中心向经济建设的转移，实行改革开放，开辟了社会主义事业发展的新时期，逐步形成了建设中国特色社会主义的路线、方针、政策，阐明了在中国建设社会主义、巩固和发展社会主义的基本问题，创立了邓小平理论。邓小平理论是马克思列宁主义的基本原理同当代中国实践和时代特征相结合的产物，是毛泽东思想在新的历史条件下的继承和发展，是马克思主义在中国发展的新阶段，是当代中国的马克思主义，是中国共产党集体智慧的结晶，引导着我国社会主义现代化事业不断前进。

十三届四中全会以来，以江泽民为主要代表的中国共产党人，在建设中国特色社会主义的实践中，加深了对什么是社会主义、怎样建设社会主义和建设什么样的党、怎样建设党的认识，积累了治党治国新的宝贵经验，形成了"三个代表"重要思想。"三个代表"重要思想是对马克思列宁主义、毛泽东思想、邓小平理论的继承和发展，反映了当代世界和中国的发展变化对党和国家工作的新要求，是加强和改进党的建设、推进我国社会主义自我完善和发展的强大理论武器，是中国共产党集体智慧的结晶，是党必须长期坚持的指导思想。始终做到"三个代表"，是我们党的立党之本、执政之基、力量之源。

十六大以来，以胡锦涛为主要代表的中国共产党人，坚持以邓小平理论和"三个代表"重要思想为指导，根据新的发展要求，深刻认识和回答了新形势下实现什么样的发展、怎样发展等重大问题，形成了以人为本、全面协调可持续发展的科学发展观。科学发展观是同马克思列宁主义、毛泽东思想、邓小平理论、"三个代表"重要思想既一脉相承又与时俱进的科学理论，是马克思主义关于发展的世界观和方法论的集中体现，是马克思主义中国化重大成果，是中国共产党集体智慧的结晶，是发展中国特色社会主义必须长期坚持的指导思想。

十八大以来，以习近平为主要代表的中国共产党人，顺应时代发展，从理论和实践结合上系统回答了新时代坚持和发展什么样的中国特色社会主义、怎样坚持和发展中国特色社会主义这个重大时代课题，创立了习近平新时代中国特色社会主义思想。习近平新时代中国特色社会主义思想是对马克思列宁主义、毛泽东思想、邓小平理论、"三个代表"重要思想、科学发展观的继承和发展，是马克思主义中国化最新成果，是党和人民实践经验和集体智慧的结晶，是中国特色社会主义理论体系的重要组成部分，是全党全国人民为实现中华民族伟大复兴而奋斗的行动指南，必须长期坚持并不断发展。在习近平新时代中国特色社会主义思想指导下，中国共产党领导全国各族人民，统揽伟大斗争、伟大工程、伟大事业、伟大梦想，推动中国特色社会主义进入了新时代。

四、中国特色社会主义进入新时代

经过长期努力，中国特色社会主义进入新时代。这个新时代，既与改革开放40年来的发展一脉相承，又有很大的不同，面临许多新情况新变化：一是党的十八大以来，在新中国成立特别是改革开放以来我国发展取得重大成就基础上，党和国家事业发生历史性变革，我国发展站在新的历史起点上，新起点需要新气象新作为；二是世界进入大变革大调整时期，面临千年未有之大变局，如何在乱局中保持定力、在变局中抓住机遇，对我们统筹国际国内两个大局提出了更高要求；三是中国共产党执政面临的社会环境和现实条件发生深刻变化，发展理念和方式有重大转变，发展水平和要求更高；四是我国社会的主要矛盾已经转化为人民日益增长的美好生活需要和不平衡不充分的发展之间的矛盾，经济建设仍然是中心任务，但需要更加注重全面协调可持续发展，需要着力解决好发展不平衡不充分问题；五是从党的十九大到二十大，是"两个一百年"奋斗目标的历史交汇期，我们要在全面建成小康社会、实现第一个百年目标之后，开启全面建设社会主义现代化国家新征程、向第二个百年目标进军。

这个新时代，是承前启后、继往开来、在新的历史条件下继续夺取中国特色社会主义伟大胜利的时代，是决胜全面建成小康社会、进而全面建设社会主义现代化强国的时代，是全国各族人民团结奋斗、不断创造美好生活、逐步实现全体人民共同富裕的时代，是全体中华儿女勠力同心、奋力实现中华民族伟大复兴中国梦的时代，是我国日益走近世界舞台中央、不断为人类作出更大贡献的时代。

中国特色社会主义进入了新时代，这是世情国情党情变化的必然结果，是社会主要矛盾运动的必然结果，也是党的十八大以来党和国家事业发生历史性变革的结果，是中国共产党人带领全国各族人民长期不懈奋斗的结果。

中国特色社会主义进入新时代，在中华人民共和国发展史上、中华民族发展史上具有重大意义，在世界社会主义发展史上、人类社会发展史上也具有重大意义。中国特色社会主义进入新时代，意味着近代以来久经磨难的中华民族迎来了从站起来、富起来到强起来的伟大飞跃，迎来了实现中华民族伟大复兴的光明前景；意味着科学社会主义在21世纪的中国焕发出强大生机活力，在世界上高高举起了中国特色社会主义伟大旗帜；意味着中国特色社会主义道路、理论、制度、文化不断发展，拓展了发展中国家走向现代化的途径，给世界上那些既希望加快发展又希望保持自身独立性的国家和民族提供了全新选择，为解决人类问题贡献了中国智慧和中国方案。

☐ 学习思考

1. 为什么说中华人民共和国的成立开创了中国历史的新纪元？

2. 中国特色社会主义是怎样接续奋斗得来的?

3. 为什么说改革开放前和改革开放后两个历史时期既不能割裂开来,更不能对立起来?

必读文献

1.《中国共产党中央委员会关于建国以来党的若干历史问题的决议》(1981年6月27日)

2. 习近平:《在庆祝中国共产党成立95周年大会上的讲话》(2016年7月1日)

延伸阅读文献

邓小平:《对起草〈关于建国以来党的若干历史问题的决议〉的意见》(1980年3月—1981年6月)

第八章
社会主义基本制度在中国的确立

第一节 从新民主主义向社会主义过渡的开始

一、完成民主革命遗留任务和恢复国民经济

1949年中华人民共和国的成立,为中国的进步和发展创造了最重要的政治前提。毛泽东满怀信心地宣告:"中国人民将会看见,中国的命运一经操在人民自己的手里,中国就将如太阳升起在东方那样,以自己的辉煌的光焰普照大地,迅速地荡涤反动政府留下来的污泥浊水,治好战争的创伤,建设起一个崭新的强盛的名副其实的人民共和国。"

不过,新中国在成立初期,也面临着许多严重的困难和一些紧迫的问题。这对于刚刚执掌全国政权的中国共产党来说,是新的严峻的考验。主要是:

第一,能不能保卫住人民胜利的成果,巩固新生的人民政权。当时,解放全中国的任务还没有完成;国民党从大陆撤退时遗留下的100余万军队、200多万政治土匪及60多万特务分子还有待肃清;在广大城乡,反动会道门和传统黑恶势力还危害着人民的生命财产安全;在广大的新解放区还没有进行封建土地制度的改革。

第二,能不能战胜严重的经济困难,迅速恢复和发展国民经济。当时中国的经济不仅远远落后于欧美发达国家,就是与亚洲许多国家相比也有一定的差距。1949年,人均国民收入只有27美元,相当于亚洲国家平均值的2/3。新中国从旧中国接收过来的是一副烂摊子。

许多工厂倒闭，大批工人失业，通货膨胀，物价飞涨，人民生活遇到极大的困难。同历史上的最高水平相比，1949年，工业总产值减少一半，粮食产量减少约1/4。

第三，能不能巩固民族独立，维护国家主权和安全。新中国的诞生，打破了帝国主义在东方划定的势力范围，这是以美国为首的西方资本主义阵营不愿意看到的。它们企图通过实行强硬的对华政策，即政治上孤立、经济上封锁、军事上威胁的政策，从根本上搞垮新中国。

第四，能不能经受住执政的考验，继续保持谦虚、谨慎、不骄、不躁的作风和艰苦奋斗的作风。新中国成立前夕，毛泽东在中共七届二中全会上指出："敌人的武力是不能征服我们的，这点已经得到证明了。资产阶级的捧场则可能征服我们队伍中的意志薄弱者。""我们必须预防这种情况。"

这些问题，从根本上说，是前进中的问题。为了解决这些问题，中国共产党和人民政府着重抓了以下四个方面的工作：

第一，完成民主革命的遗留任务。

在追剿残余敌人、基本完成祖国大陆统一任务的基础上，摧毁旧政权，普遍召开地方各级各界人民代表会议，人民开始行使当家作主的民主权利。继续实行土地制度的改革，先后使3亿多无地少地的农民（包括老解放区农民在内）无偿地获得了约7亿亩土地和大量其他生产资料，占中国绝大多数人口的农民群众获得了翻身解放。制定《中华人民共和国婚姻法》，废除封建婚姻制度，使广大妇女获得婚姻自由的权利。开展大规模的镇压反革命运动，基本上肃清了国民党遗留在大陆的反动势力。长期危害人民生命财产安全的200多万土匪，仅在两年多的时间内就被次第肃清。旧社会留下的污泥浊水受到有力的荡涤，健康文明的社会新风尚开始树立，人民的精神面貌焕然一新。

第二，领导国民经济恢复工作。

没收官僚资本，在企业内部开展民主改革和生产改革，确立起社会主义性质的国营经济在国民经济中的领导地位，使人民政权拥有了相当重要的经济基础。同时，开展了稳定物价的斗争和统一全国财政经济的工作。到1950年3月物价即基本稳定，从而治愈了旧中国无法医治的顽症，解除了人民过了几十年的因物价飞涨而带来的痛苦生活，使国家和国营经济掌握了市场的主导权；初步建立起集中统一的国家财政管理体制，以利于统一调度全国的财力、物力，集中力量办好大事。到1952年底，国民经济得到全面恢复和初步发展。当年工农业总产值超过1936年（国民党统治时期最高水平）20%，工农业主要产品的年产量均超过国民党统治时期最高水平。同1949年相比，全国职工工资平均提高70%，农民收入增长30%以上。

第三，巩固民族独立，维护国家主权和安全。

新中国废除了帝国主义国家依据不平等条约在中国享有的一切特权；收回了外国列强在中国的兵营，驻扎在中国领土上的一切外国军队被迫撤走；收回了海关治权，中国人民重新掌握了国门的钥匙。这些都从根本上改变了旧中国"跪倒在地上办外交"的局面。针对美国等国封锁、遏制新中国等情况，以毛泽东为主要代表的中国共产党人提出了"另起炉灶""打扫干净屋子再请客""一边倒"的外交方针。新中国同苏联订立了《中苏友好同盟互助条约》，在收回旧政权丧失的国家权益的基础上，建立了平等互助的新型中苏同盟关系。

1950年6月，朝鲜战争爆发。美国宣布武装援助南朝鲜，同时命令其海军第七舰队开入台湾海峡，"阻止对台湾的任何进攻"，公然干涉中国内政。中国政府在美国把朝鲜战争的战火烧到鸭绿江边的时候，毅然作出抗美援朝的决策。彭德怀被任命为中国人民志愿军司令员兼政治委员。1950年10月，志愿军赴朝作战。美国侵略军被打回三八线附近。与此同时，国内开展了轰轰烈烈的抗美援朝、保家卫国运动。其后，中朝两国人民及其军队又经过艰苦作战以及谈判斗争，终于在1953年7月迫使美国代表在停战协定上签字。克拉克后来在回忆录中沮丧地写道："我获得了一个不值得羡慕的名声：我是美国历史上第一个在没有取得胜利的停战协定上签字的司令官。"

抗美援朝战争是一场抗击美国侵略者的正义战争，打出了新中国的国威和人民军队的军威，创造了以弱胜强的范例。志愿军将士以劣势装备进行殊死搏斗，涌现出杨根思、黄继光、邱少云等 30 多万名英雄功臣和近 6 000 个功臣集体。这场战争的胜利，不仅支援了朝鲜人民、保卫了中国的国家安全，而且为维护亚洲和世界的和平作出了重要贡献。这一胜利，有力地打破了美国军队不可战胜的神话，雄辩地证明：西方侵略者几百年来只要在东方一个海岸上架起几尊大炮就可霸占一个国家的时代一去不复返了。毛泽东说："我们跟它打了三十三个月，把它的底摸熟了。美帝国主义并不可怕，就是那么一回事。""这是一条了不起的经验。"中国人民由于这个胜利而极大地增强了民族自信心和自豪感，一部分对帝国主义曾经存在恐惧和幻想的人也由此受到深刻教育而觉悟起来。全世界对新中国刮目相看，新中国的国际威望空前提高。从此，帝国主义不敢轻易作侵犯新中国的尝试，我国的经济建设和社会改革赢得了一个相对稳定的和平环境。

第四，加强中国共产党的自身建设。

针对中国共产党成为全国范围的执政党、党的工作重心从农村转向城市的新情况，党和政府教育广大干部和党员必须经受住执政的考验、接管城市的考验和生活环境变化的考验。进城前，党对干部和人民解放军普遍进行了城市政策和入城纪律教育；进城后，政府工作人员和解放军指战员纪律严明，清正廉洁，同国民党官员的腐败风气和旧军队欺压百姓的行为形成了鲜明的对照。1950 年和 1951 年，中国共产党在全党范围开展整风、整党运动，批判居功自傲等错误思想，进行共产党员标准的八项条件等教育，并在此基础上发展了一批新党员。1951 年底到 1952 年，开展了反贪污、反浪费、反官僚主义的"三反"运动，处决了犯有严重贪污罪行的刘青山、张子善（他们曾先后担任中共天津地委书记），使全党震动，全国人民振奋。与"三反"斗争相配合，又在1952年上半年发起"五反"（反对行贿、反对偷税漏税、反对盗窃国家财产、反对偷工减料、反对盗窃经济情报）运动。这些举措对于在执政的条件下继续保持共产党人的革命精神，促进中国共产党和人民政府的廉政建设，起到了重要的作用。

新中国成立初期所进行的上述工作及其取得的显著成就，有力地证明，中国共产党和人民政府是能够经受住执政的考验的。广大劳动人民真诚地拥护中国共产党和人民政府的领导。一些曾经对新中国、新政权、新道路抱有某种疑惑、观望态度的人开始相信，跟着中国共产党走，这是一条通向中华民族伟大复兴的康庄大道。这些成就的取得，为领导人民进行有计划的经济建设和有系统的社会主义改造创造了重要的条件。

二、开始向社会主义过渡

新中国成立后的最初三年，即1949年至1952年期间，在着重完成民主革命的遗留任务的同时，社会主义革命的任务实际上也开始实行了。这主要表现在以下三个方面：

第一，没收官僚资本，确立社会主义性质的国营经济的领导地位。

解放战争时期，随着对大中城市的接管，没收官僚资本的工作即已开始。新中国成立后，这项工作在全国范围展开。没收官僚资本归人民的国家所有，是《共同纲领》规定的一项历史任务。到1950年初，人民政府共接管官僚资本的工矿企业2 800余家，金融企业2 400余家，这些企业成为新中国成立初期国营经济的主要组成部分。

没收官僚资本，具有两重性质：从反对外国帝国主义的附庸——中国的买办资产阶级——的意义上看，它具有民主革命的性质；从反对中国的大资产阶级的意义上看，它又具有社会主义革命的性质。通过没收官僚资本，并在企业内部进行民主改革和生产改革，中国资本主义经济的主体部分被改造为社会主义性质的国营经济，中国的大资产阶级被消灭了。随着没收官僚资本和原官僚资本企业的民主改革、生产改革工作的完成，确立了社会主义性质的国营经济在国民经济中的领导地位，这就为全面进行社会主义改造奠定了重要的物质基础。

第二，开始将资本主义纳入国家资本主义轨道。

新中国在利用资本主义工商业的过程中，已经开始对它进行适当的限制，并把其中的大部分引上了初级形式的国家资本主义的道路。1952年，私营工业产值的56%，已属于加工、订货、统购、包销部分。私营经济中不利于国计民生的部分被削弱以至淘汰。资本主义金融业则在此时完成了社会主义改造。私营经济在数量上是明显上升的，但在国民经济中的比重却下降了。

第三，引导个体农民在土地改革后逐步走上互助合作的道路。

1952年，全国已有40%的农户参加了互助组，少数农户还参加了半社会主义或社会主义性质的农业生产合作社。

以上事实表明，新民主主义社会不是一个凝固不变的、独立的社会形态。它本身具有过渡性，它是处在很深刻的变动之中的。

第二节　社会主义道路：历史和人民的选择

一、工业化的任务和发展道路

提出国家工业化的任务　　随着民主革命遗留任务的完成和国民经济的恢复，集中力量进行经济建设即为实现第二项历史任务而奋斗，被突出地提上了党和国家的议事日程。

进行经济建设，首先要把中国从一个落后的农业国变为一个先进的工业国，实现国家的工业化。

1952年国民经济恢复工作完成时，中国工业发展的水平仍然是很低的。现代工业在工农业总产值中的比重只有26.6%，重工业在工业总产值中的比重只有35.5%。苏联在第一个五年计划开始前的1928年，这两个比重已经分别达到45.2%和39.5%。1952年，中国许多重要工业产品的人均产量不仅远远落后于美国，甚至落后于印度。如钢产量，美国为538.3公斤，印度为4公斤，中国为2.37公斤；发电量，美国为2 949度，印度为10.9度，中国为2.76度。当年毛泽东曾说："现在我们能造什么？能造桌子椅子，能造茶碗茶壶，能种粮食，还能磨成面粉，还能造纸，但是，一辆汽车、一架飞机、一辆坦克、一辆拖拉机都不能造。"发展工业，改变中国作为农业国的贫穷落后的面貌，这是全国人民的共同要求，是摆在中国共产党和人民政府面前的严重任务。

从1953年开始的发展国民经济的第一个五年计划，把优先发展重工业作为建设的中心环节，特别是大力发展钢铁、煤、电力、石油、机器制造、飞机、坦克、拖拉机、船舶、车辆制造、国防工业、有色金属和基本化学工业。中国近代以来无数志士仁人梦寐以求的工业化建设从此大规模地开展起来。

选择社会主义工业化的道路　怎样才能发展经济，实现国家的工业化？从世界历史上看，主要有两条道路：一条是资本主义工业化的道路，这是欧洲许多国家、美国和日本走过的，而且走通了；一条是社会主义工业化的道路，这是苏联走过的，而且也走通了。十月革命前，俄国是欧洲的一个比较落后的国家，由于实现了社会主义的工业化，苏联成了欧洲的第一强国、世界上最强大的两个国家之一。由于社会主义制度具有集中力量办大事、促进社会生产力迅速发展的优越性，对于中国这样一个经济文化落后的国家来说，通过社会主义道路实现国家工业化，这是最好的选择。

近代以来的历史表明，资本主义工业化的道路在中国是走不通的。

由于受到外国垄断资本的压迫和本国封建生产关系的束缚，中国民族资本主义工业从19世纪60年代末70年代初产生以后，始终处于举步维艰的境地。经过七八十年的发展，到1949年，整个民族工业资本不过只有20.08亿元人民币。独立以后的中国如果不搞社会主义，而走资本主义道路，就难以取得真正意义上的经济独立。这样，中国就会成为外国垄断资本的加工厂和单纯的廉价原料、廉价劳动力的供应地，就像亚洲、非洲、拉丁美洲的许多国家和地区那样。中国这样一个大国，企图主要靠外国提供资金和机器设备等来求得发展，特别是要想成为世界强国，是不可想象的。而且，由于经济上依赖外国，在政治上就挺不起腰杆，连已经争得的政治独立也可能丧失。中国走资本主义道路，其经济可能会有一时的发展，但终究还是会成为西方资本主义大国的附庸的。在帝国主义时代，中国通过走资本主义道路实现现代化的可能性已经失去。为了实现国家的工业化，中国必须走社会主义的道路。

二、过渡时期总路线反映了历史的必然性

过渡时期总路线的提出　　在完成了民主革命以后就要为在中国建立社会主义社会而努力奋斗，这是中国共产党在其创立时期就确定了的奋斗目标，并且从来没有动摇过。

新中国成立之初，中共中央领导人根据当时的具体情况，决定在民主革命遗留任务彻底完成、国民经济基本恢复之前，先不急于明确提出向社会主义过渡的任务。至于中国到底什么时候过渡到社会主义，当时的设想大致是：经过一段相当长的时间（估计至少要10年，多则15年或20年），工业发展了，国营经济壮大了，就可以采取"严重的社会主义的步骤"，一举实行资本主义工商业的国有化和个体农业的集体化。

随着实践的发展和经验的积累，对于如何向社会主义过渡的步骤，

中共中央的认识发生了变化。1952年9月24日,毛泽东在中共中央书记处会议上提出,我们要在"十年到十五年基本上完成社会主义,不是十年以后才过渡到社会主义"。刘少奇、周恩来等也都论述过"从现在逐步过渡到社会主义去"的设想。这种认识上的改变,主要有两方面的原因:

一方面,随着民主革命遗留任务的彻底完成,国内的阶级关系和主要矛盾发生了深刻的变化。1952年6月,在"三反""五反"运动行将结束、全国范围内土地改革基本完成之际,毛泽东即指出:"在打倒地主阶级和官僚资产阶级以后,中国内部的主要矛盾即是工人阶级与民族资产阶级的矛盾,故不应再将民族资产阶级称为中间阶级。"这说明,明确提出向社会主义过渡的任务已经成为必要的了。

另一方面,随着国民经济的恢复和初步发展,中国社会的经济成分(即生产关系)发生了重要变化。这集中地表现在公私比例的变化上。以工业为例,1949年到1952年,国营经济从33.9%上升到50%,私营经济从62.7%下降到42%。这种变化,用周恩来的话说,就是"社会主义成分的比重一天一天增加,国营经济的领导地位一天一天加强"。这说明,中国向社会主义过渡在实际上已经开始了。

正是从以上两个方面变化了的实际情况出发,中共中央在1952年底开始酝酿并于1953年正式提出党在过渡时期的总路线,明确规定:"党在这个过渡时期的总路线和总任务,是要在一个相当长的时期内,逐步实现国家的社会主义工业化,并逐步实现国家对农业、对手工业和对资本主义工商业的社会主义改造。"当时,对这条总路线的内容有过一种通俗的解释:"好比一只鸟,它要有一个主体,这就是发展社会主义工业;它又要有一双翅膀,这就是对农业、手工业和私营工商业的社会主义改造。"这里所要表达的意思是再清楚不过的:主要的任务是实现国家工业化;而为了实现国家工业化,就必须进行社主义改造，全面确立社会主义的基本制度。

历史表明，党提出的过渡时期总路线是完全正确的。

实行社会主义改造的国内外条件　从 1953 年开始，在过渡时期总路线的指引下，中国共产党领导人民开始进行有计划的社会主义建设和有系统的社会主义改造。

当时中国之所以要着力进行和可能进行社会主义改造，主要是因为：

第一，社会主义性质的国营经济力量相对来说比较强大，它是实现国家工业化的主要基础。

国家的社会主义工业化，是国家独立和富强的当然要求和必要条件。

发展工业，一方面是要充分利用原有的工业，另一方面是要建设新的工业。

随着没收官僚资本工作的完成和工业建设的初步开展，中国已经有了比较强大的社会主义性质的国营经济。与私营工业相比，国营工业规模大，技术设备先进，不仅有轻工业，而且有重工业。在劳动生产率等方面，国营企业也优于私营企业。

在这种情况下，所谓充分利用原有的工业，首先和主要的，就是要办好原有的国营工业，并依据需要和可能改建、扩建这些工业。建设新的工业，首先和主要的，也是要发展国营工业。因为在当时的中国，私人是没有能力投资兴建新的、足以为国家的工业化奠定基础的那种大型工业骨干企业的。只有国家才有能力来做这件事。中国的经济虽然落后，但它是一个大国，全国财政经济统一后，国家掌握了一笔相当可观的资金，可以用来投资搞建设。从 1953 年开始的第一个五年计划规定的大型工业建设项目，基本上是由国营经济来承担的。这就是说，那时工业建设的发展，首先就意味着社会主义性质的国营经济的发展和它在整个国民经济中比重的增加。这是中国选择社会主义的一个基本因素。

第二，资本主义经济力量弱小，发展困难，不可能成为中国工业起飞的基础。而且，它对国家和国营经济有很强的依赖性，不可避免地要向国家资本主义的方向发展。在帝国主义对华封锁的情况下，民族资本由于向外发展的渠道被阻断，就更加重了它对国家和国营经济的这种依赖性。

中国的民族资本主要是商业资本和金融资本，工业资本只占1/5。民族资本主义工业主要是轻纺工业和食品工业，缺少重工业的基础。这些工业企业，大多规模小，技术设备落后，劳动生产率很低。据新中国成立初期的统计，69.7%的工厂只有不到10个工人，79.1%的工厂是工场手工业。虽然也有一些规模比较大、技术设备比较先进的资本主义工业企业，但为数不多。不能设想，在这个基础上，通过一个时期资本主义自身的独立发展，中国就可能成为先进的工业国。

原有的资本主义工业企业也是中国工业建设中的一个重要的、不可忽视的力量。但是这些企业的设备利用率和劳动生产率低，成本高，资金不足，扩大再生产的能力十分有限。为了改变这种情况，就必须在这些企业中改善经营管理，提高产品的质量，并且按照国家的需要增加生产，培养技术人才，积累资金。而要如此，就必须对这些企业逐步实行社会主义改造。实际上，私人资本主义在依靠国家和国营经济帮助解决困难、发展生产的过程中，逐步被纳入各种形式的国家资本主义，是生产发展本身的需要。资本主义经济与政府、国营经济和社会的矛盾及其发展，特别是1952年上半年的"五反"运动，更使人们开始认识到，资本主义工商业不仅需要进一步改组，而且需要通过国家资本主义的过渡形式逐步改造为社会主义。这就是说，资本主义工业这种进退两难的情况，是中国选择社会主义的又一个基本因素。

1950年以后,在对资本主义工商业进行调整的过程中,加工订货、经销代销、统购包销、公私合营等形式的国家资本主义有了相当程度的发展。这就为对资本主义工商业进行社会主义改造积累了初步的经验。

第三,对个体农业进行社会主义改造,是保证工业发展、实现国家工业化的一个必要条件。

土地改革以后,农业生产摆脱了封建生产关系的束缚,一个时期有过相当大的发展;但是,由于实行在土地私有基础上的个体经营,这种发展又受到很大的限制。因为个体农户耕地很少,经营规模十分狭小;生产工具严重不足,贫雇农每户平均仅占有耕畜0.47头,犁0.41部;资金十分短缺。在这种情况下,农民要兴修农田水利设施,平整土地和改良土壤,使用改良农具以至机器来进行耕作、播种、收获,实行分工制度来发展多种经营等,都有很大的困难,更缺少抗御自然灾害的能力。许多农户不仅无力进行扩大再生产,就连简单再生产也难以维持。1949年至1952年,农业生产发展较快。但在1953年至1954年,发展速度明显减慢了。如以1952年的粮食产量为100,则1953年为101.8,1954年为103.64。这说明,如果不引导个体农民走组织起来的道路,不仅广大农民不能进一步改善自己的生活,而且农业生产力的发展会受到很大限制,农村也不可能为工业的发展提供必要的商品粮食、轻工业原料、工业品市场和积累工业发展的资金等条件,从而成为工业发展的严重的制约因素。

在土改以后,许多地区的农民从发展生产的需要出发,已经在探索组织起来的各种途径,开始有了实行互助合作的实践。这也为对个体农业进行社会主义改造积累了初步的经验。

中国农村在1955年下半年出现了农业合作化的高潮。中共中央为什么在当时作出加快农业合作化进程的决策?这主要是因为,随着第一个五年计划建设的开展,城市和工矿区人口迅速增加。这就要求尽快增产粮食，使国家能掌握足够的供应城市、工矿区的商品粮。同时，还要提供更多的农产品原料，以满足轻工业发展的需要。怎么办？出路何在？对这个问题，陈云在 1956 年 4 月作过切实而有力的说明。他说：在农业增产方面，中国摸索了六年。起初注意开荒，但可开垦的大片荒地在东北和西北。那里居民稀少，每年只能耕种一次，必须移民和用机器，花钱多。在东北每亩需 50 元，西北每亩需七八十元，而年产量是一二百斤。假如开荒 1 亿亩，投入 50 亿元，产量以每亩 200 斤算，不过 200 亿斤，收获不大。所以这不是三五年内实现粮食大增产的好办法。至于搞大型水利工程，也不能满足在短期内大增产的要求。因为搞大型水利工程，投资巨大，工期很长，所以它也不能成为三五年内增产粮食的主要措施。去年下半年，中国农业合作化高潮到来，这是中国短时期内花钱最少又可能实现最大增产计划的一条路。因为长江以北要增产，要把旱地大量改变成水浇地；长江以南要增产，要增加复种面积。这两者的关键在于搞水。合作化后，组织起来的农民自己动手搞水。人还是那些人，但组织起来力量就大得多，积肥、改良农具和种子、改进耕作技术等以前不易办的事，合作化之后都不难了。这就是说，通过实行农业合作化来增产粮食和其他农产品以满足日益增长的人民生活和工业发展的需要，这也是中国选择社会主义的基本因素之一。

第四，当时的国际环境也促使中国选择社会主义。

新中国成立以后，长期受到美国等西方资本主义国家经济上、外交上和军事上的严密封锁和遏制。中国不但不可能从资本主义大国得到什么援助，而且连进行普通的贸易和交往都很困难。当时只有社会主义国家和第二次世界大战后为争取民族独立而斗争的国家同情中国。只有苏联能够援助中国。这种国际环境，也是中国选择社会主义的基本因素之一。

总之，中国经济在 20 世纪 50 年代的最重要事件就是选择了社会主义。这是十分必要的、完全正确的。

第三节　有中国特点的向社会主义过渡的道路

一、社会主义工业化与社会主义改造同时并举

中国共产党在过渡时期的总路线，一方面要求把实现社会主义工业化作为全党、全国人民面前的基本任务，另一方面又要求通过对农业、手工业和资本主义工商业的社会主义改造来促进生产力的发展，以利于社会主义工业化的实现。这两个任务是互相关联而不可分离的。

在提出有系统地进行社会主义改造的1953年，新中国即开始进行有计划的社会主义建设。实际上，编制发展国民经济的第一个五年计划的工作，在1951年就已着手进行。1955年7月召开的一届全国人大二次会议通过了这个计划。

从当时中国的实际出发，计划规定：集中主要力量发展重工业，建立国家工业化和国防现代化的初步基础；相应地发展交通运输业、轻工业、农业和商业；相应地培养建设人才；保证在发展生产的基础上逐步提高人民的物质生活和文化生活的水平。计划规定，五年内国家用于建设的投资总额为766.4亿元，折合黄金7亿两。这在中国历史上是空前的。没有全国财政经济工作的统一，不发挥社会主义可以集中力量办大事的优越性，经济落后的中国在当时进行这样巨额的投资是不可想象的。

"一五"期间，在苏联的援助下，中国着重建设了一大批基础性的重点工程，为国家的工业化奠定了初步的坚实基础。鞍山、包头、武汉三大钢铁基地的建设取得重大进展。到1956年，中国在工业建设上接连实现了具有历史意义的许多项零的突破。如第一座生产载重汽车的长春第一汽车制造厂建成投产，第一座制造机床的沈阳机床厂建

成投产，第一座大批量生产电子管的北京电子管厂建成投产，第一座制造飞机的沈阳飞机制造厂成功试制第一架喷气式飞机。1957年，武汉长江大桥通车，从此铁路贯通中国南北。青藏、康藏、新藏公路先后建成通车，沟通了西藏和内地的联系。全国城乡呈现出一派建设的繁忙景象。

当时建成的这些大中型工业骨干企业，都是国家统一规划、统一投资的国营企业。这些建设成就，极大地加强和壮大了国营经济的领导力量，为顺利过渡到社会主义社会奠定了强大的物质基础。

国内生产总值从1952年"一五"计划实施前的679亿元，跃升到1957年的1 068亿元；财政收入从1952年的183.7亿元增长到1957年的310.2亿元。这一期间的主要工农业产品产量，也有大幅度提高。粮食从1.639 2亿吨增至1.950 5亿吨；钢从135万吨增至535万吨；发电量从73亿度增至193亿度；货运量从3.516亿吨增至8.036 5亿吨。

社会主义改造是围绕着社会主义工业化建设的任务进行的，它成了社会主义建设的直接的推动力量。第一个五年计划规定的到1957年应达到的指标，在1956年底就提前达到了。

二、农业合作化运动的发展

农业合作化任务的提出　土地改革后，一方面，农村的生产迅速发展了，农民的生活也有了明显的改善；另一方面，许多农民尤其是贫农、下中农由于缺少农具、耕畜和资金，生产经营上的困难仍然比较大，而且由于小农经济的不稳定性，农村中的贫富分化也开始了。

针对这种情况，中国共产党和人民政府决定，不待农民在土改中激发出来的政治热情冷却，不待农村发生剧烈的贫富两极分化，就采取积极领导的方针，教育、推动和帮助农民走互助合作的道路。这样，在土改后，互助组很快就在农村中相当普遍地发展起来。

在工业还不能向农村大量提供农用机械的情况下，互助组能不能前进一步，成立农业生产合作社呢？毛泽东研究了世界现代化大生产发展的历史经验和中国农村的实际需要，指出：既然西方资本主义在其发展过程中有一个工场手工业阶段，即尚未采用蒸汽动力机械、而依靠工场分工以形成新生产力的阶段，则中国的合作社，依靠统一经营形成新生产力，去动摇私有基础，也是可行的。他讲的道理得到了中共中央其他领导人的赞同。

1951年12月，中共中央下发了《关于农业生产互助合作的决议（草案）》。草案指出，中国农民在土改基础上所发扬起来的生产积极性，集中地表现在两种积极性上，即个体经济的积极性和劳动互助的积极性。党不能忽视和粗暴地挫伤农民个体经济的积极性，但是要"按照自愿和互利的原则，发展农民劳动互助的积极性"。1953年国家对粮食、棉花、油料作物实行计划收购和计划供应（统购统销），基本取消粮食等主要农产品的自由市场，限制农村的商业投机；大力发展供销合作，削弱城市资本主义和农村小资产阶级自发势力的联系；大力发展信用合作，缩小农村中高利贷活动的地盘。这样，既保证了人民对粮食、棉花、油料等的需要，又为全面推进农业的社会主义改造创造了有利的条件。

农业合作化的基本方针　1953年12月，中共中央通过《关于发展农业生产合作社的决议》，总结互助合作运动的经验，概括提出引导农民走向社会主义的几种过渡性经济组织形式。第一是互助组，这具有社会主义的萌芽。第二是初级农业生产合作社，在土地及牲畜、大农具私有的基础上土地入股、统一经营，有较多的公共财产，实行土地分红和按劳分配相结合的原则。这具有半社会主义的性质。第三是高级农业生产合作社，将土地及其他主要生产资料归集体所有，统一经营、集体劳动，实行各尽所能、按劳分配的原则。这具有社会主义的性质。采取这种逐步过渡的办法，是中国农业合作化运动中的一项重要的创造。

实践证明，中国共产党对农业合作化运动的指导方针是正确的，由此开创了一条有中国特点的农业合作化道路。其基本原则和方针是：

第一，在中国的条件下，可以走先合作化、后机械化的道路。在土地改革基本完成后，及时将"组织起来"作为农村工作的一件大事来抓。

第二，充分利用和发挥土改后农民的两种生产积极性，通过互助组、初级农业生产合作社、高级农业生产合作社这种由低到高的互助合作的组织形式，实行积极发展、稳步前进、逐步过渡的方针。

第三，农业互助合作的发展，要坚持自愿和互利的原则，采取典型示范、逐步推广的方法，发展一批，巩固一批。

第四，要始终把是否增产作为衡量合作社是否办好的标准。

第五，要把社会改造同技术改造相结合。在实现农业合作化以后，国家应努力用先进的技术和装备发展农业经济。

农业合作化的发展和基本完成　在党的上述方针的指引下，农村的互助合作积极、稳步地向前推进。到 1954 年底，互助组从 1951 年底的 400 多万个发展到近 1 000 万个；初级社从 1951 年底的 300 多个增加到 1953 年的 1.4 万个，1954 年秋为 10 万个，1954 年底猛增到 48 万个。参加互助合作的农户，从 1951 年底的 2 100 万户增加到 1954 年底的 7 000 万户，在全国农户总数中的比重从 19.2% 增加到 60.3%。当时 80% 以上的合作社都做到了增产增收。

1955 年夏季，由于对农业合作化形势的看法不同，在中国共产党内部引发了一场关于农业合作化发展速度问题的争论。同年 7 月 31 日，毛泽东在省市自治区党委书记会议上作《关于农业合作化问题》的报告。报告对农业合作化运动的基本经验作了比较全面的总结，阐明了农业合作化的基本道路、基本方针、基本政策，并对农业合作化同机械化、社会改革同技术改革的关系作了比较全面的论述，是继上面提到的中共中央两个决议之后又一篇指导农业合作化的重要文献。但在报告中,不点名地错误指责由邓子恢主持的中央农村工作部犯了"右倾机会主义错误",是站在群众运动后面指手画脚的"小脚女人",从而将正常的党内争论说成是两条路线的分歧。

1955年夏季以后,农业合作化运动加速发展,出现了农业合作化高潮。到1956年底,农业合作化基本完成。加入合作社的农户占全国农户总数的96.3%,其中参加高级社的农户达到87.8%。

对个体农业的社会主义改造,在1955年夏季以后,要求过急,工作过粗,改变过快,形式也过于简单划一,以致在较长期间遗留了一些问题。尽管如此,农业合作化在总体上是成功的。

在农业合作化运动期间,从1953年到1956年,农业生产力不断发展,全国农业总产值平均每年递增4.8%。农民安居乐业,生产有所发展,生活有所改善。中国农村在发展稳定的气氛中完成了从几千年的分散个体劳动向集体所有、集体经营的历史性转变。这是中国历史上一次伟大的社会变革、社会进步。至于在土地等生产资料集体所有制的基础上,如何采取更有利于调动农民积极性的经营方式和组织形式,则是需要长期探索才能解决的,并且需要随着农村社会生产力的发展而不断加以完善。

手工业合作化的实现　　在推进手工业合作化的过程中,中国共产党采取的是积极领导、稳步前进的方针。手工业合作化的组织形式,是由手工业生产合作小组、手工业供销合作社到手工业生产合作社,步骤是从供销入手,由小到大,由低到高,逐步实行社会主义改造和生产改造。农业合作化的迅猛发展,也极大地加快了手工业合作化的步伐。1955年底,党和国家提出要在两年内基本完成手工业合作化。实际上,由于改变了过去按行业分期、分批、分片改造的办法,而采取手工业全行业一起合作化的办法,到1956年底,参加合作社的手工业人员已占全体手工业人员的91.7%。手工业的合作化也基本完成了。

三、对资本主义工商业赎买政策的实施

经过国家资本主义走向社会主义　在农业合作化运动迅速发展的同时，对资本主义工商业的社会主义改造也开始积极推进。

中国资产阶级有两个部分，即官僚资产阶级和民族资产阶级。中国共产党和人民政府对他们采取了不同的政策。对官僚资产阶级即中国的大资产阶级，是把他们作为敌人，在政治上推翻他们的统治，在经济上没收他们的资本。民族资产阶级在社会主义革命时期仍然具有两面性。他们既有剥削工人取得利润的一面，又有拥护宪法、愿意接受社会主义改造的一面。对民族资产阶级，是把他们作为朋友，在团结他们的同时，用和平的方法逐步地改造他们。

对资本主义工商企业进行社会主义改造，就是要把民族资本主义工商业改造成为社会主义性质的企业，并对民族资产阶级实行赎买政策。采取这样的政策，既可以在一定时期利用资本主义工商业的积极作用（如增加产品供应、扩大商品流通、维持工人就业、为国家提供税收等），又有利于争取民族资产阶级及其知识分子，并减少他们接受社会主义改造的阻力。正因为如此，中国共产党和人民政府对资本主义工商业采取了利用、限制、改造的政策。毛泽东明确指出：国家资本主义是改造资本主义工商业和逐步完成社会主义过渡的必经之路。

国家资本主义经济是在人民政府管理之下的，用各种形式和国营社会主义经济联系着的，并受工人监督的资本主义经济。它有初级形式和高级形式的区别。初级形式的国家资本主义企业仍由资本家经营，它同国营社会主义经济通过订立合同等办法，在企业外部建立这样那样的联系。其形式，在工业中有收购、加工、订货、统购、包销；在商业中有经销、代销、代购代销、公私联营等。高级形式的国家资本主义就是公私合营。实行公私合营以后，原来的资本主义企业同社会

主义经济的联系已经不仅限于流通领域，而是深入到了企业内部，深入到了生产领域。社会主义经济在企业中已经具有决定意义的作用了。

新中国成立初期，着重发展的是加工订货、经销代销等初级形式的国家资本主义。1954年1月，中央人民政府财政经济委员会提出《关于有步骤地将有十个工人以上的资本主义工业基本上改造成为公私合营企业的意见》，高级形式的国家资本主义进一步发展起来。开始时，主要是个别企业的公私合营。在这种合营企业中，公方代表已经居于领导地位。企业利润采取"四马分肥"的办法，即分为国家所得税、企业公积金、工人福利费、股金红利四个部分。企业收益大部分归国家和工人，资本家所得不足1/4。这种企业已经具有不同程度的社会主义性质。1955年，合营工业的产值占到全部私营工业产值（包括已合营的在内）的49.6%。这一年，北京、上海、天津的一些行业先后实行全行业公私合营。这时，国家对资本家原有的生产资料进行清理估价，以核实私股股额；在合营期间，每年发给资本家5%的股息，这就叫定股定息。全行业公私合营以后，这些企业基本上已经是社会主义性质的经济，除资本家领取定息外，同国营企业已经没有原则的区别。1956年1月，北京市首先在全市范围内完成全行业公私合营。到这年年底，全国私营工业户的99%、私营商业户的82.2%，都走上了全行业公私合营的道路。

<u>和平赎买政策的实现</u>　经过国家资本主义来改造资本主义工商业，意味着国家对资本家采取和平赎买的政策。中共中央在《关于资本主义工商业改造问题的决议》中指出："我们对于资产阶级，第一是用赎买和国家资本主义的方法，有偿地而不是无偿地，逐步地而不是突然地改变资产阶级的所有制；第二是在改造他们的同时，给予他们以必要的工作安排；第三是不剥夺资产阶级的选举权，并且对于他们中间积极拥护社会主义改造而在这个改造事业中有所贡献的代表人物给以恰当的政治安排。在资产阶级没有别的出路的条件下，这是他们能

够接受的方案。"

对资产阶级实行赎买,这是马克思、恩格斯提出的设想。十月革命后,列宁打算在俄国对"文明的资本家"采取这种做法,但俄国资产阶级不接受。中国共产党把这种设想付诸实施并取得成功,资产阶级中的绝大多数人公开表示接受这样的方案。按照1956年全行业公私合营时核定的私股股额,总数为24.1864亿元人民币。在赎买政策的实施过程中,资本家先后共获得人民币32.5亿元,超过了其原来所有的资产总额。资本家的所得包括:1949年至1955年的利润13亿元,1955年至1968年的定息11亿元,高薪8.5亿元。

在实行全行业公私合营的时候,国家为资本家安排了工作,许多人担负了一定的领导职务。这既有利于发挥他们在经营管理方面的特长,又可以为使他们成为自食其力的劳动者创造条件。国家还安排他们进行学习和组织他们到各地参观访问,帮助他们了解国内外形势,更好地掌握自己的命运。许多原工商业者提高了觉悟,拥护共产党的领导和社会主义制度,为国家建设事业作出了贡献。

邓小平说:"我国资本主义工商业社会主义改造的胜利完成,是我国和世界社会主义历史上最光辉的胜利之一。这个胜利的取得,是由于中国共产党领导全体工人阶级执行了毛泽东同志根据我国情况制定的马克思主义政策,同时,资本家阶级中的进步分子和大多数人在接受改造方面也起了有益的配合作用。"

四、社会主义基本制度在中国的全面确立

人民民主政治建设的稳步推进　在有系统地推进社会主义改造的同时,人民民主政治建设也在有步骤地向前推进。

1954年9月,中华人民共和国第一届全国人民代表大会第一次会议在北京召开。大会讨论并通过了《中华人民共和国宪法》。人民代表大会制度这一新中国的根本政治制度从此建立。这成为新中国人民

民主政治建设发展历程中具有标志性的事件。

宪法规定："中华人民共和国是工人阶级领导的、以工农联盟为基础的人民民主国家。"

这一规定指出了新中国国家的根本性质。这表明，我们国家实行的是工人阶级领导的、以工农联盟为基础的人民民主制度，即具有中国特点的社会主义性质的民主制度。这种人民民主制度需要有一个不断完善和发展的过程，但它同资本主义国家的民主制度在性质上是完全不同的。在资本主义国家里，无论怎样标榜"民主"，终究只是为维护占人口极少数的资产阶级的统治地位和垄断利益服务的。只有在崭新的人民民主制度下，人民才当家作主，真正成为国家的主人。

宪法规定："中华人民共和国的一切权力属于人民。人民行使权力的机关是全国人民代表大会和地方各级人民代表大会。"

采用民主集中制的人民代表大会的政治制度，是同新中国的根本性质相联系的。人民代表大会制度所以能够成为适合中国国情的政治制度，就是因为它能够便利人民行使自己的权力，能够便利人民群众经常通过这样的政治组织参加国家的管理，从而得以充分发挥人民群众的积极性和创造性。中国人民就是要用这样的政治制度来保证国家沿着社会主义的道路前进。

大会选举毛泽东为中华人民共和国主席，刘少奇为全国人大常委会委员长，决定周恩来为国务院总理。

在一届全国人大一次会议召开以后，中国人民政治协商会议不再代行全国人民代表大会的职权。

1954年12月，中国人民政治协商会议第二届全国委员会一次会议在北京举行，会议推举毛泽东为全国政协名誉主席，选举周恩来为政协第二届全国委员会主席。大会通过的《中国人民政治协商会议章程》明确规定，政协"作为团结全国各民族、各民主阶级、各民主党派、各人民团体、国外华侨和其他爱国民主人士的人民民主统一战线的组织，仍然需要存在"。从此，中国人民政治协商会议既是中国人民爱国统一战线的组织，又是中国共产党领导的多党合作和政治协商的重要机构，是我国政治生活中发扬社会主义民主的重要形式。这对于坚持和完善中国共产党领导的多党合作和政治协商制度，具有重要的意义。

中国是一个由 56 个民族组成的统一的多民族国家。据 1953 年人口普查时的统计，除汉族以外，各少数民族的总人口为 3 500 余万人，占全国总人口的 6%，他们分别分布在占全国总面积 60% 的广大地区。1952 年 8 月，《中华人民共和国民族区域自治实施纲要》公布施行。1954 年一届全国人大一次会议通过的《中华人民共和国宪法》明确规定："各少数民族聚居的地方实行区域自治。各民族自治地方都是中华人民共和国不可分离的部分。"继内蒙古自治区成立（1947 年 5 月）之后，新疆维吾尔自治区（1955 年 10 月）、广西壮族自治区（1958 年 3 月）、宁夏回族自治区（1958 年 10 月）和西藏自治区（1965 年 9 月）先后成立。中华民族实现了空前的团结和统一。这表明，新中国能够用彻底的民主主义和民族平等的精神来解决民族问题，建立各民族之间的真正团结合作。各民族都必须加强和巩固祖国的统一，必须紧密地团结在一起，为建设祖国而共同努力。同时，国家又必须保证各少数民族在聚居的地方行使其自治权，帮助每一个民族走上社会主义道路，使其在经济上、文化上都得到迅速发展。

在逐步推进社会主义改造的过程中，中国的社会主义基本政治制度得到了全面确立和进一步发展。

社会主义改造的基本完成　到 1956 年，随着社会主义改造的基本完成，中国继建立社会主义基本政治制度之后，社会主义的基本经济制度也建立起来了。这是中国进入社会主义社会的最主要的标志。1952 年，各种经济成分在国民收入中所占的比重分别是：国营经济 19.1%，合作社经济 1.5%，公私合营经济 0.7%，个体经济 71.8%，资本主义经济 6.9%。就是说，个体经济和资本主义经济合计为 78.7%，占到国民收入的绝大部分。到 1956 年，各种经济成分占国民收入的比重分别是：国营经济 32.2%，合作社经济 53.4%，公私合营经济 7.3%，个体经济 7.1%，资本主义经济接近于零。这就是说，社会主义性质的国营经济、合作社经济和基本上属于社会主义性质的公私合营经济合计为 92.9%，占到了国民收入的绝大多数。这是社会主义改造的主要成果。这表明，中国已经胜利地完成了从新民主主义到社会主义的过渡，社会主义基本制度在中国得到了全面的确立。

中共中央原计划用 18 年的时间而实际上只用了 7 年的时间，社会主义改造就基本完成了。由于进展急促，工作中也有缺点和偏差。如前所述，1955 年夏季以后农业合作化以及对手工业和个体商业的改造中出现了一些问题。资本主义工商业的改造，也有急于求成的缺点；小商小贩、小手工业者和只有轻微剥削的小业主本来是应当引导他们走合作化道路的，却把他们与资本家一起带进了合营企业；对于一部分原工商业者的使用和处理也不很适当。同时，在对公有制实现形式的认识上和对计划经济的理解上也有局限性。尽管如此，从根本上说，对于个体农业、手工业和资本主义工商业的社会主义改造是符合客观需要的，完成这些改造是一件有伟大历史意义的事情。

社会主义改造是在生产关系方面由私有制到公有制的一场伟大的变革，它对生产力的发展直接起到了促进作用。

在全面进行社会主义改造期间，即从 1953 年到 1956 年，全国工业总产值平均每年递增 19.6%，农业总产值每年递增 4.8%。经济发展比较快，经济效益比较好，重要经济部门之间的比例关系比较协调。市场繁荣，物价稳定，人民生活显著改善。在改造过程中，国家资本主义经济和合作经济表现了明显的优越性。1955 年，公私合营工业比私营工业的工人劳动生产率平均高一倍。农业生产在这期间基本上也是逐年上升的。1956 年，农业遇到严重的自然灾害，农业总产值还是增长了 5%。值得提出的是，依靠组织起来的力量，农田水利建设事业大大地发展了。仅 1956 年一年所兴修的农田水利工程的灌溉面积即达 1.5 亿亩，当年受益的达 1 亿亩。这等于解放前全国所有水利设施的灌溉面积的一半，等于新中国成立后六年中发展的灌溉面积的两倍。当年受灾农田面积达两亿数千万亩，除八千万亩因毁灭性的灾害失收外，其余都依靠集体的力量大大减轻了灾害。这就是 1956 年为什么在灾害严重的情况下，还能够实现农业显著增产的根本原因。

社会主义改造的胜利，为中国全面进行社会主义建设奠定了基础，开辟了道路。农业和手工业由个体所有制变为社会主义的集体所有制，私营工商业由资本主义所有制变为社会主义所有制，这就使社会生产力从旧的生产关系的束缚中解放出来，为在社会主义条件下取得比资本主义更快更好的现代化发展速度铺平了道路。

1981 年 6 月中共十一届六中全会通过的《关于建国以来党的若干历史问题的决议》明确指出：社会主义改造尽管存在某些缺点和偏差，"但整个来说，在一个几亿人口的大国中比较顺利地实现了如此复杂、困难和深刻的社会变革，促进了工农业和整个国民经济的发展，这的确是伟大的历史性胜利"。

新民主主义革命的胜利，社会主义基本制度的建立，为当代中国一切发展进步奠定了根本政治前提和制度基础。

在社会主义条件下推进工业化、现代化　社会主义革命的目的是为了解放生产力。在社会主义改造基本完成后，中国人民面临的主要任务，就是进一步推进工业化、现代化建设，为实现国家的繁荣富强和人民的共同富裕而奋斗。而社会主义基本制度的全面确立，正是为推进中国的工业化、现代化事业，为中国以后一切的进步和发展，奠定了基础。

中国是在没有实现工业化的情况下进入社会主义的。一方面，正如邓小平所说，"当时中国有了先进的无产阶级的政党，有了初步的资本主义经济，加上国际条件，所以在一个很不发达的中国能搞社会主义。这和列宁讲的反对庸俗的生产力论一样"。另一方面，由于经济文化比较落后，正如党后来指出的，中国的社会主义还只能是初级阶段的社会主义，或者说只能是社会主义的初级阶段。不经过生产力的巨大发展，是不可能越过这个阶段的。

☐ 学习思考

1. 为什么说新民主主义社会是一个过渡性的社会？
2. 怎样理解社会主义制度在中国的确立是历史和人民的选择？
3. 为什么说完成社会主义改造是中国历史上最伟大最深刻的社会变革？

☐ 必读文献

毛泽东：《在中国共产党第七届中央委员会第二次全体会议上的报告》（1949年3月5日）

☐ 延伸阅读文献

1. 中共中央宣传部：《为动员一切力量把我国建设成为一个伟大的社会主义国家而斗争——关于党在过渡时期总路线的学习和宣传提纲》（1953年12月）
2. 刘少奇：《在中国共产党第八次全国代表大会上的政治报告》（1956年9月15日）

第九章
社会主义建设在探索中曲折发展

第一节 良好的开局

一、全面建设社会主义的开端

提出马克思主义同中国实际的"第二次结合" 1956年，社会主义基本制度的全面确立，标志着中国进入开始全面建设社会主义的历史阶段。

中国已经是一个社会主义国家，但又是一个经济文化落后、人口众多、幅员辽阔、发展极不平衡的国家。怎样建设社会主义，怎样巩固和发展社会主义，并没有现成的道路可循，必须在实践中进行艰苦的探索。

新中国成立初期，因为没有经验，在经济建设上只得学习甚至照搬苏联的做法。这在当时是完全必要的，同时又是一个缺点，缺乏创造性。这当然不应当是长久之计。经过执行发展国民经济的第一个五年计划的实践，中国共产党和人民政府已经积累了进行建设的初步经验。1956年2月召开的苏共二十大，进一步暴露了苏联在社会主义建设中存在的缺点和错误。在这种情况下，中国共产党人决心走自己的路，开始探索适合中国情况的社会主义建设道路。

探索中国的社会主义建设道路，首先有一个如何把马克思列宁主义基本原理同中国具体实际相结合的问题。1956年4月初，在中共中央书记处会议上，毛泽东提出：我认为最重要的教训是独立自主，调查研究，摸清本国国情，把马克思列宁主义的基本原理同我国革命和建设的具体实际结合起来，制定我们的路线、方针、政策。现在是社会主义革命和建设时期，我们要进行第二次结合，找出在中国进行社会主义革命和建设的正确道路。他在修改中共中央向党的八大提交的政治报告时明确指出：我国是一个东方国家，又是一个大国。因此，我国"在社会主义改造和社会主义建设的过程中也带有自己的许多特点，而且在将来建成社会主义社会以后还会继续存在自己的许多特点"。

针对苏共二十大以后西方敌对势力乘机掀起反共反社会主义浪潮，中共中央指出，从基本原理上来说，十月革命道路"反映了人类社会发展长途中的一个特定阶段内关于革命和建设工作的普遍规律"。因此，"保卫十月革命所开辟的这一条马克思列宁主义的道路，在目前的国际形势下具有特别重大的意义"。同时，鉴于苏联在建设社会主义过程中发生过一些缺点和错误，中共中央又指出，现在我们应当更加强调从中国的国情出发，强调开动脑筋，强调创造性，在结合上下功夫。毛泽东说："最近苏联方面暴露了他们在建设社会主义过程中的一些缺点和错误，他们走过的弯路，你还想走？过去我们就是鉴于他们的经验教训，少走了一些弯路，现在当然更要引以为戒。"中国的社会主义建设必须走自己的道路。

毛泽东提出的关于实行马克思主义同中国实际的"第二次结合"的任务，为探索适合中国情况的社会主义建设道路，提供了基本的指导原则。

在社会主义制度下保护和发展生产力 社会主义制度的确立，为进一步保护和发展生产力创造了更为有利的条件。

1956年1月，毛泽东在最高国务会议上提出："我国人民应该有一个远大的规划，要在几十年内，努力改变我国在经济上和科学文化上的落后状况，迅速达到世界上的先进水平。"中共中央还把拟定的《1956年到1967年全国农业发展纲要（草案）》提请最高国务会议讨论，并向全国人民公布。

与此同时，中共中央召开关于知识分子问题会议，动员全党和全国人民特别是广大知识分子"向现代科学进军"。周恩来在会上指出，在社会主义时代，比以前任何时代都更加需要充分地提高生产技术，更加需要充分地发展科学和利用科学知识。知识分子中间的绝大部分已经是工人阶级的一部分，他们是社会主义建设事业中一支伟大的力量。正确地估计和使用这些知识分子，有计划地帮助他们在政治上和业务上不断进步，是党和国家的极其重要的任务。会后，国务院成立了科学规划委员会，集中数百名科学家，经过反复研究，于同年10月制定了《1956—1967年科学技术发展远景规划纲要》。这个规划的实施，填补了我国科学技术领域的诸多空白，奠定了中国在自然科学和工程技术方面的重要基础。许多尖端科技项目的集体攻关从这时起步，并开始了向世界科学技术先进水平的进军。

二、早期探索的积极进展

《论十大关系》的发表　从1956年初开始，以毛泽东为主要代表的中国共产党人，对中国的社会主义建设道路进行了艰苦的探索，并取得了积极的成果。

为准备召开中国共产党第八次全国代表大会，毛泽东、刘少奇等领导人进行了大规模的调查研究工作。从1956年2月到4月，毛泽东等先后听取了国务院工业、农业、运输业、商业、财政、计划等35个部委的工作汇报。这是新中国成立以来中共中央领导集体开展的一次广泛而深入的对经济工作的调查研究。

在听取汇报的基础上，毛泽东逐渐形成《论十大关系》的基本思路，并先后在4月25日中央政治局扩大会议和5月2日最高国务会议上作了《论十大关系》的报告。这个报告，总结经济建设的初步经验，借鉴苏联建设的经验教训，概括提出了十大关系。这十大关系，围绕一个基本方针,即:"一定要努力把党内党外、国内国外的一切积极的因素,直接的、间接的积极因素,全部调动起来,把我国建设成为一个强大的社会主义国家。"这成为同年9月召开的中共八大的指导思想。

社会主义是广大人民群众的事业。毛泽东强调,工人、农民是人民群众的主体,建设社会主义,首先必须依靠工农群众,充分调动工农群众的积极性;同时,必须巩固各民族的团结,帮助少数民族发展经济建设和文化建设;还应当与民主党派"长期共存,互相监督",加强统一战线工作。他并且提出,要尽可能地化消极因素为积极因素。

毛泽东指出,在把重工业作为国内建设重点的同时,要更多地发展农业、轻工业,并处理好沿海工业与内地工业、经济建设与国防建设的关系,从而对中国工业化道路的问题作出了创造性的论述。他还开始提出体制改革的问题,认为我们不能像苏联那样,把什么都集中到中央,而应当有中央和地方两个积极性,应当使各个生产单位有一个与统一性相联系的独立性。

毛泽东在论述中国和外国的关系时,提出"向外国学习"的口号,强调一切民族、一切国家的长处都要学,但不能一切照搬。

同年4月28日,毛泽东在中共中央政治局扩大会议讨论《论十大关系》报告后作总结讲话,进一步提出:"艺术问题上的百花齐放,学术问题上的百家争鸣,我看应该成为我们的方针。"百花齐放、百家争鸣方针的提出和确立,适应了国家迅速发展经济和文化的迫切要求,有利于充分调动广大知识分子从事社会主义建设的积极性,成为党和国家促进社会主义文化繁荣和科学进步的指导方针,后来也成为处理人民内部矛盾的正确方针。

《论十大关系》是以毛泽东为主要代表的中国共产党人开始探索中国自己的社会主义建设道路的标志,它在新的历史条件下从经济方面(这是主要的)和政治方面提出了新的指导方针,为中共八大的召开作了理论准备。后来,毛泽东回顾说:"前八年照抄外国的经验。但从一九五六年提出十大关系起,开始找到自己的一条适合中国的路线。"

中共八大路线的制定　1956年9月15日至27日,中国共产党第八次全国代表大会在北京举行。毛泽东致开幕词,刘少奇作政治报告,周恩来作关于发展国民经济第二个五年计划建议的报告,邓小平作关于修改党章的报告。

中共八大文献的起草,是在毛泽东领导下集体进行的。作为八大纲领性文献的政治报告稿,经毛泽东、刘少奇、周恩来等人反复修改,并经中共中央政治局多次讨论,是中共中央集体智慧的结晶。

中共八大正确分析了社会主义改造完成后中国社会的主要矛盾和主要任务,指出:社会主义制度在我国已经基本上建立起来;我们还必须为解放台湾,为彻底完成社会主义改造、最后消灭剥削制度和继续肃清反革命残余势力而斗争,但是国内主要矛盾已经不再是工人阶级和资产阶级的矛盾,而是人民对于经济文化迅速发展的需要同当前经济文化不能满足人民需要的状况之间的矛盾;全国人民的主要任务是集中力量发展社会生产力,实现国家工业化,逐步满足人民日益增长的物质和文化需要;还有阶级斗争,还要加强人民民主专政,但根本任务已经是在新的生产关系下面保护和发展生产力。

在经济建设上,大会坚持既反保守又反冒进即在综合平衡中稳步前进的方针。在政治建设上,提出要扩大社会主义民主、健全社会主义法制,使党和政府的活动做到"有法可依"和"有法必依"。在执政党建设上,强调要提高全党的马克思列宁主义思想水平,健全党内民主集中制,坚持集体领导制度,反对个人崇拜,发展党内民主和人民民主,加强党和群众的联系。

在大会发言中,陈云提出"三个主体、三个补充"的思想,即:国家经营和集体经营是主体,一定数量的个体经营为补充;计划生产是主体，一定范围的自由生产为补充；国家市场是主体，一定范围的自由市场为补充。这个思想为大会所采纳，并写入大会决议，成为探索适合中国特点的经济体制的重要步骤。

随后召开的中共八届一中全会，选举毛泽东为中央委员会主席，刘少奇、周恩来、朱德、陈云为副主席，邓小平为总书记，由他们组成中央政治局常务委员会。

中共八大的路线是正确的，它为社会主义事业的发展和党的建设指明了方向。

中共八大后，中国共产党在探索中又提出一些重要的新思想。同年12月，毛泽东提出，可以消灭了资本主义，又搞资本主义，并把这称作"新经济政策"。这个意见得到了刘少奇、周恩来等领导人的赞同。

《关于正确处理人民内部矛盾的问题》的发表　社会主义改造基本完成后，不少人对新的社会制度还不能马上适应，再加上党和政府的一些工作部门存在着主观主义、官僚主义作风，引起一些群众的不满。1956年下半年，一些地区出现了工人罢工、学生罢课、农民退社等情况。与此同时，国际上出现的波兰、匈牙利事件，也在国内引起一些人的思想波动。一些领导干部对此缺乏思想准备，或者束手无策，或者对一些闹事问题不作具体分析，简单化地将其作为敌我矛盾来处理。

1957年2月，毛泽东在扩大的最高国务会议第十一次（扩大）会议上作了《如何处理人民内部的矛盾》的讲话，指出：在社会主义制度下，人民的根本利益是一致的，但还存在着敌我矛盾和人民内部矛盾。必须区分社会主义社会两类不同性质的社会矛盾，把正确处理人民内部矛盾作为国家政治生活的主题。他联系农业合作化问题、工商业者问题、知识分子问题、少数民族问题、少数人闹事问题、与民主党派关系问题等，系统地阐明了正确处理各种人民内部矛盾的方针和方法。他强调，不能用解决敌我矛盾的方法去解决人民内部矛盾，只能用民主的、说服的、教育的、"团结—批评—团结"的方法去解决。

毛泽东提出正确处理人民内部矛盾的问题，有一个重要的指导思想，这就是："团结全国各族人民进行一场新的战争——向自然界开战，发展我们的经济，发展我们的文化，使全体人民比较顺利地走过目前的过渡时期，巩固我们的新制度，建设我们的新国家。"

毛泽东还对社会主义社会的基本矛盾作了科学分析。他指出：矛盾是普遍存在的。社会主义社会充满着矛盾，正是这些矛盾推动着社会主义社会不断向前发展。在社会主义社会中，基本的矛盾仍然是生产关系和生产力之间的矛盾、上层建筑和经济基础之间的矛盾。这些矛盾，可以通过社会主义制度本身的自我调整和自我完善不断地得到解决。这实际上为进行改革，使社会主义制度得到完善和发展奠定了理论基石。

这篇讲话稿经补充修改后，以《关于正确处理人民内部矛盾的问题》为题，在1957年6月19日《人民日报》公开发表，是一篇重要的马克思主义文献。它创造性地阐述了社会主义社会矛盾学说，是对科学社会主义理论的重要发展，对中国社会主义事业具有长远的指导意义。

整风运动和反右派斗争　1957年4月27日，中共中央下发《关于整风运动的指示》，决定在全党进行一次反对官僚主义、宗派主义和主观主义的整风运动。

采取整风的办法来全面加强党的思想、组织、作风建设，是中国共产党的一个创造。在执政的条件下，党容易产生脱离群众的官僚主义等错误倾向，更需要采取整风的办法来加以解决。根据中共中央的设想，这次整风应当是一次既严肃认真又和风细雨的思想教育运动，是一次认真开展批评和自我批评的自我教育运动，通过发动群众向党员和党的各级组织提意见，帮助党来纠正官僚主义等问题。

这场运动采取开门整风的形式。各级党组织纷纷召开座谈会和小组会，听取党内外群众的意见，迅速在全社会形成一个"鸣放"的高潮。毛泽东和中共中央真诚地希望通过这种方式，加强党外人士对共产党员特别是党员领导干部的批评、监督，进一步密切党同群众的联系。毛泽东曾经肯定开门整风取得的成果，指出：开展整风"这是天下第一大事"，"不整风党就会毁了"。他在1957年7月撰写的《一九五七年夏季的形势》一文中提出，必须在我国建立一个现代化的工业基础和现代化的农业基础，这样，我们的社会主义的经济制度和政治制度，才能获得自己的比较充分的物质基础；为了建成社会主义，工人阶级必须有自己的技术干部队伍，必须有自己的教授、教员、科学家、新闻记者、文学家、艺术家和马克思主义理论家的队伍，这是一个宏大的队伍，人少了是不成的；要造成一个又有集中又有民主，又有纪律又有自由，又有统一意志、又有个人心情舒畅、生动活泼，那样一种政治局面。这些思想，是中共八大路线的继续和发展，是党探索社会主义建设道路的新成果。

在整风运动中人们提出的各种意见，绝大多数是诚恳的。但确有极少数资产阶级右派分子乘机向党和新生的社会主义制度发动进攻。他们把共产党在国家政治生活中的领导地位攻击为"党天下"，要求"轮流坐庄"；他们竭力抹煞社会主义改造和建设的成绩，根本否定社会主义制度的优越性；他们还把人民民主专政制度说成是产生主观主义、官僚主义和宗派主义的根源。有的人甚至散布煽动性言论，鼓动一些不明真相的人上街闹事。这说明，事情正在起变化。

6月8日，中共中央发出组织力量反击右派分子进攻的党内指示，《人民日报》同日发表题为《这是为什么?》的社论。一场全国规模的群众性反右派运动全面展开。

对极少数右派分子的进攻实行坚决反击，是完全正确的和必要的。在涉及重大政治原则的大是大非问题上如果不能旗帜鲜明，就会造成思想上和政治上的混乱。这方面党取得的经验，是宝贵的，有长远意义的。但是反右派斗争被严重地扩大化了。到1958年夏季运动结束时，全国划定的右派分子达55万人，其中绝大多数属于错划。把一批知识分子、爱国人士和党内干部错划为右派分子，不仅是他们个人的损失，更是党和国家整个事业的严重损失。而在运动中采取的大鸣、大放的错误斗争方式，也是反右派斗争严重扩大化的一个重要因素。

反右派斗争严重扩大化的一个重要影响，是1957年9月至10月召开的中共八届三中全会开始改变中共八大关于我国社会主要矛盾的正确判断，认为当前国内的主要矛盾仍然是无产阶级和资产阶级、社会主义道路和资本主义道路的矛盾。后来召开的中共八大二次会议正式确认了这个判断。这一理论上和指导思想上的失误造成了长时期的严重后果。

第二节 探索中的严重曲折

一、"大跃进"及其纠正

"大跃进"和人民公社化运动的发动　　1957年"一五"计划提前完成，极大地激发了全国人民在短时间内彻底改变祖国"一穷二白"面貌的斗志，增强了中国共产党人领导经济建设的自信心。在胜利面前，毛泽东以及中央和地方不少领导干部滋长了骄傲自满情绪，夸大了主观意志和主观努力的作用，忽视经济规律，急于求成，对社会主义建设的长期性、复杂性估计严重不足。

中共八届三中全会通过农业发展纲要四十条，随后在农村开展了关于农业生产建设的大辩论。1957年11月13日《人民日报》社论提出：要在生产战线上来一个大的跃进。这年冬季兴起的农田水利建设高潮，有效地提高了农业抗灾的能力，为农业增产增收打下了重要的基础。"大跃进"的序幕也由此揭开。

1958年1月和3月，毛泽东先后在广西南宁和四川成都主持召开中央工作会议。他提出，要把党和国家的工作重点放到技术革命和社会主义建设上来。这是中共八大路线的继续和发展，具有积极的意义。但是，他错误地改变了在经济建设上既反保守又反冒进即在综合平衡中稳步前进的方针，严厉批判反冒进，偏离了实事求是、稳步前进的正确轨道。

同年5月，中共八大二次会议通过了"鼓足干劲、力争上游、多快好省地建设社会主义"的社会主义建设总路线。这条总路线及其基本点，其正确的一面，是反映了广大人民群众迫切要求改变国家经济文化落后状况的普遍愿望；其缺点是忽视了客观的经济规律。总路线提出的"多快好省"这四个字，本来是相互制约的，但在宣传中和实际工作中片面地突出了一个"快"字，产生了消极的后果。

"大跃进"的发动表明，中国共产党力图抓住20世纪50年代中期出现的有利于国内和平建设的不可多得的历史机遇，在中国社会主义现代化建设上开创一个跨越式发展的局面。但是，由于没有经过认真的调查研究和试点，就在总路线提出后轻率地发动了"大跃进"和人民公社化运动，使得以高指标、瞎指挥、浮夸风和"共产风"为主要标志的"左"倾错误严重地泛滥开来。

同年8月，中共中央政治局扩大的北戴河会议通过了《关于在农村建立人民公社问题的决议》，提出"应该积极地运用人民公社的形式，摸索出一条过渡到共产主义的具体途径"。从这年夏季开始，只经过了几个月时间，全国74万个农业生产合作社合并成为2.6万多个人民公社。人民公社实行"政社合一"的体制，其基本特点被概括为"一大二公"。所谓"大"，就是规模大，原来一二百户规模的农业生产合作社被合并成拥有四五千户甚至一两万户的人民公社；所谓"公"，就是公有化程度高，原来经济条件各不相同的农业生产合作社被合并以后，主要财产归人民公社所有，收入在全社范围内统一核算和分配。它严重地脱离了农村的生产力水平，致使"一平二调"（"平"，指在公社范围内实行贫富拉平，平均分配；"调"，指县社两级无偿调拨生产队和社员个人的财物和劳动力）之风泛滥，损害了广大社员和小集体的利益。

初步纠正"左"倾错误的努力　　毛泽东是"大跃进"和人民公社化运动的积极倡导者和推动者，又是中共中央领导集体中较早地觉察并实际纠正"左"倾错误的领导人。1958年11月，毛泽东主持召开第一次郑州会议，指出当时大有立即宣布全民所有、废除商业、消灭商品生产之势，发展下去势必会重犯苏联剥夺农民的历史性错误。从这时起到1959年7月庐山会议前期，毛泽东领导全党和全国人民对已经觉察到的错误进行了初步纠正。

1958年11、12月间，毛泽东在武昌先后主持召开中共中央政治局扩大会议和八届六中全会，着重纠正急于向全民所有制和向共产主义过渡的倾向，以及企图过早地取消商品生产和商品交换的倾向，并决定开展整顿人民公社的工作。1959年2月，毛泽东主持召开第二次郑州会议，针对人民公社存在的平均主义和过分集中的问题，提出队为基础、分级管理、三级核算、各计盈亏、按劳分配、承认差别的方针。

1959年4月，二届全国人大一次会议选举刘少奇为中华人民共和国主席，朱德为全国人大常委会委员长，决定周恩来连任国务院总理。

庐山会议与纠"左"进程的中断　　1959年7月2日至8月1日，中共中央在江西庐山召开政治局扩大会议。毛泽东提出18个问题，要求与会者讨论。其出发点是统一全党的认识，巩固纠"左"成果。但是党内的高层领导对1958年以来的工作和当前形势的估计存在着严重分歧。7月14日，彭德怀给毛泽东写信，着重指出"大跃进"存在的严重问题和突出矛盾。毛泽东错误地对彭德怀的信提出尖锐批评。

8月2日至16日，毛泽东在庐山主持召开中共八届八中全会，作出了《关于以彭德怀同志为首的反党集团的错误的决议》，随后在全党范围开展了"反右倾"斗争。这场斗争，在政治上使党内从中央到基层的民主生活遭到严重损害；在经济建设上打断了纠"左"的进程，使错误延续了更长时间。

主要由于"大跃进"和"反右倾"斗争的错误，加上当时的自然灾害和苏联政府背信弃义地撕毁合同、撤走全部专家，中国国民经济在1959年到1961年发生严重困难。

国民经济的调整　国民经济出现的严重困难局面，给中国共产党以深刻的教训。中共中央和毛泽东决心认真进行调查研究，调整政策，纠正错误。毛泽东在1960年6月撰写的《十年总结》一文和同年11月为中共中央起草的指示中，都讲到自己在"大跃进"期间所犯的错误，做了自我批评。同年11月，中共中央发出《关于农村人民公社当前政策问题的紧急指示信》（即"十二条"），着手解决当时最为突出的农业和农村问题。

1961年1月，中共八届九中全会决定对国民经济实行"调整、巩固、充实、提高"的八字方针，毛泽东在会上号召全党大兴调查研究之风。随后，他领导的三个调查组分赴浙江、湖南、广东农村基层作调查。刘少奇、周恩来、朱德、陈云、邓小平等也深入基层进行调查研究。

同年3月，毛泽东在广州主持起草了《农村人民公社工作条例（草案）》（即"农业六十条"），以后又几经修改，确定以生产队为基本核算单位，要求认真贯彻按劳分配的原则，废除供给制，停办公共食堂。"农业六十条"的贯彻执行，对于克服严重存在的平均主义，调动农民的生产积极性，推动恢复和发展农业生产，起到了十分重要的作用。同年6月，毛泽东指出，由于碰了钉子，我们"对于社会主义的认识，对于如何建设社会主义的认识是大为深入了"。在此基础上，在刘少奇、周恩来、陈云、邓小平等的主持下，中共中央陆续制定出有关工业、商业、教育、科学、文艺等方面的工作条例草案，总结历史经验，继续纠正"左"的错误，推动国民经济转入1962年至1965年的三年调整时期。

"七千人大会"的召开与调整任务的基本完成 1962年1、2月间，扩大的中共中央工作会议（即"七千人大会"）在北京召开。来自中央、各中央局、各省市自治区党委、地委、县委、重要厂矿党委及军队的负责干部，围绕讨论和修改刘少奇1月27日向大会提交的书面报告，畅所欲言，开展批评和自我批评。毛泽东着重阐述了民主集中制的极端重要性，并带头做了自我批评。这次会议恢复和发扬了党内的民主精神和自我批评精神，统一了全党的认识，对全面贯彻调整国民经济的八字方针起了极其重要的作用。

从1962年到1965年，由于全党和全国人民的主要注意力一直放在贯彻执行八字方针上，加上党和国家在经济、政治方面采取的有力措施，国民经济开始得到比较顺利的恢复和发展。这期间，毛泽东等领导人率先节衣缩食，党和人民团结一致，同甘共苦，对内克服了自己的困难，对外顶住了苏联领导集团施加的压力，还清了对苏联的全部债款。1964年底到1965年初召开的第三届全国人民代表大会第一次会议提出"四个现代化"的宏伟目标，并宣布：调整国民经济的任务已经基本完成，整个国民经济将进入一个新的发展时期。今后发展国民经济的主要任务，是要在不太长的历史时期内，把我国建设成为一个具有现代农业、现代工业、现代国防和现代科学技术的社会主义强国，赶上和超过世界先进水平。

但是，20世纪50年代后期开始的"左"倾错误，在经济工作指导思想中尚未得到彻底纠正，在政治和思想文化方面还有发展。在1962年9月召开的中共八届十中全会上，毛泽东把社会主义社会中一定范围内存在的阶级斗争扩大化和绝对化，后来更发展成为"以阶级斗争为纲"的指导思想。与此同时，他也指出：不要因为强调阶级斗争而放松工作，要把工作放在第一位。

1963年至1965年间，中共中央领导进行了城乡社会主义教育运动。这一运动虽然对于解决干部作风和经济管理等方面的问题起了一定作用，但由于把这些不同性质的问题都认为是阶级斗争或者是阶级斗争在党内的反映，在1964年下半年使不少基层干部受到不应有的打击，1965年初又错误地提出了运动的重点是整所谓"党内走资本主义道路的当权派"。

在意识形态领域，也对一些文艺作品、学术观点和文艺界学术界的一些代表人物进行了错误的、过火的政治批判，在对待知识分子问题、教育科学文化问题上发生了愈来愈严重的"左"的偏差，并且在后来发展成为"文化大革命"的导火线。不过，这些错误当时还没有达到支配全局的程度。

二、"文化大革命"及其结束

"文化大革命"的发动　1966年5月至1976年10月的"文化大革命"，是全局性的、长时间的"左"倾严重错误。它使中国共产党、国家和人民遭到新中国成立以来最严重的挫折和损失。这场"文化大革命"是毛泽东发动和领导的。

毛泽东发动"文化大革命"的出发点是要反对修正主义、防止资本主义复辟、维护党的纯洁性和寻求中国自己的社会主义建设道路。新中国成立后，他曾为此做过多次尝试。然而，到了20世纪60年代中期，在"以阶级斗争为纲"的指导思想支配下，毛泽东对当时国内阶级斗争形势以及党和国家的政治状况作出严重的错误估计，甚至认为"中央出了修正主义"，整个国家面临资本主义复辟的现实危险，因此只有实行"文化大革命"，公开地、全面地、自下而上地发动群众来揭发上述阴暗面，才能把被"走资本主义道路的当权派"篡夺的权力重新夺回来。

毛泽东发动"文化大革命"的主要论点是：一大批资产阶级的代表人物、反革命的修正主义分子，已经混进党里、政府里、军队里和文化领域的各界里，相当大的一个多数的单位的领导权已经不在马克思主义者和人民群众手里。党内走资本主义道路的当权派在中央形成了一个资产阶级司令部，它有一条修正主义的政治路线和组织路线，在各省、市、自治区和中央各部门都有代理人。"文化大革命"实质上是一个阶级推翻一个阶级的政治大革命，以后还要进行多次。上述论点曾被概括成为所谓"无产阶级专政下继续革命的理论"。他在晚年提出的这些理论及其实践严重地背离了客观实际，明显地脱离了毛泽东思想的轨道，并被他重用过的林彪、江青、康生等人所利用。

历史已经证明，毛泽东发动"文化大革命"的主要论点，既不符合马克思列宁主义，也不符合中国实际。这些论点对当时国内阶级形势以及党和国家政治状况的估计，是完全错误的。"文化大革命"被说成是同修正主义路线或资本主义道路的斗争，这个说法根本没有事实根据，并且在一系列重大理论和政策问题上混淆了是非。"文化大革命"中被当作修正主义或资本主义批判的许多东西，实际上正是马克思主义原理和社会主义原则，其中很多是毛泽东过去提出或支持过的。"文化大革命"否定了新中国成立以来大量的正确方针政策和成就，这实际上也就在很大程度上否定了包括毛泽东在内的党中央和人民政府的工作，否定了全国各族人民建设社会主义的艰苦卓绝的奋斗。

1965年11月10日，姚文元的文章《评新编历史剧〈海瑞罢官〉》在上海《文汇报》发表，成为毛泽东发动"文化大革命"的导火线。

1966年5月，中共中央召开政治局扩大会议。会议通过的《中国共产党中央委员会通知》（简称"五·一六通知"），系统地阐发了发动"文化大革命"的主要论点。会议还决定设立"中央文化革命小组"。这个小组被江青等人把持，实际上凌驾于中央政治局之上。随后，由毛泽东批示在全国广播了北京大学聂元梓等人攻击中共北京大学党委和中共北京市委的大字报，对于鼓动许多城市的大中学生"踢开党委闹革命"起了推波助澜的作用，许多学校的党组织陷于被动以至瘫痪。

同年8月1日至12日，毛泽东主持召开中共八届十一中全会，并在全会上印发《炮打司令部——我的一张大字报》，对"文化大革命"进行再发动。全会通过的《关于无产阶级文化大革命的决定》（简称"十六条"），成为"文化大革命"的指导方针。

全面内乱的形成 1967年1月，上海造反派头目王洪文等人在张春桥、姚文元的策划下，夺取了中共上海市委、市人民委员会的领导权，号称"一月革命"。毛泽东肯定了上海造反派的夺权斗争。

在夺权过程中，各地的造反派组织普遍形成两大对立面，加上江青、陈伯达、康生、张春桥等人趁机煽动，在全国掀起了"打倒一切、全面内战"的狂潮。他们把批判的矛头，集中指向刘少奇、邓小平等老一辈无产阶级革命家。在运动中，党的各级领导干部普遍受到批判和斗争，党的各级组织普遍受到冲击并陷于瘫痪、半瘫痪状态，党长期依靠的许多积极分子和基本群众受到排斥。这些情况，不可避免地给一些投机分子、野心家、阴谋家以可乘之机，其中有不少人还被提拔到了重要的以至非常重要的领导岗位。

同年2月前后，在有部分中共中央政治局委员、国务院和中共中央军委领导人参加的不同会议上，谭震林、陈毅、叶剑英、李富春、李先念、徐向前、聂荣臻等对"文化大革命"的错误做法提出强烈的批评。然而，这次抗争却被诬称为"二月逆流"而遭到压制和打击。

此后，随着"全面夺权"事态的发展，许多地方发生大规模武斗，局势几乎失控。

为了稳定局势，毛泽东采取了一系列非常措施，如派人民解放军实行"三支两军"（支左、支工、支农、军管、军训），派工人宣传队进入学校等。经过1967年初至1968年10月历时20个月的社会大动乱，在中共八届十二中全会前夕，各省、市、自治区相继成立了革命委员会。1968年10月13日至31日，中共八届扩大的十二中全会在北京举行。在极不正常的情况下，全会通过所谓《关于叛徒、内奸、工贼刘少奇罪行的审查报告》，并错误地作出"把刘少奇永远开除出党，撤销其党内外的一切职务"的决议。确凿的事实证明，加给刘少奇的所谓"叛徒""内奸""工贼"的罪名，是林彪、江青等人的诬陷。

1969年4月1日至24日，中国共产党第九次全国代表大会在北京召开。这次大会使"文化大革命"的错误理论和实践合法化，加强了林彪、江青、康生等人在党中央的地位。中共九大在思想上、政治上和组织上的指导方针都是错误的。

粉碎林彪反革命集团　中共九大闭幕后，按照毛泽东的部署，全国开展了"斗、批、改"①运动。

1970年3月，毛泽东提出准备召开第四届全国人民代表大会并修改宪法，还建议不设国家主席。林彪集团把召开第四届全国人民代表大会和修改宪法看成是夺取更多政治权力的机会，认为不设国家主席"林彪不好摆"，并同江青集团产生了尖锐的矛盾。

同年8月23日至9月6日，中共九届二中全会在江西庐山召开。林彪在开幕会上讲话，把原定的全会议程搁置一边，抢先表态，坚持在宪法草案中"肯定毛主席的伟大领袖、国家元首、最高统帅的这种地位"，坚持称"毛主席是天才"的观点。随后，按照事前统一的口径，陈伯达和林彪集团其他成员在各小组讨论会上一齐发难，企图左

---

① "斗、批、改"，即"斗垮走资本主义道路的当权派，批判资产阶级的反动学术'权威'，批判资产阶级和一切剥削阶级的意识形态，改革教育，改革文艺，改革一切不适应社会主义经济基础的上层建筑"。

右全会的进程。毛泽东由此觉察到林彪等人的宗派活动，决定停止讨论林彪讲话，对陈伯达实行审查。1971年4月，党中央召开批陈整风汇报会，责令有关人员检讨。

林彪反革命集团决心铤而走险。他们一面敷衍检讨，一面策划武装政变。同年8月中旬，毛泽东到南方巡视，尖锐地提出林彪问题。林彪等人获悉后大为恐慌，在密谋杀害毛泽东未遂后，于9月13日凌晨仓皇出逃，在蒙古人民共和国境内温都尔汗附近坠机身亡。发生林彪反革命集团阴谋夺取最高权力、策动反革命武装政变的事件，是"文化大革命"推翻党的一系列基本原则的结果，客观上宣告了"文化大革命"的理论和实践的失败。

毛泽东在周恩来等协助下领导全党进行的粉碎林彪反革命集团的斗争，使党和国家避免了一场大分裂。随后，周恩来在毛泽东的支持下主持中央日常工作，开始推动落实干部政策，并进行整顿，提出批判极左思潮，努力恢复国家的正常秩序，使各方面的工作有了转机。

毛泽东承认自己用错了人、听信了谗言，并对错批"二月逆流"承担了责任，但不允许从根本上纠正"文化大革命"的错误。1973年8月召开的中国共产党第十次全国代表大会，继续了中共九大的"左"倾错误方针。江青、张春桥、姚文元、王洪文在中央政治局内结成"四人帮"。王洪文还当上了中共中央副主席。

挫败"四人帮""组阁"图谋　　中共十大后，毛泽东希望实现安定团结的政治局面，尽快地把国民经济搞上去。江青等人在1974年初开始的"批林批孔"运动中，把矛头指向周恩来，还企图利用筹备第四届全国人民代表大会之机，达到由他们"组阁"的目的。

1974年7月17日，毛泽东在中共中央政治局会议上批评江青，告诫她"不要搞成四人小宗派"，并当众宣布："她并不代表我，她只代表她自己。"随后，他建议周恩来继续担任国务院总理，由邓小平担任国务院第一副总理。江青等人的"组阁"图谋遭到挫败。

1975年1月13日至17日，第四届全国人民代表大会第一次会议在北京召开。周恩来在政府工作报告中重申了实现四个现代化的宏伟蓝图。大会选举朱德继续担任全国人大常委会委员长，决定了周恩来为总理、邓小平等为副总理的国务院领导人选。会后，周恩来病重，邓小平在毛泽东的支持下主持中共中央和国务院的日常工作。

1975年整顿和"文化大革命"的结束　经过八年"文化大革命"，问题成堆，困难重重。1975年，邓小平着手对各方面的工作进行整顿，形势开始有了明显好转。这次整顿实际上是后来拨乱反正的预演。

邓小平领导的整顿最初得到毛泽东的支持。但是，随着整顿的深入发展，逐渐涉及"文化大革命"的指导思想及其政策本身。毛泽东不能容忍邓小平系统地纠正"文化大革命"的错误，在1975年底发动了所谓"批邓、反击右倾翻案风"运动。"四人帮"趁机想把一大批老一辈革命家和老干部重新打倒，全国又陷入混乱。

1976年1月8日，周恩来逝世，举国悲痛。清明节前后，爆发了以天安门事件为代表的悼念周总理、反对"四人帮"的运动。这场运动实质上是拥护以邓小平为代表的中国共产党的正确领导，并为后来粉碎"四人帮"奠定了群众基础。当时，中共中央政治局和毛泽东对天安门事件的性质作出错误判断，并且错误地撤销了邓小平的党内外一切职务。毛泽东提议华国锋担任中共中央第一副主席、国务院总理。

同年9月9日，毛泽东逝世。江青反革命集团加紧进行夺取党和国家最高领导权的阴谋活动。10月6日晚，中共中央政治局执行党和人民的意志，毅然粉碎了江青反革命集团，结束了"文化大革命"。在这场斗争中，华国锋、叶剑英、李先念等起了重要作用，作出了重要贡献。10月14日，中共中央公布粉碎"四人帮"的消息，举国欢腾。中国人民在经历了十年磨难和挫折之后,终于迎来了社会主义现代化事业发展的新时期。

"文化大革命"的发生,对于中国共产党、新中国和中国人民来说,是一场灾难。中共中央《关于建国以来党的若干历史问题的决议》指出:"对于党和国家肌体中确实存在的某些阴暗面,当然需要作出恰当的估计并运用符合宪法、法律和党章的正确措施加以解决,但决不应该采取'文化大革命'的理论和方法。在社会主义条件下进行所谓'一个阶级推翻一个阶级'的政治大革命,既没有经济基础,也没有政治基础。它必然提不出任何建设性的纲领,而只能造成严重的混乱、破坏和倒退。"它使国民经济遭受严重损失,民主和法制遭到践踏,大批干部和群众遭受迫害,学术文化事业在许多方面遭到摧残,科技水平在一些领域同世界先进国家的差距进一步拉大,党风和社会风气遭到严重破坏。历史已经判明,"文化大革命"是一场由领导者错误发动,被反革命集团利用,给党、国家和各族人民带来严重灾难的内乱。这种历史悲剧,决不允许重演。

"文化大革命"给党、国家和民族造成的损失是十分巨大的,它所提供的教训是极为沉痛和深刻的。但是,错误和挫折并没有摧毁中国共产党。它能够从自己所犯的错误中学习,最终还是依靠自身的力量和人民群众的支持、帮助,彻底纠正了这些错误,使党和国家的工作重新回到正确的轨道。这个事实证明,中国共产党作为一个对人民负责任的马克思主义政党,在政治上具有自我净化、自我发展的能力。

三、严重的曲折,深刻的教训

错误的性质　中国共产党在独立探索中国自己的社会主义建设道路过程中发生的严重曲折,原因是多方面的,但是归根结底,并不是由社会主义根本制度本身所造成的,而且依靠社会主义制度的自我完善和发展是完全可以纠正的。

对于发动"文化大革命",邓小平说过,就毛主席本身的愿望来说,是出于避免资本主义复辟的考虑,但对中国本身的实际情况作了错误的估计。这样就打击了原来在革命中有建树的、有实际经验的各级干部,并在全国范围内造成了严重的灾难。

毛泽东的错误在于违反了他自己正确的东西,是一个伟大的革命家、伟大的马克思主义者所犯的错误。他在犯严重错误的时候,还多次要求全党认真学习马克思、恩格斯、列宁的著作,还始终认为自己的理论和实践是马克思主义的,是为巩固无产阶级专政所必需的。就毛泽东的一生来说,他的功绩是第一位的。

犯错误的原因　"文化大革命"之所以会发生并且持续十年之久,有着复杂的多方面的原因。

由于社会主义运动的历史不长,社会主义国家的历史更短,社会主义社会的发展规律有些已经比较清楚,更多的还有待于继续探索。中国共产党过去长期处于战争和激烈的阶级斗争的环境中,对于迅速到来的新生的社会主义社会和全国规模的社会主义建设事业,缺乏充分的思想准备和科学研究。因此,对于什么是社会主义、怎样建设社会主义的问题,并没有完全搞清楚。邓小平指出:从建国到1978年30年的成绩很大,但做的事情不能说都是成功的。问题是什么是社会主义,如何建设社会主义。我们的经验教训有许多条,最重要的一条,就是要搞清楚这个问题。

由于中国共产党的历史特点,在社会主义改造基本完成以后,在观察和处理社会主义社会发展进程中出现的政治、经济、文化等方面的新矛盾新问题时,容易把已经不属于阶级斗争的问题仍然看作是阶级斗争,并且面对新条件下的阶级斗争,又习惯于沿用过去熟习而这时已不能照搬的进行大规模急风暴雨式群众性斗争的旧方法和旧经验,从而导致阶级斗争的严重扩大化。同时,这种脱离现实生活的主观主义的思想和做法，由于把马克思、恩格斯、列宁、斯大林著作中的某些设想和论点加以误解或教条化，反而显得有"理论根据"。这就造成把社会主义国家实行的某些具体制度和具体政策当作社会主义本质来坚持，把阶级斗争扩大化的理论迷误当成对马克思列宁主义的所谓继承和发展，把党内不同意见的正常争论当作两条路线的斗争，甚至直接说成是阶级斗争。

在探索中出现的一些失误，本来是应当通过发扬民主、总结经验教训，去及时发现并加以克服的。党也确实发现并纠正了一些错误（如"大跃进"中的许多错误），但是阶级斗争扩大化的错误却在继续发展，并最终演变成"文化大革命"这样的全局性的严重错误。一个重要原因，就是党的民主集中制和集体领导制度遭到了严重破坏，致使党无法依靠制度的和集体的力量及时地发现并纠正错误。本来，民主集中制和集体领导制度，是毛泽东亲手培育起来并身体力行的优良制度、优良传统。然而，在中国共产党面临工作重心转向社会主义建设这一新任务因而需要特别谨慎的时候，毛泽东逐渐骄傲起来，逐渐脱离实际和脱离群众，主观主义和个人专断作风日益严重，日益凌驾于党中央之上，使党和国家政治生活中的集体领导原则和民主集中制不断受到削弱以至破坏。国际共产主义运动史上由于没有正确解决领袖和党的关系问题而出现过的一些严重偏差，对中国共产党也产生了消极的影响。中国是一个封建历史很长的国家，中国共产党对封建主义特别是对封建土地制度和豪绅恶霸进行了最坚决、最彻底的斗争，在反封建斗争中养成了优良的民主传统；但是长期封建专制主义在思想政治方面的遗毒仍然不是很容易肃清的。种种历史原因又使得中国共产党没有能把党内民主和国家政治社会生活的民主加以制度化、法律化，或者虽然制定了法律，却没有获得应有的权威。这就提供了一种条件，使党的权力过分集中于个人，党内个人专断和个人崇拜现象滋长起来，这样也就使党和国家难于防止和制止像"文化大革命"这样全局性错误的发生和发展。

对错误进行科学分析 对这一时期中国共产党所犯的错误，需要做具体的、历史的分析。

中国共产党在犯严重错误的时候，其性质和宗旨都没有改变，人民群众依然把它看作是自己根本利益的代表者，对它表示信任并寄予希望。就是在"大跃进"造成国民经济严重困难的时期，党和政府依然具有团结人民共渡难关的巨大凝聚力，依然具有认真总结教训、妥善解决问题、把事业推向前进的能力。广大党员、干部和群众在中国共产党的领导下，同心同德，艰苦奋斗，共渡难关。在"文化大革命"的特殊年代里，中国共产党并没有被摧毁而且还能维持统一，中国社会主义制度的根基仍然保存着，社会主义经济建设还在进行，国家仍然保持统一并且在国际上发挥着重要的影响。第三和第四个五年计划规定的指标得到了实现。工农业总产值指数，以 1952 年为 100，1965 年为 268.3，1976 年为 626.6。国民收入指数，以 1952 年为 100，1965 年为 197.4，1976 年为 374.5。"四五"期间，计划生育、环境保护、农村医疗和普及教育等基础性工作有了重要发展。这些重要事实，既同毛泽东的巨大作用分不开，也是广大党员、干部和人民群众共同努力的结果。"文化大革命"中，毛泽东保护过一些党政军领导干部和党外著名人士，使一些负责干部重新回到重要的领导岗位；毛泽东领导了粉碎林彪反革命集团的斗争，对江青、张春桥等人也进行过重要的批评和揭露，不让他们夺取党和国家最高领导权的图谋得逞。在对外关系上，中国共产党和毛泽东始终警觉地维护国家的安全，并开创了外交工作的新局面。周恩来在"文化大革命"中处于非常困难的地位。他顾全大局，任劳任怨，鞠躬尽瘁，为继续进行党和国家的正常工作，为尽量减少"文化大革命"所造成的损失，为保护大批的党内外干部，作了坚持不懈的努力，费尽了心血。他同林彪、江青反革命集团的破坏进行了各种形式的斗争。

中国共产党能够紧紧依靠广大党员、干部和人民群众，并在广大群众的支持和帮助下，发现错误，抵制错误，纠正错误。中国共产党和广大人民群众在"文化大革命"中同"左"倾错误和林彪、江青反革命集团的斗争是艰难曲折的，并且一直没有停止过。正是由于中国共产党、各级政府和广大工人、农民、解放军指战员、知识分子、知识青年和干部的共同斗争，使"文化大革命"的破坏受到了一定程度的限制。"文化大革命"整个过程的严峻考验表明：党的第八届中央委员会和它所选出的政治局、政治局常委、书记处的成员，绝大多数都站在斗争的正确方面。党的干部，无论是曾被错误地打倒的，或是一直坚持工作和先后恢复工作的，绝大多数是忠于党和人民的，对社会主义、共产主义事业的信念是坚定的。遭到过打击和折磨的知识分子、劳动模范、爱国民主人士、爱国华侨以及各民族各阶层的干部和群众，绝大多数都没有动摇热爱祖国和拥护共产党、拥护社会主义的立场。在"文化大革命"中，尽管遭到林彪、江青两个反革命集团的破坏，但中国共产党团结广大干部群众终于战胜了他们。

即使在中国共产党和毛泽东犯了严重错误的历史时期，社会主义建设的各项事业仍然取得了举世公认的重要成就。中国共产党在中华人民共和国成立以后的历史，总的说来，是我们党在马克思列宁主义、毛泽东思想指导下，领导全国各族人民进行社会主义革命和社会主义建设并取得巨大成就的历史。这是这一时期历史发展的主题和主线。忽视错误、掩盖错误是不允许的，这本身就是错误，而且将招致更多更大的错误。但是，我们取得的成就还是主要的，忽视或否认我们的成就，忽视或否认取得这些成就的成功经验，同样是严重的错误。我们的成就和成功经验是党和人民创造性地运用马克思列宁主义的结果，是社会主义制度优越性的表现，是全党和全国各族人民继续前进的基础。

历史一再表明，中国人民是伟大的人民，中国共产党是伟大的党，社会主义制度具有顽强的生命力。

第三节　建设的成就　探索的成果

中国从开始全面建设社会主义以来，尽管经历过严重的曲折，但从总体上说，社会主义建设取得的成就是巨大的。这主要表现在以下几个方面：

一、独立的、比较完整的工业体系和国民经济体系的建立

较快的发展速度　从"一五"时期（即执行发展国民经济的第一个五年计划的时期）开始到1976年的20多年，是中国社会主义现代化事业打基础的重要发展时期。尽管经历了"大跃进"和"文化大革命"的严重挫折，这个时期中国经济的发展速度仍然是比较快的。1952年到1978年，工农业总产值平均年增长率为8.2%，其中工业年均增长11.4%。谷物和主要工业产品（如钢、煤、石油、电力、水泥、化肥、硫酸、化纤、棉布等）产量在世界上的排名明显提前。

在这期间，国家经济实力显著增强。按照不变价格计算，1952年国内生产总值为679亿元人民币，1976年增加到2 965亿元。人均国内生产总值从1952年的119元增加到1976年的319元。这个数字虽然还很低，但在原有基础上的增长仍是很明显的。

从根本上解决"从无到有"的问题　这一时期最大的建设成就，是基本建立了独立的、比较完整的工业体系和国民经济体系，从根本上解决了工业化中"从无到有"的问题。

新中国刚刚建立时，由于没有自己独立的工业体系，主要工业产品全部依赖进口。从"一五"计划开始，国家以苏联援建的156项重点工程、694个大中型建设项目为中心，进行了大规模投资，建成了

一批门类比较齐全的基础工业项目，涉及冶金、汽车、机械、煤炭、石油、电力、通讯、化学、国防等领域，为国民经济的进一步发展打下了坚实的基础。国家基本建设投资，从"一五"时期起到"四五"时期，累计达 4 956.3 亿元。

主要工业品的生产能力有了飞跃的发展。钢产量从 1949 年的 16 万吨发展到 1976 年的 2 046 万吨。发电量从 1949 年的 43 亿度发展到 1976 年的 2 031 亿度。原油从 1949 年的 12 万吨发展到 1976 年的 8 716 万吨。原煤从 1949 年的 3 200 万吨发展到 1976 年的 4.83 亿吨。汽车产量从 1955 年年产 100 辆发展到 1976 年的 13.52 万辆。

在铁路、交通运输等基础设施建设方面，这个时期同样得到了较快的发展。旧中国在 73 年间仅修筑铁路 2.18 万公里、公路 8.07 万公里。到 1976 年，中国的铁路达到 4.63 万公里，公路达到 82.34 万公里，初步形成了全国的路网骨架。全国货运总量从 1949 年的 1.609 7 亿吨增加到 1976 年的 20.175 7 亿吨。从 20 世纪 70 年代开始，中国具备了自主设计制造万吨级远洋轮船的能力。

从国防和国家安全的考虑出发，这一时期开展了大规模的"三线"建设。从 1964 年"三五"时期开始到 1980 年"五五"时期结束，共投资 2 052 亿元。这不仅极大地增强了国防力量，而且对改善工业布局和城市布局起了重要的促进作用。

独立的、比较完整的工业体系和国民经济体系的建立，使中国在赢得政治上的独立之后赢得了经济上的独立，为中国以后的发展奠定了牢固的物质技术基础，而且也为中国同包括西方发达国家在内的世界各国在平等互利的原则下发展对外贸易和经济往来创建了前提。

为了给国内的和平建设创造一个安定的环境，人民解放军出色地完成了东南沿海地区对敌斗争、平息西藏武装叛乱、中印边境自卫反击作战、珍宝岛自卫反击作战、西沙群岛自卫反击作战等重大作战任务，保卫了祖国的统一和安全。

二、人民生活水平的提高与文化、教育、医疗、科技事业的发展

保障人民的基本生活需要　中国共产党和人民政府始终十分关注人民群众的生活，把满足人民基本生活需要作为发展经济的根本目的。通过兴修水利、开展农田基本建设、培育推广良种、提倡科学种田，较大幅度地提高了粮食生产水平和抵御自然灾害的能力。粮食总产量从 1949 年的 2 263.6 亿市斤增加到 1976 年的 5 726.1 亿市斤，亩产量从 1949 年的 137 市斤提高到 1976 年的 316 市斤。棉花总产量从 1949 年的 888.8 万担增加到 1976 年的 4 110.9 万担，亩产量从 1949 年的 22 市斤增加到 1976 年的 56 市斤。

全国总人口从 1949 年的 5.416 7 亿增长到 1976 年的 9.371 7 亿，同期粮食的人均占有量从 418 市斤增加到 615 市斤。同期增产的粮食不仅多养活了 4 亿人口，而且使全国人均占有的粮食增加近 200 市斤。全国居民的人均消费水平，农民从 1952 年的 62 元增加到 1976 年的 131 元，城市居民同期从 154 元增加到 365 元。在全国人民节衣缩食支援国家工业化基础建设的情况下，尽管人民群众生活逐年改善的增幅不大，但初步满足了占世界 1/4 人口的基本生活需求，这在当时被世界公认是一个奇迹。

提高人民的文化素质和健康水平　新中国成立后在文化建设方面的一件大事，就是扫除文盲、大力推广普通话，并加大对基础教育和高等教育的投资。从 1949 年到 1976 年，小学校从 34.7 万所发展到 104.4 万所，在校生从 2 439 万人发展到 1.5 亿人；中学校从 4 045 所发展到 19.2 万所，在校生从 103.9 万人发展到 5 836.5 万人；高等学校从 205 所发展到 434 所，在校生从 11.7 万人发展到 67.4 万人。

文学艺术工作尽管不断受到"左"的干扰，但在古为今用、洋为

中用、百花齐放、推陈出新文艺方针的指引下，仍然取得了重要的成就。戏剧、电影、音乐、舞蹈、小说、散文和诗歌等都涌现出大批优秀作品。1964年成功排演的大型音乐舞蹈史诗《东方红》，是对新中国文艺工作的一次检阅，代表了当时国家的最高艺术水平。郭沫若、茅盾、范文澜、翦伯赞、巴金、老舍、曹禺、赵树理、徐悲鸿、齐白石、梅兰芳等一批社会科学家和文学艺术家，为繁荣国家哲学社会科学研究事业和文化事业作出了重大贡献。

医疗事业也得到蓬勃发展。1949年全国拥有医院2 600家，到1976年发展到7 850家。医院床位，从1949年的8万张发展到1976年的168.7万张。全国人口的死亡率从1949年的20‰下降到1976年的7.25‰。人均预期寿命，1949年为35岁，1975年提高到68.8岁。

新中国高度重视发展体育事业，提出了"发展体育运动，增强人民体质"的指导方针。从1956年到1976年，中国运动员先后有123人次打破世界纪录。

取得一批重要的科技成果 新中国在核技术、人造卫星和运载火箭等尖端科学技术领域，取得一系列重要的成就。1964年10月16日，中国成功地爆炸了第一颗原子弹。1967年6月，爆炸了第一颗氢弹。1970年1月，第一枚中远程导弹发射成功。同年4月，第一颗人造地球卫星发射成功。1975年，可回收人造地球卫星试验成功。这些成就表明，中国在尖端科技领域的某些方面正接近世界先进水平。邓小平说过："如果六十年代以来中国没有原子弹、氢弹，没有发射卫星，中国就不能叫有重要影响的大国，就没有现在这样的国际地位。这些东西反映一个民族的能力，也是一个民族、一个国家兴旺发达的标志。"

新中国先后制定了两个科学技术长远发展规划。其中，1956年制定的第一个十二年发展规划提前实现。1963年又提前制定了十年发展规划。新中国还在1949年11月就成立了中国科学院，一些重要的现代科学分支和新兴应用技术，如生物物理学、分子物理学、地球化学、射电天文学、高能物理以及核技术、喷气技术、计算机技术、半导体技术、自动化技术、无线电技术等，也都在这一时期逐步发展起来。华罗庚、李四光、茅以升、竺可桢、童第周、钱三强、钱学森、邓稼先、郭永怀、袁隆平、陈景润等一批科学家为国家科学技术的发展作出了重大贡献。

新中国在短短的时间里取得如此巨大的成就，是同中国共产党的领导、同举国上下艰苦奋斗和勤俭建国的创业精神分不开的。这一时期涌现出的像大庆和大寨那样艰苦创业的英雄集体，涌现出的大量英雄模范人物，如雷锋、王进喜、焦裕禄等，集中反映了当时的社会道德和精神风貌。

三、国际地位的提高与国际环境的改善

新中国从建立之日起，就把捍卫民族独立、国家主权和维护世界和平、促进人类进步事业作为对外工作的目标，努力为国内和平建设创造良好的外部环境。

在新中国成立后长达 20 年的时间里，美国等国不但拒不承认新中国的合法地位，而且对新中国实行封锁、遏制政策，阻挠中国统一，并让台湾当局长期占据中国在联合国的席位。新中国在成立初期，一面奉行独立自主基础上的"一边倒"政策，积极争取苏联和其他社会主义国家对中国国内建设与外交工作的支持、援助；一面不失时机地发展同西方国家的民间外交，同这些国家进行贸易往来，以民（间）促官（方），以经（济）促政（治），并在 1964 年实现了中法建交。

1950 年至 1953 年的抗美援朝战争，以及随后召开的日内瓦国际会议和万隆会议，极大地提高了新中国的国际地位。中国同印度、缅甸等国共同倡导的和平共处五项原则，成为处理国与国关系的公认的国际准则。

同中国接壤或临近的亚洲国家，绝大多数是新兴的民族独立国家。1960年1月到1963年3月，中国先后同缅甸、尼泊尔、蒙古、巴基斯坦、阿富汗等国妥善地解决了边界问题。

从20世纪50年代到70年代中期，中国长期支持越南人民的民族解放战争，先是支持越南人民赢得了抗法战争的胜利，随后又积极支持越南人民的抗美战争。美国深陷于越南战争的泥潭之中，难以自拔。

20世纪50年代，亚洲、非洲、拉丁美洲的广大地区出现了民族解放运动的高潮。中国在支持民族解放运动中同广大发展中国家建立了友好关系。这些国家积极争取恢复新中国在联合国的合法席位，并在1971年10月获得成功。从此，中国在联合国中发挥日益重要的作用，成为维护世界和平、反对霸权主义的一支中坚力量。

新中国长期不懈的外交努力，终于打开了中美关系正常化的大门。20世纪60年代末，尼克松就任美国总统，开始检讨美国的对华政策，向中国领导人发出改善关系的信息。毛泽东、周恩来敏锐地觉察到美方的变化，抓住时机向美国发起了"乒乓外交"，被国际舆论称为"小球转动了大球"。1972年2月，美国总统尼克松访华，中美双方在上海发表联合公报。

同年9月，中日两国发表关于建交的联合声明。随着中美关系开始正常化，1972年出现了西方国家对华建交热潮，中国外交格局发生重大变化。中国同英国、荷兰、希腊、联邦德国等国先后建立大使级外交关系，同西方国家的关系从此出现重大转机。中苏关系也趋于缓和。这为后来中国逐步实行对外开放政策创造了有利条件。同中国建交的国家，从1965年的49个增加到1976年的111个，仅1970年以后的新建交国就有62个。

中国进入改革开放的新时期后，邓小平曾指出："我们能在今天的国际环境中着手进行四个现代化建设，不能不铭记毛泽东同志的功绩。"

四、探索中形成的建设社会主义的若干重要原则

以毛泽东为主要代表的中国共产党人在创建新中国和探索适合中国情况的社会主义建设道路过程中，逐步形成或进一步完善了具有中国特点的社会主义根本制度。在此基础上，毛泽东等领导人作出了一系列重要的理论创造。

在探索刚刚起步时，毛泽东就论述了必须实行马克思主义与中国实际"第二次结合"的基本思想，提出了社会主义社会矛盾的学说，阐明了调动一切积极因素建设社会主义的基本方针。

此后，毛泽东等又进一步总结经验，对社会主义的发展阶段问题初步作出了正确的论述，提出了中国实现现代化的目标、步骤，并且阐述了社会主义建设的若干重要原则。

关于社会主义的发展阶段，毛泽东指出：社会主义这个阶段，又可能分为两个阶段，第一个阶段是不发达的社会主义，第二个阶段是比较发达的社会主义。后一阶段可能比前一阶段需要更长的时间。

关于社会主义现代化建设的战略目标和步骤，毛泽东强调：为了建设社会主义，必须大力推进中国的现代化事业。社会主义现代化建设的战略目标，是要把中国建设成为一个具有现代农业、现代工业、现代国防和现代科学技术的强国。为此，应当采取"两步走"的发展战略，第一步，建立一个独立的比较完整的工业体系和国民经济体系；第二步，全面实现农业、工业、国防和科学技术的现代化，使中国的经济走在世界前列。

在社会主义经济建设方面，毛泽东提出，要实行以农业为基础、以工业为主导的方针，正确处理重工业、轻工业和农业的关系，以农、轻、重为序发展国民经济；在优先发展重工业的条件下，坚持工业和农业并举、重工业和轻工业并举、中央工业和地方工业并举、大中小

企业并举等"两条腿"走路的方针；发展社会主义商品生产，利用价值规律；正确解决好综合平衡的问题，处理好积累和消费、生产和生活的问题，处理好国家、集体和个人的关系，统筹兼顾，适当安排。

在社会主义民主政治建设方面，毛泽东提出，要把"造成一个又有集中又有民主，又有纪律又有自由、又有统一意志、又有个人心情舒畅、生动活泼，那样一种政治局面"作为努力的目标；把正确处理人民内部矛盾作为国家政治生活的主题，坚持人民民主，尽可能团结一切可以团结的力量；处理好中国共产党同各民主党派的关系，坚持长期共存、互相监督的方针，巩固和扩大爱国统一战线；切实保障人民当家作主的各项权利，尤其是人民参与国家和社会事务管理的权利；社会主义法制要保护劳动人民利益，保护社会主义经济基础，保护社会生产力。

在社会主义文化建设方面，毛泽东提出，要坚持马克思主义的指导地位，实行"百花齐放、百家争鸣"的方针，对古今中外的优秀文化实行古为今用、洋为中用、百花齐放、推陈出新的方针；思想政治工作是经济工作和其他一切工作的生命线，要实行政治和经济的统一、政治和技术的统一、又红又专的方针；知识分子在革命和建设中具有重要作用，要建设一支宏大的工人阶级知识分子队伍；要向科学进军，不能走世界各国发展科学技术的老路，而应独立自主、自力更生、奋发图强，努力赶超世界先进水平。

在国防建设和军队建设方面，毛泽东提出必须加强国防、建设现代化正规化国防军和发展现代化国防技术的重要指导思想，还提出国防建设要服从国家经济建设大局的方针，并为巩固国防制定了积极防御的战略思想，积累了军事斗争同政治斗争、外交斗争相结合的独创性经验。

在执政条件下加强共产党自身建设方面，毛泽东最早觉察到帝国主义的"和平演变"战略的危险，号召共产党人提高警惕，同这种危险作斗争。同时，他又十分警惕党在执政以后可能产生的种种消极现象。为此，他提出：共产党员必须坚持共产主义的远大理想，务必继续地保持谦虚、谨慎、不骄、不躁的作风，继续地保持艰苦奋斗的作风；各级领导干部必须自觉地运用人民赋予的权力为人民服务，依靠人民群众行使这个权力，并接受人民群众的监督；必须以普通劳动者的姿态出现，平等待人；必须防止在共产党内、在干部队伍中形成特权阶层、贵族阶层，坚决地反对党内和干部队伍中的腐败现象；必须切实解决"培养无产阶级革命事业的接班人"的问题。

以毛泽东为主要代表的中国共产党人所阐明的这些重要思想，系统地回答了在一个半殖民地半封建的东方大国，如何实现新民主主义革命和社会主义革命的问题之后，对建设什么样的社会主义、怎样建设社会主义进行了艰辛探索，积累了在中国这样一个社会生产力水平十分落后的东方大国进行社会主义建设的重要经验，以创造性的内容为马克思主义宝库增添了新的财富。这些思想成果，为党继续进行探索并系统形成中国特色社会主义理论体系提供了重要的基础。

毛泽东是探索中国社会主义建设道路的开创者。他领导全党和全国人民顶住来自外部的各种影响和压力，坚持不懈地进行这种探索。毛泽东等老一代革命家作为中国社会主义建设道路开创者的历史功绩，将永远载入党和国家的史册。

▢ 学习思考

1. 中国共产党人在 1956 年至 1957 年的早期探索中对社会主义建设有哪些理论建树？
2. 怎样认识建立独立的、比较完整的工业体系和国民经济体系的重大意义？
3. 为什么说毛泽东是探索中国社会主义建设道路的开创者？怎样正确认识和评

价毛泽东的历史地位?

☐ 必读文献

 1. 毛泽东:《论十大关系》(1956 年 4 月 25 日)

 2. 毛泽东:《关于正确处理人民内部矛盾的问题》(1957 年 2 月 27 日)

 3. 习近平:《在纪念毛泽东同志诞辰 120 周年座谈会上的讲话》(2013 年 12 月 26 日)

☐ 延伸阅读文献

 1. 毛泽东:《在扩大的中央工作会议上的讲话》(1962 年 1 月 30 日)

 2. 邓小平:《答意大利记者奥琳埃娜·法拉奇问》(1980 年 8 月 21 日)

第十章
中国特色社会主义的开创与接续发展

第一节 历史性的伟大转折和改革开放的起步

一、历史性的伟大转折

在徘徊中前进和关于真理标准问题的讨论 1976年10月粉碎"四人帮"的胜利,挽救了中国共产党和中国的社会主义事业。在粉碎"四人帮"以后,广大干部和群众强烈要求纠正"文化大革命"的错误理论、方针和政策,彻底扭转十年内乱造成的严重局势,使中国从危难中重新奋起。与此同时,世界经济快速发展,科技进步日新月异。国内外大势要求中国共产党尽快就关系党和国家前途命运的大政方针作出政治决断和战略抉择。

当时主持中共中央工作的华国锋在粉碎"四人帮"的斗争中起了决定性的作用,并在开展揭批"四人帮"运动等方面发挥了积极作用。

"两个凡是"① 错误方针的提出,使彻底纠正"文化大革命"错误的要求和愿望遇到严重阻碍,党和国家的工作出现了在徘徊中前进的局面。

在全党的要求下,1977年7月召开的中共十届三中全会决定恢复邓小平在1976年被撤销的一切职务。

---

① "两个凡是",是1977年2月7日《人民日报》、《红旗》杂志、《解放军报》的社论《学好文件抓住纲》提出的,即"凡是毛主席作出的决策,我们都坚决维护,凡是毛主席的指示,我们都始终不渝地遵循"。

1977年8月召开的中国共产党第十一次全国代表大会,宣告"文化大革命"结束,重申20世纪内把我国建设成为社会主义现代化强国的根本任务,但仍然肯定了"文化大革命"的错误理论和实践。大会新产生的中央委员会选举华国锋为中共中央主席,叶剑英、邓小平、李先念、汪东兴为副主席。1978年3月,五届全国人大一次会议选举叶剑英为全国人大常委会委员长,决定华国锋为国务院总理;全国政协五届一次会议选举邓小平为政协第五届全国委员会主席。

1978年3月,邓小平指出:"独立自主不是闭关自守,自力更生不是盲目排外。""任何一个民族、一个国家,都需要学习别的民族、别的国家的长处,学习人家的先进科学技术。"

为了冲破"两个凡是"的严重束缚,清除"左"的指导思想,邓小平提出要完整地、准确地理解毛泽东思想的科学体系,强调毛泽东思想的精髓就是实事求是,旗帜鲜明地提出"两个凡是"不符合马克思主义。邓小平还同叶剑英、陈云、李先念、胡耀邦等支持和领导了从1978年5月开始的关于真理标准问题的大讨论,强调实践是检验真理的唯一标准。这场讨论,是继延安整风之后又一场马克思主义思想解放运动,成为拨乱反正和改革开放的思想先导,为党重新确立实事求是的思想路线,纠正长期以来的"左"倾错误,实现历史性的转折作了思想理论准备。

中共十一届三中全会的伟大转折 1978年11月10日至12月15日,中共中央在北京召开工作会议。会议原定是要讨论经济工作,但因陈云等老一辈革命家率先提出解决历史遗留问题,以及在关于真理标准等问题上几次思想交锋,使会议议程发生改变。在与会者的强烈要求下,11月25日,中央政治局作出为天安门事件等重大错案平反的决定。12月13日,邓小平在中央工作会议闭幕会上作了题为《解放思想,实事求是,团结一致向前看》的讲话。这个讲话实际上成为随后召开的中共十一届三中全会的主题报告,它为全会实现具有划时代意义的伟大转折奠定了重要基础。

1978年12月18日至22日，中共十一届三中全会在北京召开。全会冲破长期"左"的错误的严重束缚，彻底否定了"两个凡是"的错误方针，高度评价了关于真理标准问题的讨论，并且果断停止使用"以阶级斗争为纲"的口号，作出了把工作重点转移到社会主义现代化建设上来和实行改革开放的战略决策。全会恢复了党的民主集中制的优良传统，审查解决了历史上遗留的一批重大问题和一些重要领导人的功过是非问题。

中共十一届三中全会是新中国成立以来党的历史上具有深远意义的伟大转折。全会结束了粉碎"四人帮"后党和国家工作在徘徊中前进的局面，标志着中国共产党重新确立了马克思主义的思想路线、政治路线、组织路线，开始了在思想、政治、组织等领域的全面拨乱反正。会后，从党的指导思想的确立和实际工作的领导来说，形成了以邓小平为核心的党的中央领导集体，揭开了改革开放的序幕。以这次全会为标志，中国进入了改革开放和社会主义现代化建设的历史新时期。党和国家充满希望和活力地踏上了实现社会主义现代化的伟大征程。

二、改革开放的起步

拨乱反正的推进和国民经济的调整　中共十一届三中全会后，党和国家按照实事求是、有错必纠的原则加快了平反冤、假、错案的步伐。1980年2月，中共十一届五中全会决定为刘少奇彻底平反并恢复名誉。此后，又为遭到错误批判、处理的党和国家其他领导人、各族各界的代表人物恢复了名誉，复查和平反了大量冤、假、错案，改正了错划右派分子的案件。同时，还采取措施调整各种社会关系，摘掉地主、富农分子的帽子，为国民党投诚起义人员落实政策，将小商、小贩、小手工业者等劳动者同原工商业者区别开来，支持各民主党派恢复活动，认真落实民族政策和宗教政策，重申侨务政策，等等。这就为有效地调动社会各阶层人员的积极性、实现改革开放和开创现代化建设的新局面，奠定了必不可少的社会基础和群众基础。

在此期间，针对 1977 年至 1978 年出现的国民经济比例失调的情况，1979 年 4 月召开的中共中央工作会议，提出对国民经济实行"调整、改革、整顿、提高"的方针，坚决纠正前两年经济工作中的失误，认真清理过去在这方面长期存在的"左"倾错误影响。会议强调，经济建设必须从国情出发，符合经济规律和自然规律；必须量力而行，循序渐进，经过论证，讲求实效，使发展生产同改善生活紧密结合；必须在独立自主、自力更生的基础上，积极开展对外经济合作和技术交流。

经过两年的努力，经济形势较快好转，国民经济的主要比例关系渐趋合理，长期存在的积累率过高和农业、轻工业严重滞后的情况有了根本改变。1978 年到 1982 年，工农业总产值年均增长 7.3%。1982 年，农民的人均纯收入 270 元，比十一届三中全会前增加了一倍；城市职工家庭人均可用于生活费的收入 500 元，比十一届三中全会前增加了 38.3%。

农村改革的突破性进展　　经济体制的改革，首先在农村取得突破性的进展。中共十一届三中全会后，农业和农村经济的发展面临两大问题。一是"政社合一"的人民公社体制亟待改革；二是还有两亿多农民的温饱问题尚未解决。这些都涉及农村生产关系的调整问题。

从 1978 年开始，安徽、四川的基层干部和农民群众，在省委支持下，开始探索试行包产到组、包产到户、包干到户等多种形式的农业生产责任制，取得了很好的效果。其他一些地方也开始实行农村联产责任制。1979 年 9 月，中共十一届四中全会通过了《中共中央关于加快农业发展若干问题的决定》，提出要保障基层干部和农民因时因地制宜的自主权，发挥其主动性。1980 年 5 月，邓小平发表《关于农村政策问题》的谈话，肯定了包产到户这种形式，指出它不会影响我们制度的社会主义性质。后来，中央又进一步肯定包产到户、包干到户是社会主义集体经济的生产责任制，是合作经济的一个经营层次。

在中共中央的支持和推动下，以包产到户、包干到户为主要形式的家庭联产承包责任制，在全国各地逐渐推广开来。家庭联产承包责任制实行以后，农民对集体所有的土地具有充分的经营自主权，农民生产的产品"保证国家的，留足集体的，剩下都是自己的"。它在土地集体所有制的基础上，将农民家庭承包经营的积极性和集体经济的优越性结合起来，因而受到农民的普遍欢迎。从 1979 年到 1983 年，农业总产值年平均增长率近 8%，再加上国家提高了粮食和部分农产品的收购价，允许农户自主进行多种经营，农民收入明显增加。

"统分结合"的农村家庭联产承包责任制的普遍实行，促进了"政社合一"的人民公社体制的解体。1983 年 10 月，中共中央、国务院发出通知，实行政社分开，建立乡（镇）政府作为基层政权，同时成立村民委员会作为村民自治组织。

废除人民公社体制后，也有部分农村没有实行以分散经营为主的家庭联产承包责任制，而是继续坚持统一经营的集体经济。对此，党和政府也给予了支持和鼓励。

这期间，城市经济体制改革的探索也开始了。如逐步扩大国有企业经营自主权，把部分中央和省属企业下放给城市管理，开始实行政企分开，进行城市经济体制综合改革试点等。对外开放也迈出了较大的步伐。1980 年 5 月，中共中央决定在深圳、珠海、汕头、厦门设立经济特区，采取多种形式吸引和利用外资，学习国外的先进技术和经营管理方法。此后，经济特区加快发展。

在推进经济体制改革的同时，政治体制改革和其他方面体制的改革也在向前推进：逐步废除干部领导职务实际上存在的终身制，实行干部队伍的革命化、年轻化、知识化、专业化；加强各级人民代表大会的工作，省、县两级人代会增设常设机构，县级和县级以下人民代表普遍实行由选民直接选举的制度；恢复、制定和实施了一系列重要的法律法规，加强了司法、检察和公安机关的工作。

对外政策的调整　1978年8月12日，中日两国签署了《中华人民共和国和日本国和平友好条约》。同年10月，邓小平访问日本。中日睦邻友好关系发展到一个新起点。1979年1月1日，中美两国正式建立外交关系。同年1月，邓小平访问美国，实现了中华人民共和国领导人对美国的首次国事访问。这些外交成就，为中国进行改革开放和现代化建设提供了有利的外部条件。

根据新的国际局势，1980年1月，邓小平在《目前的形势和任务》的讲话中作出一个重要判断："如果反霸权主义斗争搞得好，可以延缓战争的爆发，争取更长一点时间的和平。"他还提出："我们的对外政策，就本国来说，是要寻求一个和平的环境来实现四个现代化。"这为中国适时调整外交战略提出了重要的思路。

三、拨乱反正任务的胜利完成

阐明必须坚持四项基本原则　在拨乱反正的过程中，广大干部和群众从过去一个时期内盛行的个人崇拜和教条主义的精神枷锁中解脱出来，党内外思想活跃，出现了努力研究新情况和解决新问题的生动景象。但与此同时，出现了一些值得引起注意和警觉的现象。极少数人利用中国共产党进行拨乱反正的时机，打着"解放思想"的幌子，对新中国成立以来党的错误加以夸大和渲染，企图从根本上否定毛泽东思想、中国共产党的领导、人民民主专政和社会主义道路。在中国共产党内，也有极少数人对这股资产阶级自由化思潮给以支持。这种情况如果任其发展，必将导致迷失政治方向，破坏安定团结，妨碍集中力量进行改革开放和现代化建设。

针对这种情况，1979年3月30日，邓小平在理论工作务虚会上发表的讲话中指出：坚持社会主义道路，坚持人民民主专政，坚持共产党的领导，坚持马克思列宁主义、毛泽东思想这四项基本原则，"是实现四个现代化的根本前提"。"如果动摇了这四项基本原则中的任何一项，那就动摇了整个社会主义事业，整个现代化建设事业。"邓小平的讲话不仅在当时，而且在以后的党和国家政治生活中，对排除来自"左"的和右的方面的干扰和影响，保证改革开放和现代化建设事业的顺利进行，提供了可靠的政治基础，指明了正确的方向。

全面总结新中国的历史　科学评价毛泽东和毛泽东思想　全面拨乱反正，必然要求对新中国成立以来中国共产党的重大历史问题作出结论，以便统一全党和全国人民的思想，团结一致向前看。从1979年11月起，在邓小平主持下，中共中央着手起草《关于建国以来党的若干历史问题的决议》。经过一年半时间的讨论和修改，1981年6月，中共十一届六中全会通过了这个决议。

决议指出，中国共产党在中华人民共和国成立以后的历史，总的说来，是我们党在马克思列宁主义、毛泽东思想指导下，领导全国各族人民进行社会主义革命和社会主义建设并取得巨大成就的历史。决议从根本上否定了"文化大革命"的理论和实践，对新中国成立以来的重大历史事件作出了基本结论。决议还肯定了中共十一届三中全会以来逐步确立的适合中国情况的建设社会主义现代化强国的道路，进一步指明了中国社会主义事业和党的工作继续前进的方向。

决议科学地评价了毛泽东和毛泽东思想的历史地位，指出：毛泽东同志是伟大的马克思主义者，是伟大的无产阶级革命家、战略家和理论家。他虽然在"文化大革命"中犯了严重错误，但是就他的一生来看，他对中国革命的功绩远远大于他的过失。他的功绩是第一位的，错误是第二位的。他为中国共产党和中国人民解放军的创立和发展，为中国各族人民解放事业的胜利，为中华人民共和国的缔造和中国社会主义事业的发展，建立了永远不可磨灭的功勋。毛泽东思想是马克思列宁主义在中国的运用和发展，是被实践证明了的关于中国革命和建设的正确的理论原则和经验总结，是中国共产党集体智慧的结晶。决议对毛泽东思想的科学体系和活的灵魂（即实事求是、群众路线、独立自主）作了概括，强调毛泽东思想是我们党的宝贵的精神财富，它将长期指导我们的行动。

决议的起草和通过表明，中国共产党是在政治上、理论上成熟的坚强的马克思主义政党。党能够在"文化大革命"结束后不长的时间里作出这样一个经得起历史检验的决议，体现出以邓小平为核心的中共中央领导集体的成熟和远见，体现出中国共产党在反省错误、纠正错误的过程中总结新经验、探索新道路的能力。

决议的通过，标志着党和国家在指导思想上拨乱反正的胜利完成。从中共十一届三中全会至此，经过两年多的时间，中国的面貌大为改观。

全会还决定同意华国锋辞去中共中央主席、中共中央军事委员会主席的职务，选举胡耀邦为中共中央主席、邓小平为中共中央军事委员会主席。

第二节　改革开放和现代化建设新局面的展开

一、改革开放的全面展开

社会主义现代化建设宏伟纲领的制定　1982年9月1日至11日，中国共产党第十二次全国代表大会在北京召开。邓小平在开幕词中提出，"把马克思主义的普遍真理同我国的具体实际结合起来，走自己的道路，建设有中国特色的社会主义"。这是总结党的长期历史经验得出的基本结论，成为新时期指引全党和全国人民前进的基本口号。

他还提出了"加紧社会主义现代化建设，争取实现包括台湾在内的祖国统一，反对霸权主义、维护世界和平"三大任务。

中共十二大提出，中国共产党在新的历史时期的总任务是：团结全国各族人民，自力更生，艰苦奋斗，逐步实现工业、农业、国防和科学技术现代化，把我国建设成为高度文明、高度民主的社会主义国家。大会根据邓小平的设想，提出了国内工农业年总产值在20世纪末翻两番的奋斗目标，即由1980年的7 100亿元增加到2000年的2.8万亿元左右，人民生活达到小康水平。

大会提出要努力建设高度的社会主义精神文明和高度的社会主义民主，强调社会主义精神文明是社会主义的重要特征，是社会主义制度优越性的重要表现。建设社会主义的物质文明和精神文明，都要靠发展社会主义民主来保证。社会主义民主建设必须同社会主义法制建设紧密地结合起来，使社会主义民主制度化、法律化。大会还制定并通过了新的党章。

中共十二大选举产生了新的中央委员会，决定设立并选举产生了中央顾问委员会。随后召开的中共十二届一中全会选举产生了中央政治局，选举胡耀邦为中共中央总书记，决定邓小平为中共中央军事委员会主席，批准邓小平为中共中央顾问委员会主任。

中共十二大以后不久，1982年11月至12月召开的五届全国人大五次会议，审议关于宪法修改草案的报告，通过《中华人民共和国宪法》。这部新宪法，继承和发展了1954年宪法确立的人民民主和社会主义的原则，彻底纠正了1975年四届全国人大一次会议通过的宪法和1978年五届全国人大一次会议通过的宪法中存在的问题，充分体现了十一届三中全会以来党和国家在社会主义现代化建设和社会主义民主法制建设方面的新思想、新举措和新要求。

1983年6月，六届全国人大一次会议选举李先念为国家主席，彭真为全国人大常委会委员长，决定赵紫阳为国务院总理，选举邓小平为国家中央军事委员会主席；全国政协六届一次会议选举邓颖超为政协第六届全国委员会主席。

改革重点从农村转向城市　中共十二大以后，经济体制改革全面展开。随着农村经济的发展，大批富余劳动力逐渐从土地上转移出来，从事工业和加工业，使乡镇企业异军突起。到1987年，全国乡镇企业发展到1750多万个，从业人员8805万人，产值达到4764亿元，占当年农村社会总产值的50.4%，第一次超过农业总产值，成为农村经济的龙头，给农村经济的发展注入了新的生机和活力。

1984年10月，中共十二届三中全会通过《关于经济体制改革的决定》。决定总结了新中国成立以来特别是十一届三中全会以来经济体制改革的经验，比较系统地提出和阐明了经济体制改革中的一系列重大理论和实践问题。决定突破把计划经济同商品经济对立起来的观点，指出我国社会主义经济是在公有制基础上的有计划的商品经济。

决定的作出和实施，使经济体制改革以城市为重点全面展开，在一些方面取得重要进展：所有制结构突破单一公有制结构，形成以公有制为主体、多种经济成分开始发展的局面；国有企业的经营自主权逐步扩大，所有权和经营权适当分离；改革高度集中的计划管理体制，经济杠杆在国家宏观调控中的作用明显增强。1987年同改革前的1978年相比，在工业总产值中全民所有制企业的比重由77.6%下降到59.7%，集体经济的比重由22.4%上升到34.6%，个体经济、私营经济和"三资"企业等非公有制成分则由几乎为零上升到5.6%。80%的国有企业实行了各种形式的承包经营责任制。列入指令性计划的工业产品从120种减少到60种，统一调配物资由259种减少到26种。

其他领域的体制改革也加快了步伐。1985年3月和5月，中共中央先后作出了《关于科学技术体制改革的决定》和《关于教育体制改革的决定》，开始推进科技和教育体制的改革。

多层次对外开放格局的形成　在继续推进城乡改革的同时，我国的对外开放也进一步扩大。1983年4月，中共中央和国务院决定对海南岛实行经济特区的某些政策，给予较多的自主权，以加速海南岛的开发，并于1988年4月建立海南省，将全海南岛辟为经济特区。

1984年初，邓小平视察深圳、珠海、厦门等地，对经济特区的发展给予充分肯定。根据他的建议，同年5月，中共中央决定进一步开放天津、上海、大连、秦皇岛、烟台、青岛、连云港、南通、宁波、温州、福州、广州、湛江、北海14个沿海港口城市。1985年2月，决定把长江三角洲、珠江三角洲、闽南厦（门）漳（州）泉（州）三角地区开辟为沿海经济开放区。这样，就逐步形成了"经济特区—沿海开放城市—沿海经济开放区—内地"这样一个多层次、有重点、点面结合的对外开放格局。

整党和社会主义精神文明建设 中共十二大决定，从1983年下半年开始，用三年时间分期分批对党员作风和党的组织进行一次全面整顿。1983年10月召开的中共十二届二中全会作出关于整党的决定，开始全面整党。这次整党的任务是：统一思想，纠正一切违反四项基本原则、违反十一届三中全会以来党的路线的"左"的和右的错误倾向；整顿作风，纠正各种利用职权谋取私利的行为；加强纪律，坚持民主集中制的组织原则，改变党组织的软弱涣散状况；纯洁组织，把坚持反对党、危害党的分子清理出去。这次整党历时三年半，到1987年5月基本结束。经过整党，全党在思想、作风、组织、纪律等方面都有了进步，并积累了在新时期正确处理党内矛盾和问题的经验，推进了党的建设。

随着改革开放的全面展开，加强社会主义精神文明建设的任务被进一步提上了日程。1986年9月，中共十二届六中全会通过了《关于社会主义精神文明建设指导方针的决议》，阐述了社会主义精神文明建设的战略地位和根本任务、基本方针，提出要以经济建设为中心，坚定不移地进行经济体制改革，坚定不移地进行政治体制改革，坚定不移地加强精神文明建设,并且使这几个方面互相配合,互相促进。社会主义精神文明建设的根本任务,是适应社会主义现代化建设的需要,培养有理想、有道德、有文化、有纪律的社会主义公民,提高整个中华民族的思想道德素质和科学文化素质。邓小平在全会上强调,必须坚持反对资产阶级自由化。搞自由化,就会破坏我们安定团结的政治局面。没有一个安定团结的政治局面,就不可能搞建设。

在这几年的实践中,出现了一些令人忧虑的问题。主要是一度放松了思想教育,在精神文明建设和物质文明建设上存在"一手软、一手硬"的问题,造成了政治思想战线的软弱混乱。中共中央总书记胡耀邦积极推动了改革开放和现代化建设,但未能对反对资产阶级自由化给予应有的重视。1987年1月16日,中共中央政治局扩大会议决定,接受胡耀邦辞去总书记职务的请求,由赵紫阳代理中共中央总书记。

二、改革开放和现代化建设的深入推进

社会主义初级阶段理论和党的基本路线的提出　1987年10月25日至11月1日,中国共产党第十三次全国代表大会在北京举行。大会比较系统地阐述了关于社会主义初级阶段的理论,完整地概括了中国共产党在社会主义初级阶段"一个中心、两个基本点"的基本路线,制定了下一步经济体制改革和政治体制改革的基本任务和奋斗目标。

大会指出,我国正处在社会主义的初级阶段。这个论断,包括两层含义。第一,我国社会已经是社会主义社会。我们必须坚持而不能离开社会主义。第二,我国的社会主义社会还处在初级阶段。我们必须从这个实际出发,而不能超越这个阶段。中国共产党在社会主义初级阶段的基本路线是:领导和团结全国各族人民,以经济建设为中心,坚持四项基本原则,坚持改革开放,自力更生,艰苦创业,为把我国建设成为富强、民主、文明的社会主义现代化国家而奋斗。

大会还提出了经济体制改革和政治体制改革的任务和目标，强调经济体制改革和政治体制改革的目的，都是为了在中国共产党的领导下和社会主义制度下更好地发展社会生产力，充分发挥社会主义的优越性。

中共十三大后召开的十三届一中全会选举产生了中央政治局，选举赵紫阳为中共中央总书记，决定邓小平为中共中央军事委员会主席，批准陈云为中共中央顾问委员会主任。1988年4月，七届全国人大一次会议选举杨尚昆为国家主席，万里为全国人大常委会委员长，邓小平为国家中央军事委员会主席，决定李鹏为国务院总理；全国政协七届一次会议选举李先念为政协第七届全国委员会主席。

"三步走"发展战略的制定和实施　　中共十一届三中全会以后，随着改革开放的不断深入，邓小平对经济发展战略的思考不断趋于成熟。中共十三大正式制定了社会主义现代化建设"三步走"的战略部署：第一步，实现国民生产总值比1980年翻一番，解决人民的温饱问题，这个任务已经基本实现；第二步，到20世纪末，使国民生产总值再增长一倍，人民生活达到小康水平；第三步，到21世纪中叶，人均国民生产总值达到中等发达国家水平，人民生活比较富裕，基本实现现代化。

"三步走"发展战略及相关政策的制定，进一步解决了中国现代化建设的目标、步骤等关系全局的重大问题，对中国未来几十年的发展具有深远的影响。中共十一届三中全会以来的实践历程，正是"三步走"的现代化建设宏伟蓝图逐步变为现实的过程。

政治体制改革基本思路的提出　　1980年8月，邓小平在中共中央政治局扩大会议上发表《党和国家领导制度的改革》的讲话，分析了党和国家领导体制中存在的问题和弊端，提出了政治体制改革的基本任务。1986年，他又在多次讲话中阐明了政治体制改革的基本思路。同年9月，中共十二届六中全会把坚定不移地进行政治体制改革，确定为社会主义现代化建设的总体布局的重要内容之一。1987年10月，中共十二届七中全会讨论并原则同意《政治体制改革总体设想》，决定将其主要内容写入中共中央委员会向党的十三大的报告。中共十三大报告将政治体制改革问题列为重要内容，阐述了政治体制改革的任务、性质、目标以及方法、步骤等一系列问题。

三、中国特色社会主义事业的继续推进

1989年春夏政治风波的发生与平息　1989年春夏的这场政治风波，是国际的大气候和中国自己的小气候所决定了的，是极少数敌对势力利用我们党在工作中的失误，利用人民群众对腐败现象的不满，掀起的一场有计划、有组织、有预谋的政治动乱。从5月13日起，北京的非法组织在天安门广场煽动一些不明真相的人绝食。随即，许多大中城市出现未经批准的大规模游行活动，党政机关受到冲击。5月20日，国务院发布命令，在北京部分地区实行戒严。动乱的组织者利用政府的克制态度，继续占领天安门广场，煽动拦截参加戒严的军车，最终发展成反革命暴乱。在关键时刻，中共中央总书记赵紫阳犯了支持动乱和分裂党的严重错误。中共中央政治局在邓小平和其他老一辈革命家坚决有力的支持下，采取果断措施，在6月4日平息了这场政治风波，捍卫了社会主义国家政权。

6月9日，邓小平接见首都戒严部队军以上干部，并发表讲话。他指出，极少数敌对势力反对共产党、反对社会主义的目的"是要建立一个完全西方附庸化的资产阶级共和国"。他强调，要坚定不移地执行党的十一届三中全会以来制定的一系列路线、方针、政策，要认真总结经验，对的要继续坚持，失误的要纠正，不足的要加点劲。这篇讲话在关键时刻坚定了全国人民对于贯彻落实中共十一届三中全会以来制定的"一个中心、两个基本点"的基本路线、进一步推进改革开放和现代化建设的信心和决心。

第二节　改革开放和现代化建设新局面的展开

向新的中共中央领导集体的顺利过渡　1989年6月,中共十三届四中全会决定撤销赵紫阳的中共中央总书记等职务,选举江泽民为中共中央总书记。江泽民强调要继续坚决执行党的十一届三中全会以来的路线、方针和政策,继续坚决执行党的十三大确定的"一个中心、两个基本点"的基本路线。四项基本原则是立国之本,必须毫不动摇、始终一贯地加以坚持;改革开放是强国之路,必须坚定不移、一如既往地贯彻执行。

1989年9月,邓小平向中共中央郑重提出了从领导岗位退下来的请求。同年11月召开的中共十三届五中全会接受了邓小平辞去中共中央军事委员会主席职务的请求,决定由江泽民任中共中央军事委员会主席。

继续开展国民经济的治理整顿工作　中共十二大以后的几年间,我国经济建设在改革开放中取得了重大成就,但也出现了明显的通货膨胀和物价大幅度上涨的问题。1988年夏季,又不适当地决定全面推进物价改革,实行"闯关",结果诱发了全国性的抢购风潮,使经济秩序陷入混乱局面。为改变严峻的经济形势,1988年9月召开的中共十三届三中全会,提出把今后两年改革和建设的重点放到治理经济环境、整顿经济秩序上来,压缩社会总需求,抑制通货膨胀,整顿经济生活中特别是流通领域的各种混乱现象。

中共十三届四中全会后,中共中央把一度被延误的国民经济治理整顿工作重新提上日程。1989年11月,中共十三届五中全会通过《关于进一步治理整顿和深化改革的决定》,明确了治理整顿的主要目标和必须抓好的重要环节。治理整顿在实践中进展顺利,到1990年底就取得了明显的成效:国民经济保持一定的增长速度,粮食生产扭转了前四年的徘徊局面,通货膨胀得到有效控制,产业结构调整开始起步,流通领域的混乱现象得到初步整顿,党政机关办企业的问题得到解决。

在治理整顿的同时，改革开放也进一步推进，推出了搞活国有大中型企业的一系列措施。1990年4月，根据邓小平的建议，启动了上海浦东新区开发开放的战略举措。在治理整顿和深化改革的推动下，到1990年底，"七五"计划胜利完成。1990年12月召开的中共十三届七中全会通过了《关于制定国民经济和社会发展十年规划和"八五"计划的建议》。1991年3月至4月召开的七届全国人大四次会议，批准了十年规划和"八五"计划纲要。"七五"计划的胜利完成和"八五"计划的开始实施，标志着国民经济治理整顿任务全面实现。

中国农业的改革与发展，是邓小平十分关注的重要问题。1990年3月，他在同江泽民等谈话时提出了"两个飞跃"的思想。对这个问题，他后来又讲过多次。他强调：中国社会主义农业的改革和发展会有两个飞跃，第一个飞跃是废除人民公社，实行家庭联产承包为主的责任制，第二个飞跃就是发展集体经济。社会主义经济以公有制为主体，农业也一样，最终要以公有制为主体。从长远的观点看，科学技术发展了，管理能力增强了，又会产生一个飞跃。农村经济最终还是要实现集体化和集约化。仅靠双手劳动，仅是一家一户的耕作，不向集体化集约化经济发展，农业现代化的实现是不可能的。就是过一百年二百年，最终还是要走这条路。这是一个长期发展的历史过程。

对外工作在打破对华"制裁"中全方位推进 为打破1989年政治风波后以美国为首的西方国家的"制裁"，中国政府作了多方面的努力。

从1989年9月到1990年，邓小平多次接见美国政要和学者，指出：第一，中国目前的局势是稳定的；第二，中国人吓不倒。在判断中国局势的时候，这两点必须看清楚。结束中美关系的严峻事态要由美国采取主动。随后，邓小平又根据苏联解体、东欧剧变后国际格局的重大变化，提出正确的方针，使党和国家在打破美国等西方国家"制裁"、应对苏东剧变后的国际局势的过程中始终处于主动的地位。

与此同时，中国政府继续坚持全方位对外开放的方针。继1985年和 1988 年外商在华投资的两次高潮之后，在 1991 年出现了第三次外商在华投资高潮。到 1992 年，中国已同 200 多个国家和地区发展贸易、科技、文化交流与合作，赢得了更加有利的国际环境和周边环境。

全面推进中国共产党的自身建设　党要管党、从严治党，是以江泽民为核心的中共中央领导集体紧抓不放的一件大事。1989 年 7 月 28 日，中共中央和国务院作出《关于近期做几件群众关心的事的决定》。同年 8 月 28 日，中共中央发出《关于加强党的建设的通知》，要求各级党组织聚精会神地抓党的建设，下决心解决好当前党的建设中的迫切问题。

1990 年 3 月召开的中共十三届六中全会，通过了《关于加强党同人民群众联系的决定》。这次全会以后，中共中央政治局常委带头，深入基层，深入群众，认真开展调查研究工作，对全党转变工作作风起了极大的推动作用。

1991 年 6 月，《毛泽东选集》第一至四卷第二版出版。同年 7 月，党中央发出学习《毛泽东选集》第二版的通知，充分肯定毛泽东思想在新的历史时期的指导意义，要求把学习《毛泽东选集》同学习党的十一届三中全会以来的路线、方针、政策结合起来，同学习代表了毛泽东思想在新时期的发展的邓小平著作结合起来。

第三节　中国特色社会主义事业的跨世纪发展

一、改革开放新的历史性突破

邓小平南方谈话　1992 年 1 月 18 日至 2 月 21 日，邓小平先后视察武昌、深圳、珠海、上海等地，发表重要谈话。

邓小平强调，革命是解放生产力，改革也是解放生产力。不坚持社会主义，不改革开放，不发展经济，不改善人民生活，只能是死路一条。他指出，改革开放胆子要大一些，敢于试验。看准了的，就大胆地试，大胆地闯。判断的标准，应该主要看是否有利于发展社会主义社会的生产力，是否有利于增强社会主义国家的综合国力，是否有利于提高人民的生活水平。

邓小平指出，计划多一点还是市场多一点，不是社会主义与资本主义的本质区别。计划经济不等于社会主义，资本主义也有计划；市场经济不等于资本主义，社会主义也有市场。计划和市场都是经济手段。社会主义的本质，是解放生产力，发展生产力，消灭剥削，消除两极分化，最终达到共同富裕。他强调，基本路线要管一百年，动摇不得。右可以葬送社会主义，"左"也可以葬送社会主义。中国要警惕右，但主要是防止"左"。

邓小平强调，发展才是硬道理。抓住时机，发展自己，关键是发展经济。科学技术是第一生产力。

邓小平指出，中国要出问题，还是出在共产党内部。对这个问题要清醒。要坚持两手抓，一手抓改革开放，一手抓打击各种犯罪活动。这两只手都要硬。在整个改革开放过程中都要反对腐败。

邓小平强调，我们搞社会主义才几十年，还处在初级阶段。巩固和发展社会主义制度，还需要一个很长的历史阶段，需要我们几代人、十几代人，甚至几十代人坚持不懈地努力奋斗，决不能掉以轻心。社会主义经历一个长过程发展后必然代替资本主义。这是社会历史发展不可逆转的总趋势，但道路是曲折的。一些国家出现严重曲折，社会主义好像被削弱了，但人民经受锻炼，从中吸取教训，将促进社会主义向着更加健康的方向发展。

邓小平的南方谈话，在重大历史关头科学地总结了十一届三中全会以来党的基本实践和基本经验，明确回答了长期困扰和束缚人们思想的许多重大认识问题，对整个社会主义现代化建设事业产生了重大而深远的影响。

确立社会主义市场经济体制的改革目标　1992年10月12日至18日，中国共产党第十四次全国代表大会在北京召开。

大会确立了邓小平建设有中国特色社会主义理论在全党的指导地位，概括了建设有中国特色社会主义理论的主要内容，指出这个理论第一次比较系统地初步回答了中国这样的经济文化比较落后的国家如何建设、巩固和发展社会主义的一系列根本性问题，是马克思列宁主义基本原理同当代中国实际和时代特征相结合的产物，是毛泽东思想的继承和发展，是全党和全国人民集体智慧的结晶，是中国共产党和中国人民最可宝贵的精神财富。

大会明确提出，我国经济体制改革的目标是建立社会主义市场经济体制。社会主义市场经济，是同社会主义基本制度结合在一起的，就是要使市场在社会主义国家宏观调控下对资源配置起基础性作用。大会要求，围绕社会主义市场经济体制的建立，抓紧制定总体规划，有计划、有步骤地进行相应的体制改革和政策调整。大会还要求全党抓住机遇，加快发展，集中精力把经济建设搞上去。

大会决定不再设立中央顾问委员会。随后召开的中共十四届一中全会选举产生了中央政治局，选举江泽民为中共中央总书记，决定江泽民为中共中央军事委员会主席。1993年3月，八届全国人大一次会议选举江泽民为国家主席、国家中央军事委员会主席，乔石为全国人大常委会委员长，决定李鹏为国务院总理；全国政协八届一次会议选举李瑞环为政协第八届全国委员会主席。

以邓小平南方谈话和中共十四大为标志，改革开放和现代化建设事业进入从计划经济体制向社会主义市场经济体制转变的新阶段，由此打开了中国经济、政治、文化发展的崭新局面。

二、进一步推进改革开放和现代化建设

经济体制改革的深入推进　1993年11月召开的中共十四届三中

全会，通过了《关于建立社会主义市场经济体制若干问题的决定》，将中共十四大提出的社会主义市场经济体制改革的目标和基本原则具体化，进一步勾画了社会主义市场经济体制的基本框架，明确了国有企业改革的基本方向，成为 20 世纪 90 年代进行经济体制改革的行动纲领。

从 1994 年起，按照建立现代企业制度的总体思路推进国有企业改革，并选择 2 700 多家国有企业进行公司制、股份制改革的试点。同时，大力推进财政、税收、金融、外贸、外汇、计划、投资、价格、流通、住房和社会保障等方面的体制改革，使市场在资源配置中的基础性作用明显增强，市场经济体制中的国家宏观调控体系框架初步建立，为国民经济和社会发展注入了新的活力。

在经济高速发展的过程中，也逐渐暴露出经济过热等问题。面对这一形势，中共中央采取果断措施，大力加强宏观调控。1993 年 6 月制定的《中共中央、国务院关于当前经济情况和加强宏观调控的意见》，提出了以紧缩银根、整顿金融秩序为重点的 16 条重要措施。经过努力，逐步使过度投资得到控制，金融秩序迅速好转，物价涨幅明显回落，通货膨胀得到抑制，同时又保持了较高的经济发展速度，从而实现了从发展过快到"高增长、低通胀"的"软着陆"，避免了经济发展的大起大落。

这一时期，对外开放也迈出了重大步伐。建立起一批经济技术开发区和保税区，开放了哈尔滨等 4 个边境、沿海省会城市和太原等 11 个内陆省会城市及一大批内陆市县。到 1997 年，中国对外开放的一类口岸达到 235 个，二类口岸达到 350 个，逐步形成了从沿海到沿江、从沿边到内陆，多层次、多渠道、多种形式的全方位对外开放的新格局。

1995 年，"八五"计划胜利完成，提前实现了"三步走"战略的第二步目标。同年 9 月召开的中共十四届五中全会，通过《关于制定国民经济和社会发展"九五"计划和 2010 年远景目标的建议》。1996 年 3 月召开的八届全国人大四次会议批准了《中华人民共和国国民经济和社会发展"九五"计划和 2010 年远景目标纲要》。纲要阐述了国民经济和社会发展的九条重要方针，提出要实现从传统的计划经济体制向社会主义市场经济体制、从粗放型增长方式向集约型增长方式的两个根本转变。

正确处理改革、发展、稳定的关系　1994 年初，中共中央根据党的十四大精神，立足改革发展的实际，提出了"抓住机遇、深化改革、扩大开放、促进发展、保持稳定"的基本方针，要求全党在各项工作中认真加以贯彻。同年 5 月，江泽民进一步提出：稳定是前提，改革是动力，发展是目标，三者相互促进。

1995 年 9 月，江泽民在中共十四届五中全会发表讲话，深刻阐述了要正确处理好社会主义现代化建设中的十二个重大关系。指出改革、发展、稳定的关系是总揽全局的，要把改革的力度、发展的速度和社会可承受的程度协调统一起来，做到在政治和社会稳定中推进改革和发展，在改革和发展的推进中实现政治和社会的长期稳定。

精神文明建设与民主法制建设不断加强　中共十四大以后，党中央坚持"两手抓、两手都要硬"的方针，采取一系列措施和办法，不断加强社会主义精神文明建设。

1993 年 11 月出版《邓小平文选》第三卷，中共中央作出学习《邓小平文选》第三卷的决定。在此之前，曾于 1983 年出版过《邓小平文选（1975—1982 年）》，1994 年再版时改为《邓小平文选》第二卷。《邓小平文选》第二卷和第三卷汇集了邓小平在形成和发展建设有中国特色社会主义理论过程中的最重要最富有独创性的著作。

1996 年 10 月，中共十四届六中全会作出了《关于加强社会主义精神文明建设若干重要问题的决议》，对新形势下的精神文明建设作出了具体部署和规划，强调要以科学的理论武装人，以正确的舆论引导人,以高尚的精神塑造人,以优秀的作品鼓舞人,培养有理想、有道德、有文化、有纪律的社会主义公民。这个决议的贯彻,使社会主义精神文明建设得到进一步加强,为继续深化改革、加快发展创造了良好氛围。

社会主义民主法制建设也取得重大进展。自 1993 年至 1997 年,全国人大及其常委会制定和出台了近百个法律及有关法律的决定,其中多数是社会主义市场经济方面的立法,为整个社会经济活动的正常运行提供了重要的法律保障。

三、改革开放和现代化建设的跨世纪发展

高举邓小平理论伟大旗帜,提出跨世纪发展战略　1997 年 2 月 19 日,中国社会主义改革开放和现代化建设的总设计师邓小平逝世。邓小平逝世后,中国能否继续沿着邓小平开辟的建设有中国特色社会主义道路走下去,举世关注。

同年 9 月 12 日至 18 日,中国共产党第十五次全国代表大会在北京召开。大会的主题是:高举邓小平理论伟大旗帜,把建设有中国特色社会主义事业全面推向 21 世纪。大会把邓小平理论同马克思列宁主义、毛泽东思想一道确立为中国共产党的指导思想,并写入修改后的《中国共产党章程》。大会指出:作为毛泽东思想的继承和发展的邓小平理论,是当代中国的马克思主义,是马克思主义在中国发展的新阶段。

大会阐明了建设有中国特色社会主义的经济、政治和文化的基本目标和基本政策,提出了党在社会主义初级阶段的基本纲领。这是党的基本路线在经济、政治、文化等方面的展开。

大会明确了中国跨世纪发展的战略部署,并就社会主义初级阶段的所有制结构和公有制实现形式,推进政治体制改革、依法治国、建设社会主义法治国家等问题提出了新的论断。大会指出:公有制为主

体、多种所有制经济共同发展，是中国社会主义初级阶段的一项基本经济制度。公有制的实现形式可以而且应当多样化。依法治国，是党领导人民治理国家的基本方略。

中共十五大在世纪之交的关键时刻，继承邓小平遗志，承前启后、继往开来，明确回答了中国的改革开放和现代化建设继续向前发展的一系列重大理论问题和实践问题，从思想上、政治上、组织上为中国特色社会主义事业的跨世纪发展提供了根本保证。

随后召开的中共十五届一中全会选举产生了中央政治局，选举江泽民为中共中央总书记，决定江泽民为中共中央军事委员会主席。1998年3月，九届全国人大一次会议选举江泽民为国家主席、国家中央军事委员会主席，李鹏为全国人大常委会委员长，决定朱镕基为国务院总理；全国政协九届一次会议选举李瑞环为政协第九届全国委员会主席。

改革开放和现代化建设在经受风险考验中前进　　1997年爆发的亚洲金融危机，对中国经济产生了严重冲击。1998年，长江、嫩江和松花江等流域发生了历史上罕见的洪涝灾害。1999年，又接连发生以美国为首的北约袭击中国驻南斯拉夫使馆，李登辉抛出"两国论"，"法轮功"邪教组织策划非法聚众闹事等事件。面对这些风险和考验，中共中央、国务院冷静分析，正确把握，果断决策，采取一系列措施，取得了一个又一个胜利，保证了改革开放和现代化建设的航船沿着正确的方向破浪前进。

1998年10月召开的中共十五届三中全会，通过了《中共中央关于农业和农村工作若干重大问题的决定》，进一步推动解决"三农"（农业、农村、农民）问题。1999年9月召开的中共十五届四中全会，通过了《中共中央关于国有企业改革和发展若干重大问题的决定》，提出了推进国有企业改革发展的一系列政策措施，强调从战略上调整国有经济布局，推进国有企业战略性改组，建立和完善现代企业制度。

这期间，还出台了推进城镇住房制度改革、医疗保险制度改革和财政税收改革的措施。同年下半年，根据邓小平关于现代化建设的战略思想，中央作出了实施西部大开发战略的部署，多次召开会议，研究推动加快西部发展的基本思路和措施。

2001年12月11日，经过长达15年的艰苦谈判，中国正式加入世界贸易组织，标志着中国的对外开放进入一个新阶段。

这一时期，在推进依法治国、建设社会主义法治国家方面也取得重要进展。1999年3月，九届全国人大二次会议通过的宪法修正案规定，"中华人民共和国实行依法治国，建设社会主义法治国家"，使中共十五大提出的依法治国的基本方略从国家根本法上得到了保障。2001年9月颁布的《公民道德建设实施纲要》强调，要把法制建设与道德建设、依法治国与以德治国紧密结合起来，促进物质文明与精神文明协调发展。

2000年，"九五"计划胜利完成。同年10月召开的中共十五届五中全会通过了《关于制定国民经济和社会发展第十个五年计划的建议》。2001年3月，九届全国人大四次会议批准了《中华人民共和国国民经济和社会发展第十个五年计划纲要》，为新世纪的改革开放和现代化建设明确了指导方针和奋斗目标。

祖国统一大业的推进　　20世纪70年代末80年代初，邓小平提出了"一个国家、两种制度"的构想，就是在一个中国的前提下，国家的主体坚持社会主义制度；香港、澳门、台湾是中华人民共和国不可分离的部分，它们作为特别行政区保持原有的资本主义制度长期不变。在国际上代表中国的，只能是中华人民共和国。这个构想，是对马克思主义国家学说的创造性发展，为和平时期解决某些相关的历史遗留问题指明了出路。

根据"一国两制"的构想，中国政府先后同英国和葡萄牙政府举行谈判，并分别于1984年12月和1987年4月签署了中英《关于香港问题的联合声明》和中葡《关于澳门问题的联合声明》。1997年7月1日，中国和英国两国政府举行了香港政权交接仪式，宣告中国对香港恢复行使主权，中华人民共和国香港特别行政区正式成立。1999年12月20日，澳门也回归祖国，中华人民共和国澳门特别行政区正式成立。香港、澳门的回归，使"一国两制"从科学构想变为现实，标志着祖国统一大业又向前迈出了重要的一步。

中国政府还加强大陆同台湾的经济技术合作与交流，促进双方人员往来。1992年10月，大陆海峡两岸关系协会与台湾海峡交流基金会举行商谈，达成体现一个中国原则的"九二共识"。1995年1月30日，江泽民发表《为促进祖国统一大业的完成而继续奋斗》的讲话，提出了发展两岸关系、推进祖国和平统一的八项主张。

推进党的建设新的伟大工程　中共十四大以后，以江泽民为核心的中央领导集体在继续抓好经济建设的同时，十分重视加强党的建设，坚持党要管党、从严治党的方针，切实解决提高党的领导水平和执政水平、提高拒腐防变和抵御风险能力这两大历史性课题。1994年9月，中共十四届四中全会通过《关于加强党的建设几个重大问题的决定》，从推进新的伟大工程的高度，对党的建设面临的一些重大问题作出了具体部署。

1998年11月21日，根据中共十五大的部署，中央决定在县级以上党政领导班子、领导干部中深入开展以"讲学习、讲政治、讲正气"为主要内容的党性党风教育。这次"三讲"教育历时近两年，使各级领导干部普遍受到了一次深刻的马克思主义教育，党的思想、政治、组织、作风建设明显加强。

"三个代表"重要思想的提出　中共十三届四中全会以来，以江泽民为主要代表的中国共产党人，高举邓小平理论伟大旗帜，准确把握时代特征，科学判断中国共产党所处的历史方位，围绕建设中国特色社会主义这个主题，集中全党智慧，以马克思主义的巨大勇气进行理论创新，逐步形成了"三个代表"重要思想这一系统的科学理论。

"三个代表"重要思想作为完整的概念，是 2000 年 2 月江泽民在广东考察工作时提出来的。他指出："总结我们党七十多年的历史，可以得出一个重要的结论，这就是：我们党所以赢得人民的拥护，是因为我们党在革命、建设、改革的各个历史时期，总是代表着中国先进生产力的发展要求，代表着中国先进文化的前进方向，代表着中国最广大人民的根本利益。"同年 5 月，江泽民在江苏、浙江、上海党建工作座谈会的讲话中，又进一步指出，始终做到"三个代表"是中国共产党的立党之本、执政之基、力量之源。2001 年 7 月 1 日，江泽民在庆祝中国共产党成立 80 周年大会上发表讲话，系统阐述"三个代表"重要思想的科学内涵和基本内容。

"三个代表"重要思想的提出，在国内外引起强烈反响，全党和全国上下兴起了学习贯彻"三个代表"重要思想的高潮，有力地推动了改革开放和现代化建设的跨世纪发展，也为中共十六大的召开奠定了思想基础。

第四节　在新的历史起点上推进中国特色社会主义

一、全面建设小康社会战略目标的确定

新世纪前 20 年奋斗目标的确立　2002 年 11 月 8 日至 14 日，中国共产党第十六次全国代表大会在北京召开。大会高度评价"三个代表"重要思想的历史地位和重要作用，把"三个代表"重要思想同马克思列宁主义、毛泽东思想、邓小平理论一道确立为中国共产党必须长期坚持的指导思想，并写入党章，实现了党的指导思想的又一次与时俱进。大会从十个方面总结概括了党领导人民建设中国特色社会主

义的基本经验。这十条基本经验,集中体现了中国共产党在中国特色社会主义实践中形成的重大认识和重大方针,对于党和国家事业的发展具有长远的指导作用。

大会明确了全面建设小康社会的奋斗目标。提出要在本世纪头二十年,紧紧抓住这一重要战略机遇期,集中力量,全面建设惠及十几亿人口的更高水平的小康社会,使经济更加发展、民主更加健全、科教更加进步、文化更加繁荣、社会更加和谐、人民生活更加殷实。这是实现现代化建设第三步战略目标必经的承上启下的发展阶段,也是完善社会主义市场经济体制和扩大对外开放的关键阶段。

中央领导集体的平稳交接　随即召开的中共十六届一中全会选举产生了中央政治局,选举胡锦涛为中共中央总书记,决定江泽民为中共中央军事委员会主席。2003年3月,十届全国人大一次会议选举胡锦涛为国家主席,江泽民为国家中央军事委员会主席,吴邦国为全国人大常委会委员长,决定温家宝为国务院总理;全国政协十届一次会议选举贾庆林为政协第十届全国委员会主席。2004年9月,中共十六届四中全会通过《关于同意江泽民同志辞去中共中央军事委员会主席职务的决定》,决定胡锦涛为中共中央军事委员会主席。党和国家的中央领导集体再一次实现了平稳交接。

二、不断推动经济社会的科学发展

树立和落实科学发展观　2003年上半年,我国经受了一场抗击"非典"疫情的严峻考验。同年7月,胡锦涛在全国防治"非典"工作会议上,阐述了加强经济社会协调发展、统筹城乡经济社会发展的要求。同年10月,中共十六届三中全会提出了坚持以人为本、全面协调可持续的科学发展观。2004年3月,胡锦涛在中央人口资源环境工作座谈会上,进一步阐明了科学发展观。

科学发展观,是以胡锦涛为总书记的中共中央坚持以邓小平理论和"三个代表"重要思想为指导，立足社会主义初级阶段基本国情，总结我国发展实践，借鉴国外发展经验，适应新的发展要求提出来的。科学发展观，第一要义是发展，核心是以人为本，基本要求是全面协调可持续，根本方法是统筹兼顾。它深刻认识和回答了新形势下实现什么样的发展、怎样发展等重大问题，成为发展中国特色社会主义必须坚持和贯彻的重大战略思想。

<u>提出构建社会主义和谐社会战略任务</u>　2004年9月，中共十六届四中全会提出构建社会主义和谐社会的战略任务。2005年2月，胡锦涛在中央党校省部级主要领导干部专题研讨班上，对构建社会主义和谐社会的重大战略思想作了全面论述。构建社会主义和谐社会战略思想的提出，使中国特色社会主义事业的总体布局由经济建设、政治建设、文化建设"三位一体"发展为经济建设、政治建设、文化建设、社会建设"四位一体"，丰富和发展了马克思主义关于社会主义社会建设的理论。

2006年10月，中共十六届六中全会审议通过了《中共中央关于构建社会主义和谐社会若干重大问题的决定》。决定指出：社会和谐是中国特色社会主义的本质属性。构建社会主义和谐社会是一个不断化解社会矛盾的持续过程。我们要构建的社会主义和谐社会，是在中国特色社会主义道路上，中国共产党领导全体人民共同建设、共同享有的和谐社会。决定首次将"和谐"列入现代化建设的奋斗目标，号召全国各族人民"为把我国建设成为富强民主文明和谐的社会主义现代化国家而奋斗"。

<u>推动经济又好又快发展和促进社会全面进步</u>　2003年10月召开的中共十六届三中全会，通过了《中共中央关于完善社会主义市场经济体制若干问题的决定》，这个决定按照科学发展观的要求明确了完善社会主义市场经济体制的目标和任务。

进一步加强和完善宏观调控。从2003年底开始，针对经济运行中

出现的一些矛盾和问题，中央及时作出加强宏观调控的决策和部署。根据区别对待、有保有压的原则，主要运用经济、法律手段，把加强宏观调控同推进体制改革相结合，逐步解决影响经济平稳较快发展的突出问题，取得明显成效。国民经济呈现增长较快、效益较好、价格较稳的良好局面，为后来成功应对国际金融危机打下了基础。

推进社会主义新农村建设。2005年10月召开的中共十六届五中全会，提出了建设社会主义新农村的战略任务，提出了"生产发展、生活宽裕、乡风文明、村容整洁、管理民主"的要求。同年12月，中央发布了《关于推进社会主义新农村建设的若干意见》。2006年1月1日起，正式废除农业税。随后，国务院颁布了《关于解决农民工问题的若干意见》。新农村建设的扎实推进，使农村经济和农村面貌发生新的深刻变化。

大力建设创新型国家。2005年10月，胡锦涛在中共十六届五中全会上，明确提出建设创新型国家的任务。2006年1月，他在全国科学技术大会上指出，要坚持走中国特色自主创新道路，用十五年左右的时间把中国建设成为创新型国家，阐述了"自主创新、重点跨越、支撑发展、引领未来"的指导方针，并提出了要突出抓好的重点工作。随后，中共中央、国务院下发了《关于实施科技规划纲要增强自主创新能力的决定》《国家中长期科学和技术发展规划纲要（2006—2020年）》，建设创新型国家的战略正式启动。

进一步加强社会主义民主法制建设。2003年2月，中共十六届二中全会审议通过了《关于深化行政管理体制和机构改革的意见》，提出形成行为规范、运转协调、公正透明、廉洁高效的行政管理体制的要求。2004年3月，国务院印发了《全面推进依法行政实施纲要》，明确了建设法治政府的目标和任务。2005年2月，提出进一步加强中国共产党领导的多党合作和政治协商制度建设的意见。同年5月，提出进一步发挥全国人大代表作用、加强全国人大常委会制度建设的意见。积极推进基层民主建设，进一步健全村务公开和村民自治制度，继续完善城市社区居民自治和基层管理体制。《中华人民共和国行政许可法》等一批法律法规相继制定或修改实施。

繁荣发展社会主义先进文化。2003年6月，中共中央召开全国文化体制改革试点工作会议，部署在北京、上海等九个省市和一批文化单位展开试点工作。2005年12月，在总结试点工作成功经验的基础上，中共中央、国务院颁布《关于深化文化体制改革的若干意见》，确定文化体制改革的指导思想、原则要求和目标任务。

制定和实施"十一五"规划。2005年，"十五"计划确定的主要发展目标提前实现，经济社会和各项事业的发展迈上了一个新的台阶。同年10月，中共十六届五中全会通过了《中共中央关于制定国民经济和社会发展第十一个五年规划的建议》。2006年3月，十届全国人大四次会议批准了《中华人民共和国国民经济和社会发展第十一个五年规划纲要》。

走和平发展的道路　中共十六大以后，党和国家在坚持一贯奉行的独立自主的和平外交政策的同时，提出了坚持走和平发展道路的主张。2005年11月，胡锦涛在英国伦敦金融城发表演讲，系统地阐述了走和平发展道路的基本内涵和重大意义。中国遵循走和平发展道路的要求，按照大国是关键、周边是首要、发展中国家是基础的外交工作部署，全方位开展对外交往，积极参与国际事务，努力为全面建设小康社会争取和平良好的国际环境和周边环境。中国还致力于建设一个持久和平、共同繁荣的和谐世界，反对各种形式的霸权主义和强权政治，永远不称霸。

加强党的执政能力建设和先进性建设　2004年9月，中共十六届四中全会通过的《中共中央关于加强党的执政能力建设的决定》，指出当前和今后一个时期加强党的执政能力建设的主要任务是，按照推动社会主义物质文明、政治文明、精神文明协调发展的要求，不断提高驾驭社会主义市场经济的能力、发展社会主义民主政治的能力、建设社会主义先进文化的能力、构建社会主义和谐社会的能力、应对国际局势和处理国际事务的能力。

为进一步加强党的执政能力建设，全面推进党的建设新的伟大工程，中共中央决定从 2005 年初开始，用一年半左右的时间，在全党开展以实践"三个代表"重要思想为主要内容的保持共产党员先进性教育活动。

三、奋力把中国特色社会主义推进到新的发展阶段

夺取全面建设小康社会新胜利　2007 年 10 月 15 日至 21 日，中国共产党第十七次全国代表大会在北京召开。大会的主题是：高举中国特色社会主义伟大旗帜，以邓小平理论和"三个代表"重要思想为指导，深入贯彻落实科学发展观，继续解放思想，坚持改革开放，推动科学发展，促进社会和谐，为夺取全面建设小康社会新胜利而奋斗。

大会强调，深入贯彻落实科学发展观，要求始终坚持"一个中心、两个基本点"的基本路线。党的基本路线是党和国家的生命线，是实现科学发展的政治保证。以经济建设为中心是兴国之要，四项基本原则是立国之本，改革开放是强国之路。全党同志必须始终保持清醒头脑，坚持把以经济建设为中心同四项基本原则、改革开放这两个基本点统一于发展中国特色社会主义的伟大实践。

大会通过了关于《中国共产党章程（修正案）》的决议。大会一致同意将科学发展观写入党章。

随后召开的中共十七届一中全会选举产生了中央政治局，选举胡锦涛为中共中央总书记，决定胡锦涛为中共中央军事委员会主席。2008 年 3 月，十一届全国人大一次会议选举胡锦涛为国家主席、国家中央军事委员会主席，选举吴邦国为全国人大常委会委员长，决定温家宝为国务院总理；全国政协十一届一次会议选举贾庆林为政协第十

一届全国委员会主席。

党和国家各项事业的向前推进 中共十七大以后,为进一步推动科学发展观的贯彻落实,从2008年9月开始,中共中央决定,用一年半左右的时间,在全党开展深入学习实践科学发展观活动。这次活动紧紧围绕党员干部受教育、科学发展上水平、人民群众得实惠,着力转变不适应不符合科学发展要求的思想观念,着力解决影响和制约科学发展的突出问题,着力构建有利于科学发展的体制机制。

2008年,"五一二"四川汶川特大地震抗震救灾斗争取得重大胜利;8月至9月,在北京举办的第29届奥林匹克运动会和第13届残疾人奥林匹克运动会取得圆满成功;9月,神舟七号载人飞船航天任务顺利完成;应对国际金融危机取得积极成效。

同年10月,中共十七届三中全会通过《中共中央关于推进农村改革发展若干重大问题的决定》,明确提出在新形势下推进农村改革发展的指导思想、目标任务、重大原则,成为推进农村改革发展的行动纲领。

2008年下半年,爆发了国际金融危机。中共中央和国务院及时果断地调整宏观调控着力点,出台进一步扩大内需、促进经济平稳较快增长的十项措施,全面实施一揽子计划。

2009年9月,中共十七届四中全会通过《关于加强和改进新形势下党的建设若干重大问题的决定》,总结中国共产党在执政条件下加强自身建设的基本经验,提出加强和改进党的建设的总体要求、目标任务、重要举措,对新形势下加强和改进党的建设作出部署。

2010年10月,中共十七届五中全会通过《中共中央关于制定国民经济和社会发展第十二个五年规划的建议》,明确"十二五"时期要以科学发展为主题,以加快转变经济发展方式为主线,为全面建成小康社会打下具有决定性意义的基础。

由于党和国家科学判断、果断决策,采取一系列重大举措,使中国在全球率先实现经济企稳回升，积累了有效应对外部经济风险冲击、保持经济平稳较快发展的重要经验，彰显了中国特色社会主义的优越性。自 2002 年到 2012 年的十年间，我国经济总量从世界第六位跃升到第二位，社会生产力、经济实力、科技实力迈上一个大台阶，人民生活水平、居民收入水平、社会保障水平迈上一个大台阶，综合国力、国际竞争力、国际影响力迈上一个大台阶，国家面貌发生新的历史性变化。

2011 年 10 月，中共十七届六中全会通过《中共中央关于深化文化体制改革推动社会主义文化大发展大繁荣若干重大问题的决定》，阐述了中国特色社会主义文化发展道路，确立了建设社会主义文化强国的战略目标，提出了新形势下推进文化改革发展的指导思想、重要方针、目标任务、政策举措。以这次全会为标志，我国文化改革发展进入一个新阶段。

中共十七大前后，台湾海峡两岸关系出现和平发展新局面。实现 60 年来国共两党主要领导人首次正式会谈，达成并共同发布"两岸和平发展共同愿景"。之后，两岸"三通"（通邮、通航、通商）全面实现。两岸关系朝着和平发展的方向前行。2008 年 12 月，胡锦涛在纪念《告台湾同胞书》发表 30 周年座谈会上，系统阐述了两岸关系和平发展的思想，提出努力开创两岸关系和平发展新局面。

四、改革开放和现代化建设的巨大进展

中共十一届三中全会以来，改革开放和现代化建设取得了巨大成就。

（一）国民经济保持持续快速健康发展，人民生活总体上达到小康水平，现代化建设事业稳步推进，综合国力和国际竞争力显著提高

从 1978 年到 2012 年，中国国内生产总值由 3 645 亿元增长

到51.9万亿元。2010年，中国经济总量上升为世界第二。特别是2008年至2012年，中国经济发展经受住了国际金融危机的严峻考验，国内生产总值年均增长显著高于同期全球和新兴经济体的增速。中国依靠自己的力量稳定解决了13亿人口的吃饭问题。

国家先后启动了东部地区率先发展战略、西部大开发战略、东北等老工业基地振兴战略和中部地区崛起战略，激发了各大经济区域的发展活力。通过积极推进城镇化，2007年至2012年共转移农村人口8 463万人，城镇化率由45.9%提高到52.6%。

国家创新体系、科技基础设施和自主创新能力建设得到加强。正负电子对撞机、籼型杂交水稻、亿次"银河"巨型计算机、低温核反应堆、纳米技术、载人航天飞船成功返回和绕月探测卫星成功发射、神舟八号飞船与天宫一号目标飞行器实现首次交会对接、载人深潜、北斗卫星导航系统、第一艘航母"辽宁舰"入列等，标志着中国在科技研究的一些"高、精、尖"领域，取得重大进展。

人民生活总体上实现了由温饱到小康的历史性跨越。从1978年到2012年，城镇居民人均可支配收入由343元增加到24 565元；农村居民人均纯收入由134元增加到7 917元。社会建设全面发展。到2012年底，全国共有2 142.5万城市居民、5 340.9万农村居民得到政府提供的最低生活保障，545.9万人纳入农村五保供养。人民的总体健康水平已超过中等收入国家的平均水平，处于发展中国家前列。2010年，中国人口平均预期寿命达到74.83岁。

（二）社会主义市场经济体制初步建立并不断完善，各项改革事业取得重大进展

社会主义市场经济体制初步建立并日益完善，更具活力、更加开

放的经济体系正在形成。

确立了公有制为主体、多种所有制经济共同发展这一社会主义初级阶段的基本经济制度，实行按劳分配为主体、多种分配方式并存的基本分配制度。财税、金融、流通、住房、医疗、教育等改革不断深化。国有企业改革稳步推进。

（三）全方位对外开放取得新突破，形成全方位、多层次、宽领域的对外开放格局

2001年12月11日中国加入世界贸易组织后，对外贸易进入了新的发展阶段。

从1978年到2012年，中国外贸进出口总额从206亿美元提高到38 668亿美元，跃居世界第二，其中出口额跃居世界第一位，进出口结构优化，贸易大国地位进一步巩固。外汇储备跃居世界第一，对外投资大幅增长，实际使用外资额累计超过1万亿美元。中国经济对世界经济增长的贡献率不断提升。

在"引进来"的同时，加快实施"走出去"战略。中国非金融类对外直接投资从2007年的248亿美元上升到2012年的772亿美元，年均增长25.5%，跻身对外投资大国行列。

（四）社会主义民主政治建设取得重要进展

人民代表大会制度、中国共产党领导的多党合作和政治协商制度，进一步健全和完善。更好地发挥全国人大作为国家最高权力机关的作用，促进政治协商进一步制度化、规范化，促使广泛的爱国统一战线继续得到巩固和发展。

以农村村民委员会、城市居民委员会和企业职工代表大会为主要内容的基层民主自治体系开始形成。

社会主义法制建设取得显著成就。以宪法为基础的中国特色社会

主义法律体系在逐步完备。社会治安综合治理取得新成效。

（五）社会主义精神文明建设成效显著

坚持用马克思主义中国化的最新成果武装全党、教育人民，大力推进马克思主义理论研究和建设工程，努力繁荣和发展哲学社会科学。

全国城乡广泛开展爱国主义、集体主义、社会主义教育。建设中国特色社会主义的共同理想形成广泛共识。

教育、科学、文化等各项事业取得长足的进步。文化体制改革不断深化，文化事业和文化产业繁荣发展，国家对文化事业的投入加大。促进公共文化服务体系建设，推进全国文化信息资源共享工程，提高农村广播电视"村村通"水平，加强文化基础设施建设。

（六）民族政策和宗教政策得到全面贯彻

认真坚持实行民族区域自治制度，积极支持各少数民族参与管理国家事务，充分行使宪法和法律赋予的各项自治权利，自主管理本地区、本民族的内部事务，形成了中华各族人民团结奋斗、共同繁荣发展的良好局面。在中央政府大力支持下，民族自治地方经济迅速发展。

尊重和保护各民族宗教信仰自由，积极引导宗教与社会主义社会相适应。

（七）推进国防和军队建设

人民解放军坚持以新时期军事战略方针为统揽，以推进中国特色军事变革为主线，以军事斗争准备为龙头，按照建设信息化军队、打赢信息化战争的战略目标，全面推进国防和军队现代化建设。

20世纪80年代中期以来，已经完成三次大规模裁军，共裁减军队员额170万。军队、武警和民兵在保卫和建设祖国中，在抢险救灾中，发挥了重要作用。

（八）祖国统一大业取得重大进展

1997年和1999年香港、澳门相继回归祖国，祖国统一大业进入新的发展阶段。中央政府严格实行"一国两制"、"港人治港"、"澳人治澳"、高度自治的方针，保持了香港和澳门特别行政区的繁荣与稳定。

祖国大陆同台湾的经济文化交流和人员往来不断发展，反对"台独"等各种分裂图谋的斗争深入发展。2005年3月14日，十届全国人大三次会议高票通过《反分裂国家法》，将中国人民维护国家领土主权完整的坚强决心通过立法形式表达出来。

通过长期不懈的努力，两岸直接双向"三通"① 全面实现，开创了两岸关系和平发展新局面。

（九）积极开展全方位外交

面对深刻变化的国际形势，中国政府坚持高举和平、发展、合作的旗帜，坚持独立自主的和平外交政策，坚定不移地走和平发展的道路，致力于建设一个持久和平、共同繁荣的和谐世界，全方位地开展对外工作。

中国的国际影响日益扩大，国际地位显著提高，在国际社会发挥着重要的作用。

截至2011年7月，中国已同172个国家建立了外交关系。在睦邻、安邻、富邻政策的指导下，同周边国家的睦邻友好关系日益加强。努力推动南南合作和南北对话，同广大发展中国家的传统友好合作关系进一步巩固。向亚洲、非洲最不发达国家提供了优惠关税待遇，并减免了几

---

① 两岸直接双向"三通"，是指台湾海峡两岸之间双向的直接通邮、通航与通商，而不是局部或间接的通邮、通航与通商。

十个亚非发展中国家的债务；积极推动建立中国同非洲国家和阿拉伯国家的合作论坛。顺利建成中国—东盟自由贸易区，推动上海合作组织等区域合作机制发展，同新兴国家合作取得重大实质性进展。

中国还积极参与应对国际金融危机、气候变化等全球性问题的国际合作，积极开展公共外交。

（十）全面推进党的建设新的伟大工程

在改革开放和现代化建设的进程中，逐步形成了以全面推进党的建设新的伟大工程来推动中国特色社会主义伟大事业发展的格局。

从1999年起，先后开展"三讲"教育、以实践"三个代表"重要思想为主要内容的保持共产党员先进性教育活动和深入学习实践科学发展观活动。

☐ 学习思考

1. 为什么说中共十一届三中全会是新中国成立以来的伟大历史转折？
2. 中国特色社会主义是怎样开创的？
3. 中国特色社会主义是怎样接续发展的？

☐ 必读文献

1. 邓小平：《解放思想，实事求是，团结一致向前看》（1978年12月13日）
2. 江泽民：《在庆祝中国共产党成立八十周年大会上的讲话》（2001年7月1日）
3. 胡锦涛：《在纪念党的十一届三中全会召开三十周年大会上的讲话》（2008年12月18日）

☐ 延伸阅读文献

1. 邓小平：《在武昌、深圳、珠海、上海等地的谈话要点》（1992年1月18日—2月21日）
2. 江泽民：《加快改革开放和现代化建设步伐　夺取有中国特色社会主义事业的

更大胜利——在中国共产党第十四次全国代表大会上的报告》（1992年10月12日）

    3. 胡锦涛：《高举中国特色社会主义伟大旗帜　为夺取全面建设小康社会新胜利而奋斗——在中国共产党第十七次全国代表大会上的报告》（2007年10月15日）

第十一章
中国特色社会主义进入新时代

第一节 开拓中国特色社会主义更为广阔的发展前景

一、全面建成小康社会目标的确定

2012年11月8日至14日,中国共产党第十八次全国代表大会在北京举行。

大会系统总结了中共十七大以来五年和十六大以来十年的奋斗历程及其成就,指出科学发展观同马克思列宁主义、毛泽东思想、邓小平理论、"三个代表"重要思想一道,是党必须长期坚持的指导思想。

大会阐明中国特色社会主义的总依据是社会主义初级阶段,总布局是经济、政治、文化、社会、生态文明建设五位一体,总任务是实现社会主义现代化和中华民族伟大复兴;阐明中国特色社会主义道路、理论体系、制度的科学内涵及其相互关系;明确提出夺取中国特色社会主义新胜利必须牢牢把握的八项基本要求,要求全党坚定道路自信、理论自信、制度自信。

大会提出要在党的十六大、十七大确立的全面建设小康社会目标的基础上努力实现新的要求,即经济持续健康发展,人民民主不断扩大,文化软实力显著增强,人民生活水平全面提高,资源节约型、环境友好型社会建设取得重大进展,确保到2020年实现全面建成小康社会的目标。

大会强调,全面建成小康社会,必须不失时机深化重要领域改革,构建系统完备、科学规范、运行有效的制度体系，使各方面制度更加成熟更加定型。

大会要求以改革创新精神全面推进党的建设新的伟大工程，全面提高党的建设科学化水平，以加强党的执政能力建设、先进性和纯洁性建设为主线，建设学习型、服务型、创新型的马克思主义执政党。

中共十八大精神归结到一点，就是坚持和发展中国特色社会主义。十八大强调：我们必须坚定不移高举中国特色社会主义伟大旗帜，既不走封闭僵化的老路，也不走改旗易帜的邪路。

中共十八大的召开，标志着中国已经进入全面建成小康社会的决定性阶段，开启了中国特色社会主义新时代。

随后召开的中共十八届一中全会选举产生了中央政治局，选举习近平为中共中央总书记，决定习近平为中共中央军事委员会主席。2013年3月，十二届全国人大一次会议选举习近平为国家主席、国家中央军事委员会主席，张德江为全国人大常委会委员长，决定李克强为国务院总理；全国政协十二届一次会议选举俞正声为政协第十二届全国委员会主席。

二、实现民族复兴中国梦的提出

中共十八大结束不久，习近平在参观"复兴之路"展览时明确提出，实现全面建成小康社会目标是实现中华民族伟大复兴中国梦的关键一步。中华民族的昨天，可以说是"雄关漫道真如铁"。近代以后，中华民族遭受的苦难之重、付出的牺牲之大，在世界历史上都是罕见的。但是，中国人民从不屈服，不断奋起抗争，终于掌握了自己的命运，开始了建设自己国家的伟大进程，充分展示了以爱国主义为核心的伟大民族精神。中华民族的今天，正可谓"人间正道是沧桑"。改革开放以来，我们总结历史经验，不断艰辛探索，终于找到了实现中华民族伟大复兴的正确道路，取得了举世瞩目的成果。这条道路就是中国特色社会主义。中华民族的明天，可以说是"长风破浪会有时"。经过鸦片战争以来 170 多年的持续奋斗，中华民族伟大复兴展现出光明的前景。现在，我们比历史上任何时期都更接近中华民族伟大复兴的目标，比历史上任何时期都更有信心、有能力实现这个目标。

习近平强调，实现中华民族伟大复兴就是中华民族近代以来最伟大的梦想，需要一代又一代中国人共同为之努力。我们坚信"到中国共产党成立 100 年时全面建成小康社会的目标一定能实现，到新中国成立 100 年时建成富强民主文明和谐的社会主义现代化国家的目标、中华民族伟大复兴的梦想一定能实现"。

2013 年 3 月 17 日，习近平在十二届全国人大第一次会议上进一步强调，实现全面建成小康社会、建成富强民主文明和谐的社会主义现代化国家的奋斗目标，实现中华民族伟大复兴的中国梦，就是要实现国家富强、民族振兴、人民幸福。

实现中国梦必须走中国道路。中国特色社会主义道路，是在改革开放 30 多年的伟大实践中走出来的，是在中华人民共和国成立 60 多年的持续探索中走出来的，是在对近代以来 170 多年中华民族发展历程的深刻总结中走出来的，是在对中华民族 5000 多年悠久文明的传承中走出来的，具有深厚的历史渊源和广泛的现实基础。

实现中国梦必须弘扬中国精神。中国精神是凝心聚力的兴国之魂、强国之魂。爱国主义始终是把中华民族坚强团结在一起的精神力量，改革创新始终是鞭策我们在改革开放中与时俱进的精神力量。

实现中国梦必须凝聚中国力量。中国梦是民族的梦，也是每个中国人的梦。生活在我们伟大祖国和伟大时代的中国人民，共同享有人生出彩的机会，共同享有梦想成真的机会，共同享有同祖国和时代一起成长与进步的机会。全国各族人民一定要牢记使命，心往一处想，劲往一处使，用 13 亿人的智慧和力量汇集起不可战胜的磅磅礴力量。

三、统筹推进"五位一体"总体布局

中共十八大以来,中共中央统筹推进"五位一体"总体布局,提出一系列新理念新思想新战略,引领中国特色社会主义各项事业蓬勃发展。

主动适应和引领经济发展新常态　中共十八大后,我国发展面临的国际国内环境复杂严峻,全球经济复苏曲折乏力,国内经济下行压力持续加大,多重困难和挑战相互交织。中共中央加强和改善党对经济工作的领导,坚持稳中求进工作总基调,保持宏观政策连续性和稳定性,创新宏观调控思路和方式,有针对性地进行预调微调,扎实做好各项工作,实现了经济社会持续稳步发展。

中国经济发展的一个重大变化是进入新常态,即:从高速增长转为中高速增长;经济结构不断优化升级;从要素驱动、投资驱动转向创新驱动。党和政府科学研判我国经济发展的阶段性特征,主动适应和引领经济发展新常态。主要是:在区间调控基础上实施定向调控,保持经济稳定增长;深化改革开放,继续把简政放权、放管结合作为改革的重头戏,激发经济社会发展活力;加大结构调整力度,增强发展后劲;大力调整产业结构,着力培育新的增长点;织密织牢民生保障网,增进人民福祉。

推进供给侧结构性改革,是适应和引领经济发展新常态的重大创新。2015年12月,中央经济工作会议强调,实行宏观政策要稳、产业政策要准、微观政策要活、改革政策要实、社会政策要托底的总体思路,着力加强结构性改革,在适度扩大总需求的同时,去产能、去库存、去杠杆、降成本、补短板(简称"三去一降一补"),推动我国社会生产力水平整体改善。2017年12月,按照中共十九大的要求,中央经济工作会议确定今后三年要重点抓好决胜全面建成小康社会的

防范化解重大风险、精准脱贫、污染防治三大攻坚战。打好三大攻坚战,是我国经济转向高质量发展必须跨越的一大关口,中央作出的这一系列具体部署,既侧重当务之急,又注重整体延续,划定了转向高质量发展的清晰路线。

发展社会主义民主政治　坚持发挥中国共产党总揽全局、协调各方的领导核心作用,提高党科学执政、民主执政、依法执政水平,保证党领导人民有效治理国家。2015 年 1 月,中共中央政治局常委会召开会议,专门听取全国人大常委会、国务院、全国政协、最高人民法院、最高人民检察院党组工作汇报。此后,这成为实现党中央集中统一领导的一项制度性安排。

毫不动摇坚持人民代表大会制度,与时俱进完善人民代表大会制度,推动人大工作迈出新步伐、迈上新台阶。

坚持和完善中国共产党领导的多党合作和政治协商制度。2015 年 1 月,中共中央印发《关于加强社会主义协商民主建设的意见》,对新形势下开展协商民主等作出全面部署,推进社会主义协商民主广泛多层制度化发展,把协商民主嵌入我国社会主义民主政治全过程。

坚持和完善民族区域自治制度,强调坚持统一和自治相结合、民族因素和区域因素相结合。2014 年 12 月,中共中央、国务院印发《关于加强和改进新形势下民族工作的意见》。

坚持和完善基层群众自治制度,发展基层民主,保障人民依法直接行使民主权利。

正确处理一致性和多样性关系,做好新形势下统一战线工作。2015 年 5 月,中央统战工作会议举行,中共中央印发《中国共产党统一战线工作条例(试行)》。同年 7 月,中共中央政治局会议决定设立中央统一战线工作领导小组。

保持和增强党的群团工作和群团组织的政治性先进性群众性,开创党的群团工作新局面。2015 年 7 月,中央党的群团工作会议举行。

此前，同年 1 月，中共中央印发《关于加强和改进党的群团工作的意见》。

发展中国特色社会主义文化　坚持和巩固党对意识形态工作的领导。中共中央先后召开全国宣传思想工作会议、文艺工作座谈会、党的新闻舆论工作座谈会、网络安全和信息化工作座谈会、哲学社会科学工作座谈会等，明确提出巩固马克思主义在意识形态领域的指导地位、巩固全党全国人民团结奋斗的共同思想基础的根本任务，强调宣传思想工作一定要把围绕中心、服务大局作为基本职责；文艺工作必须坚持以人民为中心的创作导向，坚持为人民服务、为社会主义服务根本方向；新闻舆论工作要坚持正确政治方向，创新方法手段，切实提高党的新闻舆论传播力、引导力、影响力、公信力；网络安全和信息化工作要推进网络强国建设，推动我国网信事业发展，让互联网更好造福国家和人民；要结合中国特色社会主义伟大实践，加快构建中国特色哲学社会科学。

培育和践行社会主义核心价值观。2013 年 12 月，中共中央办公厅印发《关于培育和践行社会主义核心价值观的意见》。大力加强理想信念教育，弘扬中华优秀传统文化、革命文化、社会主义先进文化。

为了牢记历史，弘扬以爱国主义为核心的民族精神，2014 年 2 月，十二届全国人大常委会第七次会议决定，将 9 月 3 日确定为中国人民抗日战争胜利纪念日，将 12 月 13 日设立为南京大屠杀死难者国家公祭日。同年 8 月，十二届全国人大常委会第十次会议决定，将 9 月 30 日设立为烈士纪念日，并规定每年 9 月 30 日国家举行纪念烈士活动。2017 年 9 月，十二届全国人大常委会第二十九次会议表决通过《中华人民共和国国歌法》，维护国歌尊严，增强公民的国家观念。

推进文化体制改革，建设公共文化服务网络。强调把社会效益放在首位，实现社会效益和经济效益相统一；强调文化企业绝不能把市场占有率、收视率、票房和发行量作为唯一标准，不能成为市场的

"奴隶"；注重把构建两效统一的体制机制作为制度设计的关键环节和考核评价的重要标准。坚持"重心下移、共建共享"，实现基本公共文化服务标准化均等化，建设覆盖城乡的国家、省、市、县、乡、村（社区）六级公共文化服务网络。

在发展中保障和改善民生　　把增进人民福祉、促进人的全面发展作为一切工作的出发点和落脚点，要坚持人民主体地位，顺应人民群众对美好生活的向往，从人民群众最关心最直接最现实的利益问题入手，统筹做好教育、就业、收入分配、社会保障、医疗卫生等各领域民生工作。

不断促进教育发展成果更多更公平惠及全体人民。深化考试招生制度等教育综合改革，加快推进中西部教育发展，加大对革命老区、民族地区、边远地区、贫困地区基础教育的投入力度。统筹推进世界一流大学和一流学科建设，以提升我国高等教育综合实力和国际竞争力。

多渠道创造就业机会。精准发力抓好就业工作。加大就业支持力度，统筹推进就业岗位创造和就业质量提高。

促进社会公平正义，让广大人民群众共享改革发展成果。深化收入分配制度改革，把落实收入分配制度、增加城乡居民收入、缩小收入分配差距、规范收入分配秩序作为重要任务，狠抓落实；逐步建立社会公平保障体系，强调司法是维护社会公平的最后一道防线。

坚持全覆盖、保基本、多层次、可持续发展，加强城乡社会保障体系建设。继续完善养老保险转移接续办法，提高统筹层次；加快推进住房保障和供应体系建设，重点发展公共租赁住房，坚持"房子是用来住的、不是用来炒的"；推动形成城乡基本公共服务均等化体制机制。

加快推进健康中国建设。把人民健康放在优先发展的战略地位，努力全方位、全周期保障人民健康。

第一节 开拓中国特色社会主义更为广阔的发展前景

加强和创新社会治理，完善中国特色社会主义社会治理体系。加快推进户籍制度改革，坚持自愿、分类、有序方针，推进农业转移人口市民化；以保障和改善民生为优先方向，创新农村社会治理、城市社区治理。切实维护包括食品药品安全在内的公共安全，切实维护社会稳定，着力建设平安中国。

建设美丽中国 贯彻新发展理念，坚持节约资源和保护环境的基本国策，坚持节约优先、保护优先、自然恢复为主的方针，强调"绿水青山就是金山银山"，推动形成绿色发展方式和生活方式。

坚持山水林田湖是一个生命共同体，按照系统工程的思路，全方位、全地域、全过程开展生态环境保护建设。

完善生态文明制度体系，用最严格的制度、最严密的法治保护生态环境。2014年4月，十二届全国人大常委会第八次会议通过修订后的《中华人民共和国环境保护法》。推进省以下环保机构监测监察执法垂直管理，建立全国统一实时在线环境监控系统；全面推行河长制，各级党政主要负责人担任"河长"，负责组织领导相应河湖的管理和保护工作。2015年8月，中共中央办公厅、国务院办公厅印发《党政领导干部生态环境损害责任追究办法（试行）》。要求各地区各部门坚决扛起生态文明建设的政治责任，切实把生态文明建设各项任务落到实处。

强化公民环境意识。加强生态文明宣传教育，增强全民节约意识、环保意识、生态意识，倡导弘扬"牢记使命、艰苦创业、绿色发展"的塞罕坝精神，营造爱护生态环境的良好风气。

积极参与国际合作。中国率先签署全球合作应对气候变化的《巴黎协定》，倡议二十国集团发表首份气候变化问题主席声明；认真落实气候变化领域南南合作政策承诺，设立200亿人民币的中国气候变化南南合作基金，支持发展中国家应对气候变化挑战，同世界各国携手共建生态良好的地球美好家园。

在统筹推进"五位一体"总体布局的过程中，中共中央还就加强国防和军队建设、"一国两制"和祖国统一、外交工作提出了一系列重要思想观点，引领这些方面的工作取得重大的和积极的进展。

四、协调推进"四个全面"战略布局

中共十八大以来，中共中央从坚持和发展中国特色社会主义全局出发，提出并形成了全面建成小康社会、全面深化改革、全面依法治国、全面从严治党的战略布局。这个战略布局既有战略目标，也有战略举措，每一个"全面"都具有重大战略意义，是实现中华民族伟大复兴中国梦的重要保障。

推进全面深化改革 2013年11月，中共十八届三中全会审议通过《中共中央关于全面深化改革若干重大问题的决定》，勾画了到2020年全面深化改革的时间表、路线图。全会强调，改革开放是决定当代中国命运的关键一招。改革开放的旗帜必须继续高高举起，中国特色社会主义道路的正确方向必须牢牢坚持。

决定阐述了全面深化改革的重大意义、指导思想、总体思路，指出全面深化改革的总目标，是"完善和发展中国特色社会主义制度，推进国家治理体系和治理能力现代化"；要求"坚持社会主义市场经济改革方向，以促进社会公平正义、增进人民福祉为出发点和落脚点，进一步解放思想、解放和发展社会生产力、解放和增强社会活力"，让发展成果更多惠及全体人民；强调全面深化改革需要更加注重改革的系统性、整体性、协同性，加强顶层设计和整体谋划。改革进入新的发展阶段，要求到2020年，在重要领域和关键环节改革上取得决定性成果。

决定还从经济、政治、文化、社会、生态文明、国防和军队六个方面，具体部署了全面深化改革的主要任务和重大举措。

决定强调，经济体制改革是全面深化改革的重点，要坚持和完善公有制为主体、多种所有制经济共同发展的基本经济制度；处理好政府和市场的关系，使市场在资源配置中起决定性作用和更好发挥政府

作用。全面深化改革，必须加强和改善党的领导，充分发挥党总揽全局、协调各方的领导核心作用。

全会决定，设立国家安全委员会，其主要职责是制定和实施国家安全战略，推进国家安全法治建设，制定国家安全工作方针政策，研究解决国家安全工作中的重大问题；中央成立全面深化改革领导小组，负责改革总体设计、统筹协调、整体推进、督促落实。

2014年1月，中央全面深化改革领导小组成立，习近平任组长。领导小组第一次会议审议通过了《中央全面深化改革领导小组工作规则》等文件。

同年1月，中共中央、国务院印发《关于全面深化农村改革 加快推进农业现代化的若干意见》，明确了农村改革的八大任务，第一条就是完善国家粮食安全保障体系。把饭碗牢牢端在自己手上，这是治国理政必须长期坚持的基本方针。同年11月，中共中央办公厅、国务院办公厅印发《关于引导农村土地经营权有序流转发展农业适度规模经营的意见》。这是事关农业农村发展的一件大事，也是深化农村改革的一项重要内容。2016年12月，中共中央、国务院印发《关于稳步推进农村集体产权制度改革的意见》，探索集体经济新的实现形式和运行机制。新一轮农村土地制度改革以及财税、金融、价格、国企、户籍制度、司法体制、院士制度、考试招生制度等各项改革，积极有序地向前推进。

2014年4月，中央国家安全委员会主席习近平主持召开中央国家安全委员会第一次会议，强调要坚持总体国家安全观，走出一条中国特色国家安全道路。

推进全面依法治国　2014年10月，中共十八届四中全会审议通过了《中共中央关于全面推进依法治国若干重大问题的决定》。

决定阐述了全面推进依法治国的重大意义、指导思想、总目标、基本原则。决定提出，全面推进依法治国，总目标是建设中国特色社会主义法治体系，建设社会主义法治国家。实现这个总目标，必须坚持中国共产党的领导，坚持人民主体地位，坚持法律面前人人平等，坚持依法治国和以德治国相结合，坚持从中国实际出发。决定指出，党的领导是中国特色社会主义最本质的特征，是社会主义法治的根本保证。坚持党的领导，是中国特色社会主义法治道路的核心要义。

决定对科学立法、严格执法、公正司法、全民守法进行了论述和部署。决定提出，必须完善以宪法为核心的中国特色社会主义法律体系、加强宪法实施。建议将每年12月4日定为国家宪法日；提出建立宪法宣誓制度，凡经人大及其常委会选举或者决定任命的国家工作人员正式就职时公开向宪法宣誓。决定要求，深入推进依法行政，加快建设法治政府，各级政府必须坚持在党的领导下、在法治轨道上开展工作。

决定还阐明了加强法治工作队伍建设、加强和改进党对全面推进依法治国的领导等。

中共十八大以来，我国立法工作全面推进，有力地推动了法治中国的建设。2014年11月，十二届全国人大常委会第十一次会议通过《全国人民代表大会常务委员会关于设立国家宪法日的决定》，将12月4日设立为国家宪法日。

2015年3月，十二届全国人大三次会议审议通过了《全国人民代表大会关于修改〈中华人民共和国立法法〉的决定》。同年4月，中央全面深化改革领导小组审议通过《党的十八届四中全会重要举措实施规划（2015—2020年）》，这成为今后一个时期推进全面依法治国的总施工图和总台账。

2017年3月，十二届全国人大五次会议通过了《中华人民共和国民法总则》，为编纂好民法典奠定了坚实的基础。

推进全面建成小康社会　2015年10月，中共十八届五中全会审议通过了《中共中央关于制定国民经济和社会发展第十三个五年规划的建议》。全会提出了全面建成小康社会新的目标要求。

全会强调实现"十三五"时期发展目标，破解发展难题，厚植发展优势，必须牢固树立并切实贯彻创新、协调、绿色、开放、共享的发展理念；必须坚持以人民为中心的发展思想，坚持发展为了人民、发展依靠人民、发展成果由人民共享。

2016年3月，十二届全国人大四次会议通过《中华人民共和国关于国民经济和社会发展第十三个五年规划纲要的决议》。规划纲要依据《中共中央关于制定国民经济和社会发展第十三个五年规划的建议》编制，明确了2016—2020年经济社会发展宏伟目标、主要任务和重大举措。

全面建成小康社会，最艰巨最繁重的任务在农村，特别是在贫困地区。2015年11月，中共中央召开扶贫开发工作会议，提出坚持精准扶贫、精准脱贫，坚决打赢脱贫攻坚战，确保到2020年所有贫困地区和贫困人口同全国人民一道迈入全面小康社会。

推进全面从严治党 中共十八大以来，中共中央全面加强党的领导和党的建设，采取全方位、高标准的管党治党举措，开创全面从严治党的新局面。

2012年12月，中共中央政治局审议通过关于改进工作作风、密切联系群众的八项规定，要求各级党政机关和领导干部带头改进工作作风，带头深入基层调查研究，带头密切联系群众，带头解决实际问题等；并且强调，抓作风建设，首先要从中央政治局做起。这些规定，发出正风肃纪、从严治党的强烈信号，使全党全社会为之一振。

2013年5月，中共中央发布《关于在全党深入开展党的群众路线教育实践活动的意见》。教育实践活动以为民务实清廉为主要内容，活动全过程要贯穿"照镜子、正衣冠、洗洗澡、治治病"总要求，着力解决形式主义、官僚主义、享乐主义和奢靡之风这"四风"问题。2014年3月，习近平在十二届全国人大二次会议期间提出，各级领导干部都要树立和发扬"三严三实"，既严以修身、严以用权、严以律己，又谋事要实、创业要实、做人要实。2015年4月，县处级以上领导干部"三严三实"专题教育陆续展开。这是党的群众路线教育实践活动的延展深化。2016年2月,"学党章党规、学系列讲话,做合格党员"(简称"两学一做")学习教育在全体党员中有序开展。这是推动党内教育从"关键少数"向广大党员拓展、从集中性教育向经常性教育延伸的重要举措。

在党风建设取得实实在在成效的同时,中共中央坚持以零容忍态度惩治腐败,坚持"老虎""苍蝇"一起打,形成对腐败的高压态势,持续遏制不正之风和腐败现象蔓延势头。强化党内监督,把巡视作为党内监督战略性制度安排;同时健全追逃追赃协调机制,强化与有关国家、地区司法协助和执法合作。2015年3月,首次启动针对外逃腐败分子的"天网"行动,深入推进缉捕在逃境外经济犯罪嫌疑人的"猎狐"行动。为了有效推进反腐斗争,中央还提出应当建立健全惩治和预防腐败体系、加强反腐倡廉教育和廉政文化建设。

2016年10月,中共十八届六中全会举行。全会审议通过《关于新形势下党内政治生活的若干准则》和《中国共产党党内监督条例》。全会明确习近平为党中央的核心、全党的核心。全会号召全党同志牢固树立政治意识、大局意识、核心意识、看齐意识,坚定不移维护党中央权威和党中央集中统一领导,确保党团结带领人民不断开创中国特色社会主义事业新局面。

经过党的十八届三中、四中、五中、六中全会,中共中央对"四个全面"战略布局作出了整体设计。这是对党治国理政经验的科学总结和丰富发展,集中体现了时代和实践发展对党和国家工作的新要求。

第二节 党和国家事业的历史性成就和历史性变革

一、极不平凡的五年

中共十八大以来的五年,是党和国家发展进程中极不平凡的五年。

面对世界经济复苏乏力、局部冲突和动荡频发、全球性问题加剧的外部环境，面对我国经济发展进入新常态等一系列深刻变化，中共中央坚持稳中求进工作总基调，迎难而上，开拓进取，取得了改革开放和社会主义现代化建设的历史性成就。

经济建设取得重大成就　坚定不移贯彻新发展理念，坚决端正发展观念、转变发展方式，发展质量和效益不断提升。

经济保持中高速增长，在世界主要国家中名列前茅，国内生产总值从 54 万亿元增长到 82.7 万亿元，稳居世界第二，年均增长 7.1%，占世界经济比重从 11.4% 提高到 15% 左右，对世界经济增长贡献率超过 30%。财政收入从 11.7 万亿元增加到 17.3 万亿元。城镇新增就业 6 600 万人以上，13 亿多人口的大国实现了比较充分就业。

供给侧结构性改革深入推进，经济结构不断优化。消费贡献率由 54.9% 提高到 58.8%，服务业比重从 45.3% 上升到 51.6%，成为经济增长主动力。高技术制造业年均增长 11.7%。

农业现代化稳步推进，粮食生产能力达到 1.2 万亿斤。城镇化率从 52.6% 提高到 58.5%，8 000 多万农业转移人口成为城镇居民。

区域发展协调性增强，"一带一路"建设、京津冀协同发展、长江经济带发展成效显著。

创新驱动发展战略大力实施，创新型国家建设成果丰硕。全社会研发投入年均增长 11%，规模跃居世界第二位。科技进步贡献率由 52.2% 提高到 57.5%。载人航天、深海探测、射电望远镜、暗物质粒子探测、量子通信、大飞机等重大创新成果不断涌现。高铁网络、电子商务、移动支付、共享经济等引领世界潮流。"互联网+"广泛融入各行各业。大众创业、万众创新蓬勃发展，日均新设企业由 5 000 多户增加到 1.6 万多户。快速崛起的新动能，正在重塑经济增长格局、深刻改变生产生活方式，成为中国创新发展的新标志。

南海岛礁建设积极推进。开放型经济新体制逐步健全，对外贸易、对外投资、外汇储备稳居世界前列。

全面深化改革取得重大突破 蹄疾步稳推进全面深化改革，坚决破除各方面体制机制弊端。改革全面发力、多点突破、纵深推进，着力增强改革系统性、整体性、协同性，压茬拓展改革广度和深度。推出1 500多项改革举措，简政放权、放管结合、优化服务等改革推动政府职能发生深刻转变，重要领域和关键环节改革取得突破性进展，主要领域改革主体框架基本确立。中国特色社会主义制度更加完善，国家治理体系和治理能力现代化水平明显提高，全社会发展活力和创新活力明显增强。

民主法治建设迈出重大步伐 积极发展社会主义民主政治，推进全面依法治国，党的领导、人民当家作主、依法治国有机统一的制度建设全面加强，党的领导体制机制不断完善，社会主义民主不断发展，党内民主更加广泛，社会主义协商民主全面展开，爱国统一战线巩固发展，民族宗教工作创新推进。全国人大常委会制定修订法律95部，制定修订行政法规195部，修改废止一大批部门规章。省、市、县政府部门制定公布权责清单。科学立法、严格执法、公正司法、全民守法深入推进，法治国家、法治政府、法治社会建设相互促进，中国特色社会主义法治体系日益完善，全社会法治观念明显增强。国家监察体制改革试点取得实效，行政体制改革、司法体制改革、权力运行制约和监督体系建设有效实施。

思想文化建设取得重大进展 加强党对意识形态工作的领导，党的理论创新全面推进，马克思主义在意识形态领域的指导地位更加鲜明，中国特色社会主义和中国梦深入人心。

社会主义核心价值观和中华优秀传统文化广泛弘扬，群众性精神文明创建活动扎实开展。公共文化服务水平不断提高，文艺创作持续繁荣，文化事业和文化产业蓬勃发展，互联网建设管理运用不断完善，全民健身和竞技体育全面发展。主旋律更加响亮，正能量更加强劲，文化自信得到彰显，国家文化软实力和中华文化影响力大幅提升，全党全社会思想上的团结统一更加巩固。

人民生活不断改善　深入贯彻以人民为中心的发展思想，一大批惠民举措落地实施，人民获得感显著增强。

脱贫攻坚战取得决定性进展，贫困人口减少 6 800 多万，易地扶贫搬迁 830 万人，贫困发生率由 10.2% 下降到 3.1%。教育事业全面发展，中西部和农村教育明显加强。就业状况持续改善，城镇新增就业年均 1 300 万人以上。出境旅游人次由 8 300 万增加到 1 亿 3 000 多万。居民收入年均增长 7.4%，超过经济增速，形成世界上人口最多的中等收入群体。社会养老保险覆盖 9 亿多人，基本医疗保险覆盖 13.5 亿人，织就了世界上最大的社会保障网。人民健康和医疗卫生水平大幅提高，人均预期寿命达到 76.7 岁。保障性住房建设稳步推进，棚户区住房改造 2 600 多万套，农村危房改造 1 700 多万户，上亿人喜迁新居。

社会治理体系更加完善，社会大局保持稳定，国家安全全面加强。

生态文明建设成效显著　大力度推进生态文明建设，全党全国贯彻绿色发展理念的自觉性和主动性显著增强，忽视生态环境保护的状况明显改变。制定实施大气、水、土壤污染防治三个"十条"并取得扎实成效。单位国内生产总值能耗、水耗均下降 20% 以上。重拳整治大气污染，重点地区细颗粒物（PM2.5）平均浓度下降 30% 以上。主要污染物排放量持续下降，重点城市重污染天数减少一半，森林面积增加 1.63 亿亩，沙化土地面积年均缩减近 2 000 平方公里，绿色发展呈现可喜局面。生态文明制度体系加快形成，主体功能区制度逐步健全，国家公园体制试点积极推进。全面节约资源有效推进，能源资源消耗强度大幅下降。重大生态保护和修复工程进展顺利，森林覆盖率持续提高。生态环境治理明显加强，环境状况得到改善。引导应对气候变化国际合作，成为全球生态文明建设的重要参与者、贡献者、引领者。

强军兴军开创新局面 着眼于实现中国梦强军梦,制定新形势下军事战略方针,全力推进国防和军队现代化。召开古田全军政治工作会议,恢复和发扬我党我军光荣传统和优良作风,人民军队政治生态得到有效治理。国防和军队改革取得历史性突破,形成军委管总、战区主战、军种主建新格局,人民军队组织架构和力量体系实现革命性重塑。加强练兵备战,有效遂行海上维权、反恐维稳、抢险救灾、国际维和、亚丁湾护航、人道主义救援等重大任务,武器装备加快发展,军事斗争准备取得重大进展。人民军队在中国特色强军之路上迈出坚定步伐。

港澳台工作取得新进展 全面准确贯彻"一国两制"方针,牢牢掌握宪法和基本法赋予的中央对香港、澳门全面管治权。深化内地和港澳地区交流合作,港珠澳大桥全线贯通,香港、澳门保持繁荣稳定。坚持一个中国原则和"九二共识",推动两岸关系和平发展,加强两岸经济文化交流合作,实现两岸领导人历史性会晤。妥善应对台湾局势变化,坚决反对和遏制"台独"分裂势力,有力维护了台海和平稳定。

全方位外交布局深入展开 全面推进中国特色大国外交,形成全方位、多层次、立体化的外交布局,为我国发展营造了良好外部条件。实施共建"一带一路"倡议,发起创办亚洲基础设施投资银行,设立丝路基金,成功举办首届"一带一路"国际合作高峰论坛、二十国集团领导人杭州峰会等重大主场外交。习近平等国家领导人出访多国,出席联合国系列峰会、气候变化大会、世界经济论坛、东亚合作领导人系列会议等重大活动,全方位外交布局深入展开。倡导构建人类命运共同体,促进全球治理体系变革。经济外交、人文交流卓有成效。坚定维护国家主权和海洋权益。我国国际影响力、感召力、塑造力进一步提高,为世界和平与发展作出新的重大贡献。

全面从严治党成效卓著　全面加强党的领导和党的建设，坚决改变管党治党宽松软状况。推动全党尊崇党章，增强政治意识、大局意识、核心意识、看齐意识，坚决维护党中央权威和集中统一领导，严明党的政治纪律和政治规矩，层层落实管党治党政治责任。坚持"照镜子、正衣冠、洗洗澡、治治病"的要求，开展党的群众路线教育实践活动和"三严三实"专题教育，推进"两学一做"学习教育常态化制度化，全党理想信念更加坚定、党性更加坚强。贯彻新时期好干部标准，选人用人状况和风气明显好转。党的建设制度改革深入推进，党内法规制度体系不断完善。把纪律挺在前面，着力解决人民群众反映最强烈、对党的执政基础威胁最大的突出问题。出台中央八项规定，严厉整治形式主义、官僚主义、享乐主义和奢靡之风，坚决反对特权。巡视利剑作用彰显，实现中央和省级党委巡视全覆盖。坚持反腐败无禁区、全覆盖、零容忍，坚定不移"打虎""拍蝇""猎狐"，不敢腐的目标初步实现，不能腐的笼子越扎越牢，不想腐的堤坝正在构筑，反腐败斗争压倒性态势已经形成并巩固发展。

中共十八大以来五年的成就是全方位的、开创性的，变革是深层次的、根本性的。中共中央统筹推进改革发展稳定、内政外交国防、治党治国治军，提出了一系列新理念新思想新战略，出台了一系列重大方针政策，推出了一系列重大举措，推进了一系列重大工作，解决了许多长期想解决而没有解决的难题，办成了许多过去想办而没有办成的大事，推动党和国家事业发生历史性变革。这些历史性变革，对党和国家事业发展具有重大而深远的影响。

五年来，中共中央勇于面对党面临的重大风险考验和党内存在的突出问题，以顽强意志品质正风肃纪、反腐惩恶，消除了党和国家内部存在的严重隐患，党内政治生活气象更新，党内政治生态明显好转，党的创造力、凝聚力、战斗力显著增强，党的团结统一更加巩固，党群关系明显改善，党在革命性锻造中更加坚强，焕发出新的强大生机活力，为党和国家事业发展提供了坚强政治保证。

党和国家事业取得的历史性成就，发生的历史性变革，是以习近平为核心的党中央坚强领导的结果，是习近平新时代中国特色社会主义思想科学指引的结果，是全党全国各族人民共同奋斗的结果。以习近平为核心的党中央举旗定向、运筹帷幄，坚持不忘初心、牢记使命、砥砺奋进，以巨大的政治勇气，有效应对国际国内诸多风险和挑战。党中央的坚强领导是党和国家事业发生历史性变革的根本政治保障。

二、新时代中国与世界关系的历史性变化

中国特色社会主义进入新时代，中国的国际地位发生了历史性的变化，正日益走近世界舞台中央。五年来，中国发挥负责任大国作用，积极推动构建人类命运共同体，做世界和平的建设者、全球发展的贡献者、国际秩序的维护者，不断为人类作出更大贡献。

中共十八大以来，以习近平为核心的党中央提出一系列具有鲜明中国特色的全球治理观，如合作共赢理念、新型大国关系、正确义利观等，特别是提出共建"一带一路"倡议、构建人类命运共同体的理念，在国际上引起广泛反响，多次载入联合国有关文件。中国的全球治理观反映了人类共同价值追求和当代国际关系现实，为全球治理体系改革和建设贡献了中国智慧、提供了中国方案。

五年来，中国成功主办首届"一带一路"国际合作高峰论坛、亚太经合组织领导人非正式会议、金砖国家领导人厦门会晤、亚信峰会，特别是二十国集团领导人杭州峰会取得一系列具有开创性、引领性、机制性的成果。"一带一路"重大倡议开辟了国际合作新模式，得到100多个国家和国际组织的积极支持和参与，成为当今世界规模最大的国际合作平台、最受欢迎的全球公共产品。中国为广大发展中国家提供了大量无偿援助、优惠贷款，提供了大量技术支持、人员支持、智力支持，为广大发展中国家建成了大批经济社会发展和民生改善

项目。

五年来，中国发起一系列以发展中国家为主体的国际组织及合作机制，实现了多边机制在发展中国家的网络化全覆盖，努力补强全球治理体系中的南方短板，推动金砖国家、上海合作组织等机制在区域和全球治理中发挥更大作用。秉持开放、包容、合作、共赢的金砖精神，引领构建全方位、多层次的金砖合作架构，将其打造为新兴市场国家和发展中国家参与全球治理的重要平台。

五年来，面对此起彼伏的国际地区热点问题和层出不穷的各种全球性挑战，中国担当大国责任，发挥建设性作用，维护朝鲜半岛和平稳定，推动南苏丹、叙利亚、乌克兰等热点难点问题政治解决进程。积极参与国际反恐合作，派军舰在亚丁湾、索马里海域执行护航任务，累计派出3.6万余人次维和人员，成为联合国维和行动的主要出兵国和出资国。坚持绿色低碳，推动各方达成并落实气候变化《巴黎协定》，引领国际社会采取积极行动应对气候变化。积极参与网络、极地、深海、外空等新兴领域规则制定，发起并主办首届世界互联网大会，推动建立多边、民主、透明的全球互联网治理体系。

中国通过兴办孔子学院、孔子学堂，积极开展汉语教学和文化交流活动等，为推动世界各国文明交流互鉴、增进中国人民与各国人民相互了解和友谊发挥了重要作用。截至2017年底，全球146个国家（地区）已建立525所孔子学院和1 113个孔子课堂。

鸦片战争前夕的中国封建社会，衰相尽显，潜伏着许多危机，闭关自守，故步自封，已远远落后于西方资本主义国家，古老的中国遇到了空前严重的挑战。今天，中国与世界的关系正站在新的历史起点上，中国同国际社会的互联互动变得空前紧密，中国对世界的依靠、对国际事务的参与在不断加深，世界对中国的依靠、对中国的影响也在不断加深。中国越来越离不开世界，世界也越来越离不开中国。

在中国共产党的坚强领导下，中国各族人民经过不懈努力，国家的经济实力、科技实力、国防实力、综合国力进入世界前列,国际地位实现前所未有的提升,党的面貌、国家的面貌、人民的面貌、军队的面貌、中华民族的面貌发生了前所未有的变化,中华民族正以崭新姿态屹立于世界的东方。

第三节　夺取新时代中国特色社会主义伟大胜利

一、在新时代坚持和发展中国特色社会主义

中共十九大的举行　2017年10月18日至24日,中国共产党第十九次全国代表大会在北京举行。这是在全面建成小康社会决胜阶段、中国特色社会主义进入新时代的关键时期召开的一次十分重要的大会。

大会的主题是:不忘初心,牢记使命,高举中国特色社会主义伟大旗帜,决胜全面建成小康社会,夺取新时代中国特色社会主义伟大胜利,为实现中华民族伟大复兴的中国梦不懈奋斗。

大会批准了习近平代表十八届中央委员会所作的报告,批准了中央纪律检查委员会的工作报告,审议通过了《中国共产党章程(修正案)》,选举产生了新一届中央委员会和中央纪律检查委员会。

大会通过的十八届中央委员会的报告,描绘了决胜全面建成小康社会、夺取新时代中国特色社会主义伟大胜利的宏伟蓝图,进一步指明了党和国家事业的前进方向,是中国共产党团结带领全国各族人民在新时代坚持和发展中国特色社会主义的政治宣言和行动纲领,是马克思主义的纲领性文献。

确立习近平新时代中国特色社会主义思想的历史地位　中共十八大以来,国内外形势变化和我国各项事业发展提出了一个重大时代课题,这就是必须从理论和实践结合上系统回答新时代坚持和发展什么

样的中国特色社会主义、怎样坚持和发展中国特色社会主义。围绕这个重大时代课题，以习近平为核心的党中央进行艰辛理论探索，取得重大理论创新成果，形成了习近平新时代中国特色社会主义思想。

坚持和发展中国特色社会主义，是习近平新时代中国特色社会主义思想的核心要义。

大会强调：新时代中国特色社会主义思想，明确坚持和发展中国特色社会主义，总任务是实现社会主义现代化和中华民族伟大复兴，在全面建成小康社会的基础上，分两步走，在21世纪中叶建成富强民主文明和谐美丽的社会主义现代化强国；明确新时代我国社会主要矛盾是人民日益增长的美好生活需要和不平衡不充分的发展之间的矛盾，必须坚持以人民为中心的发展思想，不断促进人的全面发展、全体人民共同富裕；明确中国特色社会主义事业总体布局是"五位一体"、战略布局是"四个全面"，强调坚定道路自信、理论自信、制度自信、文化自信；明确全面深化改革总目标是完善和发展中国特色社会主义制度、推进国家治理体系和治理能力现代化；明确全面推进依法治国总目标是建设中国特色社会主义法治体系、建设社会主义法治国家；明确党在新时代的强军目标是建设一支听党指挥、能打胜仗、作风优良的人民军队，把人民军队建设成为世界一流军队；明确中国特色大国外交要推动构建新型国际关系，推动构建人类命运共同体；明确中国特色社会主义最本质的特征是中国共产党领导，中国特色社会主义制度的最大优势是中国共产党领导，党是最高政治领导力量，提出新时代党的建设总要求，突出政治建设在党的建设中的重要地位。这"八个明确"，构成了系统完备、逻辑严密、内在统一的科学体系，是习近平新时代中国特色社会主义思想最重要、最核心的内容。

大会提出了新时代坚持和发展中国特色社会主义的基本方略，即坚持党对一切工作的领导、坚持以人民为中心、坚持全面深化改革、坚持新发展理念、坚持人民当家作主、坚持全面依法治国、坚持社会主义核心价值体系、坚持在发展中保障和改善民生、坚持人与自然和谐共生、坚持总体国家安全观、坚持党对人民军队的绝对领导、坚持"一国两制"和推进祖国统一、坚持推动构建人类命运共同体、坚持全面从严治党。这"十四个坚持",是对党的治国理政重大方针、原则的最新概括,体现了理论与实践相统一、战略与战术相结合,是实现"两个一百年"奋斗目标、实现中华民族伟大复兴中国梦的"路线图"和"方法论"。这"十四个坚持",既是习近平新时代中国特色社会主义思想的重要组成部分,也是落实习近平新时代中国特色社会主义思想的实践要求。

大会强调,习近平新时代中国特色社会主义思想,是对马克思列宁主义、毛泽东思想、邓小平理论、"三个代表"重要思想、科学发展观的继承和发展,是马克思主义中国化最新成果,是党和人民实践经验和集体智慧的结晶,是中国特色社会主义理论体系的重要组成部分,是全党全国人民为实现中华民族伟大复兴而奋斗的行动指南,必须长期坚持并不断发展。

大会通过的党章修正案把习近平新时代中国特色社会主义思想确立为党的行动指南,实现了党的指导思想的又一次与时俱进。这是党的十九大的一个重大历史贡献。

作出中国特色社会主义进入新时代、我国社会主要矛盾发生新变化的重大政治论断　大会指出,经过长期努力,中国特色社会主义进入了新时代,这是我国发展新的历史方位。中国特色社会主义进入新时代,我国社会主要矛盾已经转化为人民日益增长的美好生活需要和不平衡不充分的发展之间的矛盾。我国社会主要矛盾的变化是关系全局的历史性变化,对党和国家工作提出了许多新要求。我们要在继续推动发展的基础上,着力解决好发展不平衡不充分问题,大力提升发展质量和效益,更好满足人民在经济、政治、文化、社会、生态等方面日益增长的需要,更好推动人的全面发展、社会全面进步。

大会强调，我国社会主要矛盾的变化，没有改变我们对我国社会主义所处历史阶段的判断，我国仍处于并将长期处于社会主义初级阶段的基本国情没有变，我国是世界最大发展中国家的国际地位没有变。全党要牢牢把握社会主义初级阶段这个基本国情，牢牢立足社会主义初级阶段这个最大实际，牢牢坚持党的基本路线这个党和国家的生命线、人民的幸福线。

确定决胜全面建成小康社会、开启全面建设社会主义现代化国家新征程的目标 从现在到 2020 年，是全面建成小康社会决胜期。大会要求全党全国人民按照全面建成小康社会各项要求，紧扣我国社会主要矛盾变化，突出抓重点、补短板、强弱项，特别是要坚决打好防范化解重大风险、精准脱贫、污染防治的攻坚战，使全面建成小康社会得到人民认可、经得起历史检验。

大会强调，从十九大到二十大，是"两个一百年"奋斗目标的历史交汇期。我们既要全面建成小康社会、实现第一个百年奋斗目标，又要乘势而上开启全面建设社会主义现代化国家新征程，向第二个百年奋斗目标进军。

大会指出，综合分析国际国内形势和我国发展条件，从 2020 年到 21 世纪中叶可以分两个阶段来安排。

第一个阶段，从 2020 年到 2035 年，在全面建成小康社会的基础上，再奋斗 15 年，基本实现社会主义现代化。

第二个阶段，从 2035 年到 21 世纪中叶，在基本实现现代化的基础上，再奋斗 15 年，把我国建成富强民主文明和谐美丽的社会主义现代化强国。

从全面建成小康社会到基本实现现代化，再到全面建成社会主义现代化强国，是新时代中国特色社会主义发展的战略安排。

对新时代推进中国特色社会主义伟大事业和党的建设伟大工程作出全面部署 大会强调，实现伟大梦想，必须进行伟大斗争；要充分认识这场伟大斗争的长期性、复杂性、艰巨性，发扬斗争精神，提高斗争本领，不断夺取伟大斗争新胜利。实现伟大梦想，必须建设伟大工程，这个伟大工程就是我们党正在深入推进的党的建设新的伟大工程。实现伟大梦想，必须推进伟大事业。中国特色社会主义是改革开放以来党的全部理论和实践的主题，是党和人民历尽千辛万苦、付出巨大代价取得的根本成就；要更加自觉地增强道路自信、理论自信、制度自信、文化自信，既不走封闭僵化的老路，也不走改旗易帜的邪路，保持政治定力，坚持实干兴邦，始终坚持和发展中国特色社会主义。大会强调，伟大斗争，伟大工程，伟大事业，伟大梦想，紧密联系、相互贯通、相互作用，其中起决定性作用的是党的建设新的伟大工程。

大会对推进新时代中国特色社会主义伟大事业作出具体部署。

在经济建设上，要贯彻新发展理念，建设现代化经济体系。坚持和完善我国社会主义基本经济制度和分配制度，毫不动摇巩固和发展公有制经济，毫不动摇鼓励、支持、引导非公有制经济发展。以供给侧结构性改革为主线，推动经济发展质量变革、效率变革、动力变革，不断增强我国经济创新力和竞争力。深化供给侧结构性改革，加快建设创新型国家，实施乡村振兴战略，实施区域协调发展战略，加快完善社会主义市场经济体制，推动形成全面开放新格局，努力实现更高质量、更有效率、更加公平、更可持续的发展。

在政治建设上，要坚持党的领导、人民当家作主、依法治国有机统一，健全人民当家作主制度体系，发展社会主义民主政治，推进社会主义民主政治制度化、规范化、程序化。

在文化建设上，要坚定文化自信，推动社会主义文化繁荣兴盛，牢牢掌握意识形态工作领导权，培育和践行社会主义核心价值观，加强思想道德建设，繁荣发展社会主义文艺，推动文化事业和文化产业发展。

在社会建设上，要提高保障和改善民生水平，加强和创新社会治理，不断满足人民日益增长的美好生活需要，在幼有所育、学有所教、劳有所得、病有所医、老有所养、住有所居、弱有所扶上不断取得新进展，深入开展脱贫攻坚，保证全体人民在共建共享发展中有更多获得感，不断促进人的全面发展、全体人民共同富裕。

在生态文明建设上，要践行绿水青山就是金山银山的理念，加快生态文明体制改革，形成节约资源和保护环境的空间格局、产业结构、生产方式、生活方式，建设美丽中国。

在国防和军队建设上，必须坚持走中国特色强军之路，全面贯彻习近平强军思想，贯彻新形势下军事战略方针，把人民军队建设成为世界一流军队。

在台港澳工作上，要保持香港、澳门长期繁荣稳定，全面准确贯彻"一国两制"、"港人治港"、"澳人治澳"、高度自治的方针，严格依照宪法和基本法办事；必须继续坚持"和平统一、一国两制"方针，推动两岸关系和平发展，推进祖国和平统一进程，绝不允许任何人、任何组织、任何政党、在任何时候、以任何形式、把任何一块中国领土从中国分裂出去。

在外交工作上，坚持和平发展道路，坚定不移在和平共处五项原则基础上发展同各国的友好合作，积极促进"一带一路"国际合作，继续积极参与全球治理体系改革和建设，推动建设相互尊重、公平正义、合作共赢的新型国际关系，推动构建人类命运共同体，同世界各国人民一道建设持久和平、普遍安全、共同繁荣、开放包容、清洁美丽的世界。

大会强调，中国特色社会主义进入新时代，中国共产党一定要有新气象新作为。新时代党的建设总要求是：要坚持和加强党的全面领导，坚持党要管党、全面从严治党，以加强党的长期执政能力建设、先进性和纯洁性建设为主线，以党的政治建设为统领，以坚定理想信念宗旨为根基，以调动全党积极性、主动性、创造性为着力点，全面推进党的政治建设、思想建设、组织建设、作风建设、纪律建设，把制度建设贯穿其中，深入推进反腐败斗争，不断提高党的建设质量，把党建设成为始终走在时代前列、人民衷心拥护、勇于自我革命、经得起各种风浪考验、朝气蓬勃的马克思主义执政党。

大会强调，要把党的政治建设摆在首位。全党必须增强政治意识、大局意识、核心意识、看齐意识，坚持党中央权威和集中统一领导，坚定执行党的政治路线，严格遵守政治纪律和政治规矩，在政治立场、政治方向、政治原则、政治道路上同党中央保持高度一致。

选举产生新的中央领导集体　2017年10月24日，中共十九大选举产生了由204名委员、172名候补委员组成的第十九届中央委员会，由133名中央纪委委员组成的第十九届中央纪律检查委员会。

随后召开的中共十九届一中全会选举产生了中央政治局，选举习近平为中共中央总书记，决定习近平为中共中央军事委员会主席。2018年3月，十三届全国人大一次会议选举习近平为国家主席、国家中央军事委员会主席，栗战书为全国人大常委会委员长，决定李克强为国务院总理；全国政协十三届一次会议选举汪洋为政协第十三届全国委员会主席。

习近平强调，中国特色社会主义进入了新时代。新时代要有新气象，更要有新作为。历史是人民书写的，一切成就归功于人民。只要我们深深扎根人民、紧紧依靠人民，就可以获得无穷的力量，风雨无阻，奋勇向前。

2017年10月31日，中共十九大闭幕仅一周，习近平带领中共中央政治局常委赴上海瞻仰中共一大会址、赴浙江嘉兴瞻仰南湖红船，回顾建党历史，重温入党誓词，宣示新一届党中央领导集体的坚定政治信念。习近平强调，要结合时代特点大力弘扬"红船精神"，让

"红船精神"永放光芒。

二、更好发挥宪法在新时代坚持和发展中国特色社会主义中的重大作用

2018年1月，中共十九届二中全会在北京举行。全会审议通过了《中共中央关于修改宪法部分内容的建议》。

全会认为，宪法是国家的根本法，是治国安邦的总章程，是党和人民意志的集中体现。实践证明，我国现行宪法是符合国情、符合实际、符合时代发展要求的好宪法，是充分体现人民共同意志、充分保障人民民主权利、充分维护人民根本利益的好宪法，是推动国家发展进步、保证人民创造幸福生活、保障中华民族实现伟大复兴的好宪法，是我们国家和人民经受住各种困难和风险考验、始终沿着中国特色社会主义道路前进的根本法治保障。维护宪法尊严和权威，是维护国家法制统一、尊严、权威的前提，也是维护最广大人民根本利益、确保国家长治久安的重要保障。

宪法修改是国家政治生活中的一件大事，是党中央从新时代坚持和发展中国特色社会主义全局和战略高度作出的重大决策，也是推进全面依法治国、推进国家治理体系和治理能力现代化的重大举措。为更好发挥宪法在新时代坚持和发展中国特色社会主义中的重大作用，需要对宪法作出适当修改，把党和人民在实践中取得的重大理论创新、实践创新、制度创新成果上升为宪法规定。

全会强调，要把党的十九大确定的重大理论观点和重大方针政策特别是习近平新时代中国特色社会主义思想载入国家根本法，体现党和国家事业发展的新成就新经验新要求，在总体保持我国宪法连续性、稳定性、权威性的基础上推动宪法与时俱进、完善发展，为新时代坚持和发展中国特色社会主义、实现"两个一百年"奋斗目标和中华民族伟大复兴的中国梦提供有力宪法保障。

2018年3月，十三届全国人大一次会议在北京召开。会议根据中共十九届二中全会提出的建议，审议通过了《中华人民共和国宪法修正案》，确定科学发展观、习近平新时代中国特色社会主义思想同马克思列宁主义、毛泽东思想、邓小平理论、"三个代表"重要思想在国家政治和社会生活中的指导地位；调整充实中国特色社会主义事业总体布局和第二个百年奋斗目标的内容，明确推动物质文明、政治文明、精神文明、社会文明、生态文明协调发展，把我国建设成为富强民主文明和谐美丽的社会主义现代化强国，实现中华民族伟大复兴；完善依法治国和宪法实施举措，明确健全社会主义法治，实行宪法宣誓制度；充实完善我国革命和建设发展历程的内容；充实完善爱国统一战线和社会主义民族关系的内容；充实和平外交政策方面的内容，明确坚持和平发展道路，坚持互利共赢开放战略，推动构建人类命运共同体；明确中国共产党领导是中国特色社会主义最本质的特征；增加倡导社会主义核心价值观的内容；修改宪法中国家主席任职方面的有关规定；增加设区的市制定地方性法规的规定；增加有关监察委员会的各项规定；修改全国人大专门委员会的有关规定。

三、推进国家治理体系和治理能力现代化

2018年2月，中共十九届三中全会在北京举行。全会审议通过《中共中央关于深化党和国家机构改革的决定》和《深化党和国家机构改革方案》，同意把《深化党和国家机构改革方案》的部分内容按照法定程序提交十三届全国人大一次会议审议。

全会通过的《中共中央关于深化党和国家机构改革的决定》主要内容包括：深化党和国家机构改革是推进国家治理体系和治理能力现代化的一场深刻变革；深化党和国家机构改革的指导思想、目标、原则；完善坚持党的全面领导的制度；优化政府机构设置和职能配置；统筹党政军群机构改革；合理设置地方机构；推进机构编制法定化；

加强党对深化党和国家机构改革的领导等。全会通过的《深化党和国家机构改革方案》在深化党中央机构改革、全国人大机构改革、国务院机构改革、全国政协机构改革、行政执法体制改革、跨军地改革、群团组织改革、地方机构改革等方面作出明确部署。

全会提出，党和国家机构职能体系是中国特色社会主义制度的重要组成部分，是中国共产党治国理政的重要保障。深化党和国家机构改革的目标是，构建系统完备、科学规范、运行高效的党和国家机构职能体系，形成总揽全局、协调各方的党的领导体系，职责明确、依法行政的政府治理体系，中国特色、世界一流的武装力量体系，联系广泛、服务群众的群团工作体系，推动人大、政府、政协、监察机关、审判机关、检察机关、人民团体、企事业单位、社会组织等在党的统一领导下协调行动、增强合力，全面提高国家治理能力和治理水平。既要立足实现第一个百年奋斗目标，针对突出矛盾，抓重点、补短板、强弱项、防风险，从党和国家机构职能上为决胜全面建成小康社会提供保障；又要着眼于实现第二个百年奋斗目标，注重解决事关长远的体制机制问题，打基础、立支柱、定架构，为形成更加完善的中国特色社会主义制度创造有利条件。

全会强调，完善坚持党的全面领导的制度，加强党对各领域各方面工作领导，确保党的领导全覆盖，确保党的领导更加坚强有力，是深化党和国家机构改革的首要任务；转变政府职能，优化政府机构设置和职能配置，是深化党和国家机构改革的重要任务；统筹党政军群机构改革，是加强党的集中统一领导、实现机构职能优化协同高效的必然要求等。

四、齐心协力走向中华民族伟大复兴的光明前景

实现中华民族伟大复兴是近代以来中华民族最伟大的梦想。中国共产党成立后，就肩负起实现中华民族伟大复兴的历史使命，团结带

领人民进行了艰苦卓绝的斗争，谱写了气吞山河的壮丽史诗。

90多年来，中国共产党团结带领人民找到了一条以农村包围城市、武装夺取政权的正确革命道路，进行了28年浴血奋战，完成了新民主主义革命，1949年建立了中华人民共和国，实现了中国从几千年封建专制政治向人民民主的伟大飞跃；团结带领人民完成社会主义革命，确立社会主义基本制度，推进社会主义建设，完成了中华民族有史以来最为广泛而深刻的社会变革，为当代中国一切发展进步奠定了根本政治前提和制度基础，实现了中华民族由近代不断衰落到根本扭转命运、持续走向繁荣富强的伟大飞跃；团结带领人民进行改革开放新的伟大革命，破除阻碍国家和民族发展的一切思想和体制障碍，开辟了中国特色社会主义道路，使中国大踏步赶上时代。

人民是历史的创造者，人民是真正的英雄。波澜壮阔的中华民族发展史是中国人民书写的；博大精深的中华文明是中国人民创造的；历久弥新的中华民族精神是中国人民培育的。中华民族迎来了从站起来、富起来到强起来的伟大飞跃是中国人民奋斗出来的。

中国特色社会主义是改革开放以来党的全部理论和实践的主题，是党和人民历尽千辛万苦、付出巨大代价取得的根本成就。中国特色社会主义道路是实现社会主义现代化、创造人民美好生活的必由之路，中国特色社会主义理论体系是指导党和人民实现中华民族伟大复兴的正确理论，中国特色社会主义制度是当代中国发展进步的根本制度保障，中国特色社会主义文化是激励全党全国各族人民奋勇前进的强大精神力量。

中国梦是历史的、现实的，也是未来的，终将在一代代青年的接力奋斗中变为现实。青年兴则国家兴，青年强则国家强。青年一代有理想、有本领、有担当，国家就有前途，民族就有希望。今天，我们比历史上任何时期都更接近、更有信心和能力实现中华民族伟大复兴的目标。作为祖国未来的社会主义建设者、各条战线的生力军，当代大学生一定要牢记中国近现代的历史及其基本经验，继承先辈们的优良传统，自觉地承担起时代赋予我们的历史使命，在实现中国梦的生动实践中放飞青春梦想。

☐ 学习思考

1. 怎样认识中国特色社会主义进入新时代与我国社会主要矛盾的新变化？
2. 中共十八大以来，党和国家事业发生怎样的历史性变革？其意义是什么？
3. 如何认识习近平新时代中国特色社会主义思想的历史地位？

☐ 必读文献

1. 习近平：《决胜全面建成小康社会 夺取新时代中国特色社会主义伟大胜利——在中国共产党第十九次全国代表大会上的报告》（2017年10月18日）
2. 《中国共产党章程》（2017年10月）
3. 《中华人民共和国宪法修正案》（2018年3月）

☐ 延伸阅读文献

1. 《习近平谈治国理政》（第一卷）
2. 《习近平谈治国理政》（第二卷）

后 记

　　本教材在高校思想政治理论课教材编写领导小组领导下组织编写。在编写过程中，得到了马克思主义理论研究和建设工程咨询委员会的指导，得到了中央有关部门和有关专家学者的帮助和支持。同时，广泛听取了高校思想政治理论课教师和大学生的意见和建议。

　　本教材2007年出版，由首席专家沙健孙主持编写，首席专家马敏、张建国、龚书铎、李捷，主要成员王晓秋、王顺生、仝华、刘伟、李申文、安建设、邱捷、邵云瑞、鲜于浩参加编写。参加统稿和修改工作的还有：朱佳木、李文海、张西明、周爱兵、黄修荣、张树军、徐维凡、王心富、邵文辉、杨章裕、葛海彦、田园、侯军、蒋旭东、刘贵芹、陈矛、陈睿等。

　　本教材自2007年出版以来，为了更及时、更充分地反映党的理论创新和实践创新成果，中宣部、教育部组织课题组在广泛调研的基础上，分别于2008年1月、2009年5月、2010年5月、2013年7月、2015年8月组织了5次修订。2008年，由首席专家沙健孙主持修订，首席专家马敏、张建国、龚书铎、李捷、李景田，主要成员王晓秋、王顺生、邵云瑞、仝华参加修订。2009年、2010年，课题组又分别对教材进行了修订。2013年，由沙健孙主持修订，李捷、王顺生、王晓秋、仝华分工执笔，马敏、张建国、刘伟、李申文、安建设、邱捷、邵云瑞、鲜于浩分别提出修订意见，沙健孙、李捷负责统改。参加审看并提出修改意见的还有：邵维正、张全新、王炳林、纪亚光、宋学勤、沈传亮等。2015年，由沙健孙主持修订，李捷、王顺生、王晓秋、仝华、曹守亮参加修订；参加审看并提出修改意见的有：闫志民、朱景文、常光民、张新、秦宣、颜晓峰、于沛、姜辉、宋学勤、王新华、梁星亮、黄延敏、唐棣宣、徐光寿等。

马克思主义理论研究和建设工程办公室具体组织实施了本教材编写和历次审阅修订工作。其中，2013年，张磊主持了工程办公室组织的审阅修改工作，邵文辉、宋凌云、田岩、王昆、冯静、范为、李军、魏学江、宋义栋、潘顺照、吴伟珍参加了具体审改工作。2015年，夏伟东、邵文辉主持了工程办公室组织的审改定稿工作，田岩、冯静、宋凌云、王昆、邢国忠、陈硕、杨荣、沈永福、冯潇然、陈培永、严文波参加了具体审改工作。

2018年，为推动习近平新时代中国特色社会主义思想进教材、进课堂、进头脑，深入贯彻落实党的十九大和十九届二中、三中全会精神，中宣部、教育部组织对教材进行全面修订。沙健孙主持修订，王顺生、仝华、纪亚光、龚云参加修订。夏伟东、邵文辉主持工程办公室组织的审改定稿工作，田岩、冯静、曹守亮、宋凌云、王昆、王勇、汤荣光、蒋岩桦、卢江、马文武、刘小丰、薛向军、陈瑞来等参加了具体审改工作。参加审看的有：韩震、闫建琪、王宪明、于沛等。

2018年3月

郑重声明

高等教育出版社依法对本书享有专有出版权。任何未经许可的复制、销售行为均违反《中华人民共和国著作权法》，其行为人将承担相应的民事责任和行政责任；构成犯罪的，将被依法追究刑事责任。为了维护市场秩序，保护读者的合法权益，避免读者误用盗版书造成不良后果，我社将配合行政执法部门和司法机关对违法犯罪的单位和个人进行严厉打击。社会各界人士如发现上述侵权行为，希望及时举报，本社将奖励举报有功人员。

反盗版举报电话　　（010）58581999　58582371　58582488
反盗版举报传真　　（010）82086060
反盗版举报邮箱　　dd@ hep. com. cn
通信地址　　北京市西城区德外大街4号
　　　　　　高等教育出版社法律事务与版权管理部
邮政编码　　100120

为收集对教材的意见建议，进一步完善教材编写和做好服务工作，读者可将对本教材的意见建议通过如下渠道反馈至我社。

咨询电话　　400-810-0598
读者服务邮箱　　gjdzfwb@ pub. hep. cn
通信地址　　北京市朝阳区惠新东街4号富盛大厦1座
　　　　　　高等教育出版社总编辑办公室
邮政编码　　100029

防伪查询说明

用户购书后刮开封底防伪涂层，利用手机微信等软件扫描二维码，会跳转至防伪查询网页，获得所购图书详细信息。也可将防伪二维码下的20位密码按从左到右、从上到下的顺序发送短信至106695881280，免费查询所购图书真伪。

反盗版短信举报

编辑短信"JB,图书名称,出版社,购买地点"发送至10669588128
防伪客服电话
（010）58582300